Zschokke Heinrich

Die drei ewigen Bünde im hohen Rhätien historische Skizze

Erster Teil

Zschokke Heinrich

Die drei ewigen Bünde im hohen Rhätien historische Skizze
Erster Teil

ISBN/EAN: 9783744703253

Hergestellt in Europa, USA, Kanada, Australien, Japan

Cover: Foto ©ninafisch / pixelio.de

Weitere Bücher finden Sie auf **www.hansebooks.com**

Die
drey ewigen Bünde
im hohen Rhätien.

Historische Skizze

von

Heinrich Zschokke,

Doctor der Philosophie, Miteigenthümer des Seminariums zu Reichenau in Graubünden, Mitglied der königlichen Societät der Wissenschaften und Künste zu Frankfurt an der Oder.

Erster Theil.

Zürich,
bey Orell, Geßner, Füßli und Comp. 1798.

Allen Bündnern.

八

Allen Bündnern.

Nehmet von der Hand des Fremdlings, o Bündner! diese Blätter auf, in welchen mit leichten Umrissen die Geschichte Eures Vaterlandes gezeichnet ist; nehmet sie auf, nicht als ein vollendetes Werk, sondern als einen Entwurf, der freylich nur zu tief unter dem Ideale blieb, welches mir vorschwebte. Die ihm anhaftenden Mängel finden ihre Entschuldigung in dem geringen Maas meiner Kraft und meiner Zeit.

Die Thaten Eurer Väter sind des kräftigen Griffels eines würdigern Geschichtschreibers werth — die kalten Umrisse, welche ich lieferte, mögen für den Unterricht Eurer Söhne dienen, welche Ihr uns anvertrautet, und für deren bequemeres Studium ich zunächst schrieb.

Nehmet diese Blätter von der Hand eines Fremdlings, als seinen Beweis, wie sehr er das freye Volk dieser Gebirge ehrt, in welchem der großen Väter großer Geist noch unerloschen fortwaltet — das Volk, in welchem die Reinheit der Sitten mehr, als die Kraft der vorhandnen Gesetze, wirkt und gilt — das Volk, dessen ewiger Bund mit wunderbarer Gewalt zweymal Hunderttausend Seelen zusammengefesselt, umsonst durch die Felsenmauern der höchsten Alpen, umsonst durch das seltenste Gemisch der Sprachen und mannigfaltiger Regierungsformen von einander geschieden — das Volk, welches in sich die von einander abgesondertsten Grade der Cultur verbindet; der Vorwelt einfaches Hirtenleben noch unverändert aufbewahrt, und Staatsmänner, Dichter und Helden des ersten Ranges gebiert.

Vielleicht, o ihr freyen Bündner! ist nach Eurer hundertjährigen Ruhe die Zeit der Thaten wieder nah'! — Leise Ahndungen verkünden es uns; schon wälzen sich die Wirbelstürme, welche Europens Gestalt umzuwandeln drohn, an Euern Gebirgen hinan! — Dann erhebt Euch in Eurer Kraft; werft einen forschenden Blick auf die Geschichte Eurer Vorwelt, und laßt Einmüthigkeit herrschen an der Stätte des Partheygeistes — kaltblütige Gerechtigkeit an der Stelle des regellosen Volkszorns — strenge Ordnung anstatt der Sorglosigkeit der Friedenstage — Freymüthigkeit, unbestechliche Vaterlandsliebe, unerschütterliche Treue statt der erschlaffenden, auflösenden Gleichgültigkeit. Der Geist Eures camogaskischen Abamo, Eurer Fontana's, Sprecher, Guler, Traverse, Hartmannis und Salis schwebe Euch vor! — Der Arm der göttlichen Vorsehung schirme Euch!

Z.

Vorbericht.

Wie nothwendig die Kenntniß der Geschichte des Vaterlandes einem Republikaner sey, besonders dem, der einst unmittelbaren Theil an der Regierung desselben nimmt, darf hier nicht erst bewiesen werden. Der rechtliche Staatsmann ist von jener Nothwendigkeit überzeugt; jeder andre, welcher die Politik wie sein Handwerk treibt, und, indem er ans Ruder tritt, nicht sich dem Staate, sondern den Staat sich weiht, kann nicht überzeugt werden. — Ich will hier nur Weniges über die Veranlaßung und den Zweck dieses Werkes sagen.

Es war mein Wunsch, daß den jungen Bündnern, welche an unserm Seminar studieren, die Geschichte ihres Vaterlandes vorgetragen würde. Ich mußte mich zuletzt bequemen, die Vorlesungen dieser Art selbst zu übernehmen. Es fehlte gänzlich an einem Leitfaden; ich war gezwungen ihn selbst auszuarbeiten.

Aller Güte ungeachtet, mit welcher ich von sehr verdienstvollen Männern Bündens in meiner Arbeit unterstützt wurde, sah ich mich doch, bey jedem Fortschritt in der Geschichte dieses eben so merkwürdigen als unbekannten Landes, von einer Menge unauflöslicher Verworrenheiten umwickelt. Ich schrieb dieses Werk als ein zusammenhängendes Resultat meiner Bemühungen; ich versuchte es, eine kurze, treue, lichtvolle Darstellung der Geschichte Rhätiens, eine leichte Uebersicht des Ganzen zu liefern.

Ein dreyfacher Zweck schwebte mir bey dem Versuche vor. — Ich wollte meinen jungen Zuhörern das Studium ihrer Vaterlandsgeschichte erleichtern, ihnen ein Handbuch zum Nachlesen geben, um sich, wenn sie meiner Vorlesungen entlassen sind, an den Innhalt derselben desto sichrer zu erinnern; ich wollte allen Bürgern des freyen Bündnerlandes, denen es bisher durchaus an einer wohlgeordneten Geschichte ihrer vaterländischen Vorwelt mangelte, im historischen Zusammenhange die Schicksale und Thaten ihrer Väter aufstellen, um in denselben die Quellen des Heils und des Uebels ihrer Republik zu erforschen; wollte den Ausländern Neigung einflößen, mit einem Lande nähere Bekanntschaft zu eröffnen, welches eben so sehr durch seine erhabnen Naturwerke und Seltenheiten, als durch seine Bewohner und deren Verfassung, Sprachen und Sitten, die Aufmerksamkeit philosophischer Forscher verdient.

Wie weit es mir nun gelang, diese Absichten zu erreichen, und jene Hindernisse zu bekämpfen, mag die Zukunft entscheiden.

Um das Buch nicht allzusehr anzuschwellen, unterließ ich die Citation meiner Quellen, welche ohnedem für den größern Theil meiner Leser ohne Nutzen gewesen seyn würde. Doch, wenn es allgemein gefodert werden sollte, bin ich erbötig, die Citaten nebst manchen ungedruckten Urkunden in einem besondern Hefte zu liefern. Daß ich aber mit der mir möglichsten Vorsicht schöpfte, daß ich mit strenger Treue schrieb, daß ich nie wissentlich gegen das Gesetz der reinen Partheylosigkeit sündigte, darf ich mit freyem Muthe versichern.

In einer zweyten Ausgabe dieses Buchs hoff' ich noch manche, mir bis dahin gegebne Winke benutzen, und etwas Großes, Vollständiges liefern zu können, besonders, wenn ich durch die historischen Schätze, welche noch in manchen alten Familienarchiven rhätischer Edeln verborgen ruhn, ausgerüstet werde.

Mit Fleiß behandelt' ich die Geschichte Rhätiens in den beyden erstern Perioden kürzer, als in den beyden letztern. Seit dem Anfang des fünfzehnten Jahrhunderts, seit dem Ursprunge der ewigen Bünde, ist der ganze Staat neugestaltet, und sein Schicksal für die gegenwärtige Welt wichtiger geworden. Die Geschichten der neuesten Zeiten ließ ich unberührt; sie gehören einer Feder des künftigen Jahrhunderts an.

Dem Plane dieses Werks und seinen Absichten gemäß erwarte nun keiner meiner bündnerschen Leser mehr, als ein Gemälde seiner väterländischen Vorwelt, in einzelnen, großen Zügen; man verspreche sich hier nicht die Geschichte einzelner Gemeinden und Hochgerichte, nicht die Register aller churischen Bischöfe, oder der Aebte, oder der Staatshäupter, Bürgermeister, Podestats u. s. m. Man zürne dem Geschichtschreiber nicht, wenn er über manche besondre Vorfälle stillschweigend hingieng, welche ohne Einfluß auf das Ganze blieben, und nichts zur Charakteristik des Zeitalters gaben; wenn er eine Menge kleiner Streitigkeiten aufzuzählen vergaß, und theure Zeiten, Lufterscheinungen, Gütervertausche u. dgl. mehr als das ausschließende Eigenthum der Chroniken, unberührt ließ.

Graubünden, so unbekannt es auch sowohl in seiner physischen und moralischen Verfassung, als in Rücksicht seiner Geschichte den Ausländern, selbst den Deutschen seyn mag, hat dennoch in ältern und jüngern Zeiten seine eingebornen Geschichtschreiber besessen, nur daß dieselben selten außer den Gränzen Helvetiens großen Namen gewonnen. Treue war ihr Schmuck, Einfalt des Ausdrucks ihre Beredsamkeit, so daß ihre Werke mehr Bruchstücke vieler Urkunden, gereihet am Faden der Zeitrechnung, als ein historisches Ganzes sind.

Unter allen, als Vater rhätischer Geschichte, steht oben an Huldrich Campell, dessen Werk nur handschriftlich, in lateinischer Sprache verfaßt, in einigen Exemplaren vorhanden ist und wegen seiner Genauigkeit und Treue hochgeschätzt wird. Ich selbst hatte ihn vor mir bey der Bearbeitung meines Buches, nach Gulers Behandlung, gleichfalls nur im Manuscripte, folgenden Titels: *Joh. Guleri ex Huldrychi Campelli Historia Rhætica libri duo, rudes adhuc barbari et plerisque perfectæ historiæ partibus carentes ideo-*

que plane sub incudem ubi per occupationes licebit revocandi. — *Isocrates:* „Cum „deliberas, e præteritis exempla pete re„rum futurarum. Nam quæ obscura „sunt, e manifestis facillime dijudican„tur". *Tutii* (Zuz) a. Virg. partus MDLXXXVI. — Das erste Buch enthält eine topographische Beschreibung der drey Bünde, das zweyte erzählt die Geschichte des Landes vom Ursprung der Rhätier bis zum Ende des XVI. Jahrhunderts.

In Campells Fußstapfen trat der Ritter Joh. Guler von Wineck, der, wie Johannes Müller von ihm sagt, sein Vaterland eben so getreulich verfocht im Krieg, als beschrieb. Sein Werk *Rætia:* Das ist außführliche vnd wahrhaffte Beschreibung der dreyen loblichen Grawen Bündten vnd anderer Rerischen Völker u. s. w. erschien im J.

1616. in Zürich gedruckt, kl. Fol. Der erste Theil desselben umfängt die Geschichte Rhätiens bis zum Ursprung der ewigen Bünde, nebst Beschreibung der Orte, welche nicht in das Bündniß aufgenommen wurden, wie wohl sie einst rhätisch waren.

Sein Zeitgenoße, der wackre Ritter Fortunat Sprecher von Bernek ab Davos übertraf beyde Vorgänger durch Fleiß, Ordnung und Vortrag. Er schrieb lateinisch; aber seine Werke erschienen in deutscher Uebersetzung gedruckt. — Rhetische Cronica, oder kurze vnd wahrhaffte Beschreibung rhetischer Kriegs- vnnd Regiments-Sachen u. s. f. geht in den ersten fünf Büchern bis zum J. 1617. Im sechsten Buche liefert er eine Staatsbeschreibung von den drey Bünden, im siebenten eine Staatsbeschreibung der Unterthanenlande. Die Chronik ist zu Chur

1672. in 4. gedruckt. — Historia von Unruhen und Kriegen so in denen hochlöblichen Rhätischen Landen vor Jahren entstanden u. s. f. (St. Gallen 1701. in 4.) enthält eine sehr umständliche Beschreibung der bündnerschen Kriege und Zwiste in den ersten acht und zwanzig Jahren des vorigen Jahrhunderts, deren Augenzeuge der edle Sprecher selbst war. — Erste Fortsetzung der Bündnergeschichte oder der ehmaligen Unruhen in dem Freystaate der drey Bünden, vom J. 1629 — 1636. (Chur 1780. in 8.) — Zweyte Fortsetzung der Bündnergeschichte u. s. f. vom J. 1636 — 1645. (Chur 1780. in 8.) Beyde sind von der fleißigen Hand des Herrn H. L. Lehmann übersetzt und herausgegeben.

In Verbindung mit diesen letztern Sprecherschen Werken kann gelesen werden Fortunats von Juvalta Beschreibung der Geschichte gemeiner drey Bünde v. J. 1592 — 1649. aus einer lat. Handschrift übersetzt und herausgegeben von H. L. Lehmann. (Ulm 1781. 8.) Juvalta, welcher als Staatsmann in die Händel jener traurigen Zeiten verflochten war, erzählt hier einfach und angenehm in einem ruhigen Tone die Begebenheiten seines Vaterlandes, in so fern er an denselben Theil nahm, und mischt so die Geschichte seines Lebens in die Geschichte des Staats. Herr Lehmann hat die Uebersetzung mit interessanten Anmerkungen ausgestattet, wie man von einem Manne erwarten konnte, der unter allen Fremdlingen am tiefsten in die dunkeln Geheimnisse der rhätischen Republik eingeweihet war. Die Geschichte und Topographie Bündens hat diesem Manne vieles zu verdanken, und hatte noch mehr von ihm zu erwarten, wenn er sich nicht zu früh von ihr zurückgezogen hätte.

Die Memoires des Duc de Rohan und des Karl Paschal gehören ebenfalls in dieses Zeitalter.

Von einem Ungenannten erschien im J. 1774. Grundriß der Geschichte gemeiner drey Bündten Lande, mit patriotischer Freyheit und Unpartheylichkeit entworfen. Zwen Theile in 8. Der erste Theil, welcher die Geschichte des Landes bis zum J. 1569. führt, trägt die Form einer Chronik allzusehr, um den Namen einer pragmatischen Geschichte verdienen zu können. Die selten eingemischten Bemerkungen des Verfassers bezeugen, daß er selbst in den Geist der ältern Geschichte nicht allzutief eingedrungen sey. Der zweys te geht bis auf die neueste Zeit, und man will ihn, trotz seines Bekenntnisses, nicht ganz vom Verdacht der Partheylichkeit losbinden. Die eingemischten Nummern scheinen auf eine Urkundensammlung zu deuten, welche bis itzt aber noch nicht öffentlich erschienen ist.

Compendio della Storia della Rezia sī civile, che ecclesiastica u. s. f. (Chiavenna 1787. 8.) Dies Handbuch führt den Leser bis an das Ende des vorigen Jahrhunderts, hat das Verdienst einer überdachten Ordnung und Kürze, ist aber von Fehlern, die meistens Druckfehler zu seyn scheinen, ausserordentlich entstellt. Der Verfasser ist der gelehrte Herr Pfarrherr **Petrus Dominicus Rosius a Porta**, welcher sich ein unsterbliches Verdienst um die Geschichte seines Vaterlandes durch sein größeres Werk erworben hat, welches den

Titel führt: *Historia reformationis eccle-siarum Rhæticarum.* (Curia II. Tom. 4. 1777.) worin er, mit eben so unermüdetem Fleisse als strenger Prüfung, alles, was die Kirchengeschichte seines Vaterlandes berührt, gesammelt und geordnet hat, so daß sein Werk unter allen andern dieser Art Ansprüche auf eine der ersten Stellen machen darf.

Die Geschichte der rhätischen Unterthanenlande, besonders des Veltlins, ist zwar meistens immer in die allgemeinen Landesgeschichte eingewebt, aber auch schon einzeln behandelt worden.

Fragmente der Staatsgeschichte des Thals Veltlin und der Grafschaften Clefen und Worms, aus Urkunden von Ulysses von Salis. Vier Bände. (1792. 8.) Die beyden ersten
Bände

Bände enthalten die eigentliche Geschichte, welche in polemischer Hinsicht gegen den Canonicus Lavizzari, den Abbate Quadrio und andre ungenannte Schriftsteller gerichtet ist, welche die Herrscherrechte Bündens über das Veltlin angetastet hatten. Die zwey letzten Bände enthalten Anmerkungen und Urkunden, als diplomatische Belege des Innhalts der ersten Theile.

Dieses Werk, so sehr es auch von den Gegnern des Herrn Ministers Salis von Marschlins der Partheylichkeit angeklagt worden ist, bleibt dennoch in jeder Rücksicht ein diplomatisches Meisterwerk. Sprache, Anordnung und Behandlung so steriler und zarter Materien geben dem Verfasser unter allen deutschen Schriftstellern dieser Klasse einen ersten Rang. Der philosophische Geist, die männliche Beredsamkeit des unsterblichen Verfassers, welche sich in jedem Abschnitt dieses Buchs ein Denkmal errichteten, lassen ahnen, was er geleistet haben würde, wenn er es unternommen hätte, die Schicksale seines Vaterlandes zu beschreiben. Die Schweiz hätte im Johannes Müller ihren Tacitus, Graubünden im Ulysses von Salis seinen Livius gefunden.

Mehrere haben einzelne Theile von der Geschichte der Grisonen bearbeitet; ich begnügte mich hier nur mit Anführung derer, welche sie im Ganzen abgehandelt haben.

Wenn ich mir schmeicheln sollte, in dieser Geschichtsdarstellung etwas mehr als Gewöhnliches geleistet zu haben, so würde meine Eitelkeit Bürgin meiner Unwissenheit in dem seyn, was zur guten Geschichte gefodert wird. Lebendig von den Mängeln meines Werkes überzeugt, find' ich die Erscheinung desselben nur gerechtfertigt durch das Gebot des Bedürfnisses.

Erster Zeitraum.

Urgeschichte des Landes; oder vom Rhätus und Augustus dem römischen Kayser, bis auf Victor den Tyrannen Rhätiens und Karl den Großen. Vom Jahre vor Christi Geburt 587. bis nach Christi Geburt 800.

I. A

Urgeschichte des Landes.

§. 1.

Europa, 600. Jahre vor Christi Geburth.

Seit beynahe vier und dreyßig Jahrhunderten war, nach mosaischer Rechnung, der Erdball bewohnt; aber noch immer lag Europa in Finsterniß und Wildheit. Zwar dehnten sich die Zweige der verschiedenen Völkerstämme vom entferntesten Norden bis zu den Küsten des mittelländischen Meeres aus; allein die Völker kannten sich unter einander noch nicht. Noch hatten hier die Länder keine bestimmten Gränzen, die Reiche keine festen Ordnungen, keine Gesetze; Krieg war die allgemeine Losung dieser Wilden; Aberglaube ihre Religion.

Nur Griechenland und Italien waren die Gegenden unsers Welttheiles, wo, von einem milden Himmelsstriche begünstigt, Wissenschaften und Künste sich niederliessen, um die Sit ten der Völker zu mildern, und die Menschen ihrer großen Bestimmung näher zu führen. Hier bezügelten schon weise Gesetze den wilden Geist der Nationen; Landbau, Handwerke und Künste bereicherten die glücklichen Einwohner und veranlaßten sie durch friedlichen Handel sich mit entlegnern Völkerschaften zu verbinden.

Rom wurde schon itzt die siegende Nebenbuhlerin Griechenlands, und lies es ahnden, daß sie einst die Weltbeherrscherin werden würde. Von dieser Stadt verbreiteten sich weise Gesetze, Künste und Wissenschaften, wie die ersten Strahlen einer aufgehenden Sonne, über das ganze Italien. Doch oft drohte die Barbarey der benachbarten Völker den schönen aufblühenden Reichen dieses Landes den Untergang.

§. 2.

Die Gallier bemächtigen sich Oberitaliens.

Einsmahls verlies, verjagt und ausgeworfen durch unbekannte Revolutionen, angelockt von Italiens reitzenden Fluren eine ungeheure Zahl der Bewohner Galliens — des heutigen Frankreichs — die alten Wohnsitze, drang durch die öden Gebirge Helvetiens, und wälzte sich, wie eine verheerende Lawine, von den hohen Alpen in Welschlands glückliche Thäler nieder. Es waren ohngefähr noch 600. Jahre bis zur Geburt des Welterlösers.

Erschrocken und unvorbereitet sahn die friedlichen Bewohner der Po-Ufer und der appeninischen Thäler das wandernde Volk hereinbrechen. Dreymal hundert tausend Gallier überschwemmten das mitternächtliche Italien, dessen größter Theil damals Tuscien hies, und liessen der überwundnen Nation nichts, als die Wahl zwischen Tod und Flucht und Sklaverey.

Aber zu stolz, um unter dem eisernen Zepter ungesitteter Wilden zu leben, rafften sich mehrere Tausende von den bedrängten Tusciern auf, und zogen sich zusammen, um unter ihrem Anführer Rhätus (also lautet die Sage des Alterthums), ein andres, freyes Vaterland zu suchen.

Wie eine unermeßliche, hoch in die Wolken des Himmels ragende Mauer, dehnt sich ein weitläuftiges Gebirge, von großen Landseen durchbrochen, auf der Nordseite Italiens von einem Meere zum andern. Es streckt seine tausend Spitzen bis in die rauhe Linie des ewigen Schnees. Unter allen Hochgebirgen der alten Welt ist dieses das erhabenste. Einsame Schneewüsten, welche kein Sommer zerstört, lagern sich droben zwischen den Eisbergen, und giessen tobende Wasserfälle an den Felswänden in die Tiefen hinab. Undurchdringliche Waldungen von Tannen, Fichten, Lerchenbäumen und Eichen bekleiden dieser Berge Rippen und Fuß. Doch auf den mäsigern Anhöhen werden die fruchtbarsten Viehweiden gefunden; und zwischen den Bergen schlängeln sich drunten die anmuthigsten Thäler.

Dorthin floh Rhätus mit seinen Tusciern.

§. 3.

Rhätus und die Tuscier fliehn in die Gebirge.

Aber auch diese Wildnisse waren nicht mehr unbewohnt. Einzelne, rohe Horden, deren Vorfahren vielleicht der Schrecken des ewigen Kriegs hiehergetrieben hatte, schwärmten in den Thälern umher. Ihr Gewerbe war Viehzucht und Jägerey. Sie waren nicht ein zusammenhängendes Volk, sondern getrennte Familien, die sich nach den verschiednen Thälern, ihren Wohnorten, nannten.

Unbekannt sind uns die frühern Schicksale, die Sitten und Gebräuche dieser wilden Bergbewohner (Taurisker von den Römern genannt) geblieben; nur ihre Namen, die Namen der Aetuatier, Salaßier, Rhegusker u. s. w. bewahrte uns die ungewisse Geschichte auf, und nennt uns, als das mächtigste dieser kleinen Völker, die Lepontier. Sie alle aber scheinen gleiches Ursprungs, alle nur abgerißne Zweige des großen Volksstammes der alten Galen gewesen zu seyn, welcher sich über die abendliche Hälfte Europas ausgebreitet hatte.

Rhätus überwand und verdrängte die Urbewohner des Hochlands; er bemeisterte sich der schönsten Thalgelände, und überlies es den verscheuchten Lepontiern, die rauhen und höhern Gegenden der Gebirge in Besitz zu nehmen.

Fast in der Mitte des heutigen Graubündens dehnt sich, von lieblich wilden Gebirgen umarmt, ein anmuthiges Thal, von Mittag gegen Mitternacht. Der junge Rhein strömt sanfter durch dasselbe entlang, von den Gewässern der Nolla und Albula vergrößert; süße Quellen rinnen von den Halden der Felsen; milder ist die Luft; der Boden giebt fast ungezwungen seinen Bewohnern die Nahrung; man nennt es das Domleschg (Tomiliaska, Vallis domestica).

Hier, so sagt man, ließ Rhätus der Flüchtling sich nieder; hier pflanzten die verjagten Tuscier ihr neues Vaterland an. Ein zweytes Tuscia — heut Thusis genannt — stieg mit seinen Mauern am Fuß des fruchtbaren Hein-zenbergs auf, wie ein Denkmal des Verlornen. Hohe Burgen wurden an des Thales schmalen Ausgängen erbaut, um die Hütten der neuen Einwohner wider die streifenden Nachbaren zu beschirmen. Ihre Spuren und Namen (Realta, Rhætia alta, und Rhäzüns, Rhætia ima) erlebten noch halberloschen unser Jahrhundert.

Aber nicht dieses Geländ' allein unterwarfen sich die Ankömmlinge. Sie verbreiteten sich durch die mildesten Nebenthäler, nahmen, als ein neues Volk den Namen ihres glücklichen Führers Rhätus an, und theilten ihn den Gebürgen mit.

§. 4.
Sprachen und Sitten der alten Rhätier.

In rauhen unwirthbaren Landen, wo man der stiefmütterlichen Natur ihre Gaben nur mit Zwang abgewinnt, begnügt sich der Mensch mit dem Unentbehrlichen, und thut Verzicht auf die feinern Bedürfnisse. Mühseligkeit ist dort sein Leben, Nichtsthun sein Himmel. Er findet die nachbarlichen Nationen leichter zu besiegen, als die unfruchtbare Natur seines vaterländischen Bodens; Raub wird daher sein Ziel, Krieg sein Handwerk.

So geschah es nun auch bey den Rhätiern. Seit ihrer Niederlassung in den Gebirgen nahmen sie den Brauch und die Denkart der rohen Völker an. Viehzucht und weniger Ackerbau mußten in der Heimath von den Greisen, Weibern und Knaben getrieben werden; wer aber männlichen Alters war und die Schande mied, zog aus, fürs Vaterland zu rauben. Kunstwerke und Handwerke wurden ihnen fremd. Sie trieben höchstens mit den Nachbarn einigen Handel in solchen Waaren, die sie ohne Mühe aus ihren Alpen und Wäldern zogen. Für Harz, Pech, Wachs, Honig und Käse tauschten sie sich die Eigenthümlichkeiten des Auslandes ein.

Ihre Sprache verwandelte sich mit ihren Sitten; wie diese, wurde jene rauh im strengen Himmelsstrich der Berge. Auch nahmen die Ueberwinder, vermischt mit den Ueberwundnen, manche Theile aus der Sprache von diesen auf, und bildeten eine neue Rede. So entstand eine Sprache, verschieden von der Mundart Roms, und doch eine Tochter der römischen. Noch in unsern Tagen trägt sie die unläugbaren Zeichen ihrer grauen Herkunft, und den Namen der romanischen.

Die Sprache ist das große Zauberband, welches die menschlichen Gesellschaften mehr denn alle andre Kunst und Gewalt zusammenhält. Nach der Zunge unterscheiden sich die Völker. Ein Staat, ohne Einheit der Sprache, ist meistens ohne Einheit des Ziels und der Kräfte.

Schon früh mußte Rhätien dieses Glückes entbehren. Die höhern Gebirgsgegenden waren nun, seit der Ankunft der siegenden Tuscier, die Zuflucht und Wohnung der verdrängten Lepontier geworden. Dort pflanzten sie in ihren Bergen und Wäldern die Sprache der Galen fort, welche späterhin die Mutter der deutschen Rede wurde.

Im Süden des Hochlandes entwickelte sich bald eine dritte, von den andern verschiedne, welche aber doch der alten Tuscisch-rhätischen am nächsten kam. Sie scheint ihren Ursprung jüngern Flüchtlingen danken zu müssen, welche vielleicht Jahrhunderte später in die noch unbewohnten Thäler eilten, als Roms Ehrgeiz Italien zur beständigen Bühne des Krieges machte. Man heißt sie die ladinische.

Also entsprang eine Verschiedenheit der Zungen, welche die engere Verbindung und den Gemeingeist der auf einem kleinen Landstrich beysammenwohnenden Flüchtlinge tödtete. Der Mangel des Handels und Kunstfleisses, und die hohen Berggränzen, welche fast alle nähere Gemeinschaft schieden, mußte die Zwietracht der Sprachen, mehr denn Alles, begünstigen. Daher ist es gekommen, daß nach heutiges Tages dieselbe fortdauert, und einen Staat von dritthalb hundert tausend Einwohnern durch drey bis vier ganz von einander

abweichende Sprachen zum Wohnort eben so
vieler Völkerchen zerspaltet.

§. 5.

Rhätien wird von den Römern bekriegt.

Als nun die Tuscier in diese Gebirge verschwunden waren, schienen sie auch aus dem
Gedächtniß aller Völker verloren zu seyn. —
Niemand kannte sie, und die Geschichte schwei-
get von den Bewohnern der höchsten Alpen.
Jahrhunderte strichen inzwischen vorüber; Länder und Völker verwandelten ihre Gestalten;
Rom erhob sich vor allen andern und beugte
unter seiner Gewalt die Nationen dreyer Welttheile. Aber das Land der Rhätier blieb fremd
und frey. Welche Veränderungen, Revolutionen und Schicksale, mögen sich während dieser
langen Zeiten in den Alpen ereignet haben?
Welche Helden mögen inzwischen aufgestanden
und untergegangen seyn? Vergessenheit und
Finsterniß ruhet über sie Alle; selbst die leisesten Spuren sind verweht.

Doch ist es sehr wahrscheinlich, daß die Bewohner des Hochlands, (inzwischen andre Nationen in großen Kämpfen um Hoheit und Freyheit rangen), unter sich selbst nicht müßig geblieben; daß die ältern und jüngern Kolonien der Gebirge sich zu einem einzigen Volke gebildet, und so, durch ihre Vereinigung stark, es gewagt haben, ihre Gränzen nach allen Seiten auszudehnen.

Wie die verwüstenden Ströme ihrer Felsen, brachen sie zuweilen aus den Gebirgen vor, und machten sich die benachbarten Ebnen zinsbar. So verheerten sie 104. Jahre vor Christi Geburth die Stadt Como, und dehnten ihre Herrschaft gegen Süden bis Verona; unterwürfig war ihnen das Land gegen Morgen und Mitternacht bis zu den Ufern des Bodensees. Selbst das gesammte Helvetien war nahe daran, ihre Beute zu werden. Helvetien aber war damals schon eine Provinz des weitherrschenden Roms (50. J. vor Christi Geburt).

Römische Unterthanen wohnten schon rings in einem weiten Kreise um die höchsten Alpen;

nur Rhätien war noch frey, noch unbezwungen. Die Feldherren Roms begnügten sich, das wilde und zahlreiche Bergvolk in sein Felsenland zurückzuschrecken; aber bis in das Innre seiner unbekannten Thäler wagte man nicht, es zu verfolgen.

Die Freyheitsliebe, Kriegslust und Tapferkeit der Rhätier waren bekannt; bekannt ihre Sicherheit in den heimlichen Alpengründen, von Schlössern und Felsenmauern beschirmt. Italien erzählte sich von ihrer Wildheit und Grausamkeit; sie waren so wüthend, sagte man, daß sie in den Ländern, von ihrer Faust erobert, alle männliche Geburt erwürgten, ja selbst die schwangern Weiber tödteten, wenn die Weissager lehrten, sie werden einen Sohn gebähren.

Da sandte Augustus, der Kayser Roms, fünfzehn Jahre vor der Geburt Christi, seine Heere wieder Rhätien aus, angeführt von Tiberius und Drusus, des Kaysers eignen Stiefsöhnen. Es war beschlossen, dieses ungezähmte Volk und seine Bundsgenossen, die wilden Vindeliker, dem römischen Zepter zu unterwerfen. Diese letztern wohnten in einem Theil des heutigen Schwabens, Bayerns und Tyrols.

Drusus kam mit seiner Macht über das trientische Gebirg; Tiberius aber zog aus Gallien herauf, und wohlbekannt mit der Unwirthbarkeit der Gegenden, legte er im Rücken seines Heers einen Handelsplatz an, ohnweit Zurzach, wo alle benachbarte Gegenden ihre Waaren feil hatten für die Bedürfnisse des großen Heers. Der Ort wurde daher Tiberius-Markt (Forum Tiberii) genannt.

Als nun die Rhätier und ihre Bundsgenossen von allen Seiten die römischen Legionen sahen, und sie den schlauvertheilten Angriffen überall Widerstand leisten wollten, mußten sie ihre Kräfte trennen, und, dadurch schwächer, überall den Sieg verlieren. Itzt drangen die Römer in die Thäler Rhätiens, bisher noch von dem Fusse keines Siegers beschritten; da erwachte die Verzweiflung in den geschlagnen Einwohnern, und in den Vindelikern,

kern, welche am Bodensee zu Wasser und zu Lande vergebens gefochten hatten.

Die römischen Heerführer, nach entgegengesetzten Richtungen vorgedrungen, vereinigten sich endlich mit ihren Armeen. Auch die bekriegten Völker versammelten und vereinigten sich zum letztenmal und zur letzten entscheidenden Schlacht. Von beyden Theilen wurde blutig gestritten. Die Römer fochten, wie die siegegewohnten Ueberwinder des bekannten Erdkreises; die Rhätier und Vindeliker wie Völker, deren höchstes Gut Freyheit, deren tiefste Schande das Joch der Dienstbarkeit war. — Doch weder die Begeisterung der Freyheitsliebe, noch der wüthendste Grimm der Verzweiflung vermögen allein den Sieg zu fesseln, wenn sie nicht mit der Vorsicht und List einer wohlgeordneten Kriegskunst gepaaret sind. Darum verlor Rhätien im ungleichen Kampfe. Aber die Wuth der Ueberwundenen war so groß, daß selbst die Weiber sich ins Gefecht drängten, und die Mütter wahnsinnig ihre

I. B

Säuglinge den römischen Soldaten ins Gesicht schmetterten. Sie mogten ihren Kindern kein Leben auffsparen, wenn ihnen kein freyes Vaterland mehr seyn würde.

So gräßlich gieng die rhätische Freyheit unter.

§. 6.

Rhätien wird zur römischen Provinz.

Die siegenden Heere bemächtigten sich nun aller Lande von den hohen Quellen des Rheins bis zu den Ufern der Donau und des Lechstroms, und aller Schlösser. Die streitbarsten Einwohner aber wurden aus ihrem Vaterlande geführt, und in ferne Gegenden verpflanzt, um die Wiederbefreyung des Landes unmöglich zu machen. So war das wilde Hochland eine unterthänige Provinz Roms; so mußte es nun fremde Gesetze und fremde Götter ehren, und Zoll und Tribut dem Auslande zinsen. Vindelicien aber verlor selbst seinen Namen; denn die ganze Eroberung wurde zu einer einzigen Provinz gemacht, welche sich gegen Morgen und Mitternacht bis zu den Ufern des Inns und der Donau, gegen Mittag und Abend aber bis an die letzten Hochgebirge an Italien und zu den Rhein-Quellen erstreckte, und insgesammt Rhätia genannt.

Ueber Rhätien herrschte nun im Namen der römischen Kayser ein Statthalter, welcher anfangs zu Augsburg, im Lande der Vindeliker, den Hauptsitz gehabt zu haben scheint. Doch schon im zweyten Jahrhundert nach Christi Geburt, als Kayser Adrian seinem weitläuftigen Reiche neue Ordnungen gab, empfieng das Gebirgsland eigne Procuratoren oder Präsides, und von dieser Zeit scheint der Unterschied zwischen dem hohen, und dem ebnen oder niedern Rhätien in Brauch gekommen zu seyn. Ob auch von da an die eigentlichen Rhätier, oder die ältern, den Namen der Grauen, oder Greisen (Grisoni, wie sie sich selbst in ihrer Sprache nennen) zur Unterscheidung von den Einwohnern des jüngern Rhätiens, erhalten haben, ist ungewiß. Doch uralt ist der Name der Grauen oder Grisonen bey den Nachkommen des tuscischen Rhätus.

Wenn man von den deutschen Landen und der Südspitze des Bodensees in Rhätien eintritt, dehnt, nach einer mäßigen Tagereise, ein weites, majestätisches Thal seine anmuthigen Flügel vor dem Wandrer aus. Steile Urgebirge, hin und wieder in der Höhe vom ewigen Winter versilbert, umfangen von beyden Seiten das fruchtbare Geländ. Der Rhein rauscht an der Mitternachtsseite des Thales, am Fusse des schrofen, mit leichten Waldungen umhangenen Calanda-Felsen. Von der andern Seite stürzt ein kleiner Strom aus dem Busen des holzreichen Gebirgs hervor; Plessur ist sein Name; nach einer halben Stunde gießt er seine Wellen in den Rhein.

In diesen Ebnen, sonst unter dem Namen der caninischen oder grauen, als Schlachtfelder der Rhätier und Römer, im frühern Alterthum bekannt, soll vor Zeiten eine alte Stadt Ebodurum gestanden haben, am Ausgang der reissenden Plessur aus den Gebirgen. Dort erhoben sich nun, als das Land der Grisonen den Römern zinsbar geworden, zwey feste Burgen, Spinöl und Martiöl.

Hier war der römischen Landvögte Sitz. Die Menge ihrer Diener und Vasallen umringte die Schlösser mit zahlreichen Gebäuden, und legte unvermerkt den Grund zu einer Stadt, welche, als nochmals ein Kayser dort sein Hoflager (Curia) gehalten, den Namen Chur erhielt.

Die Landvögte aber hatten nur die Friedensregierung zu verwalten, über Auflagen und Steuern, über die öffentliche Ordnung und die Vollstreckung der Gesetze zu wachen. Ein andrer war der Oberbefehlshaber im Kriegswesen, welcher die Heere bildete und anführte. Seine Gewalt scheint anfangs durch beyde Rhätien gegolten zu haben, selbst damals noch, als das Alpenland schon seine besondern Landvögte besaß.

Rom benutzte seine Eroberung. Die Thäler lieferten vortrefliche Krieger, stark und muthig, von der wilden Natur selbst zum Kriege erzogen. Die rhätischen Schaaren führten überall den Sieg zur Schlacht; und die unbewegliche Treue derselben für ihre Herren machte sie so wichtig für Italiens Beschirmung, als die Kette der Felsenwälle, mit welcher sie das Herrscherland deckten. — Auch die unermeßlichen Waldungen an den Bergen gaben an Rom ein kostbares Bauholz; besonders wurden die Lerchenbäume wegen ihrer Dauer und Festigkeit gesucht und mit ausserordentlichen Kosten bis Rom gebracht.

§. 7.

Die ersten Christen in Rhätien.

Rhätien lernte sein Joch tragen. Die Geschichte weiß von keinen Aufruhren und Versuchen des Landes, die Freyheit wieder zu erobern.

Es war ohngefähr im J. Christi 176. als der thätige und weise Kayser Mark Antonin die Krone des römischen Reiches trug; da fielen die ersten Funken von dem großen Lichte den dienstbaren Rhätiern zu, welches Jesus den Völkern angezündet hatte. Wie ihre Nachbaren, wohnten auch die Rhätier noch in einer traurigen Verwilderung des Herzens und des Verstandes; noch bogen sie anbetend ihre Kniee vor selbstgeschaffnen Abgöttern; die Wissenschaften waren ihnen noch fremd, der Schulen, noch keine erbaut. Nur die schlauen Priester der Götzen verwahrten in ihren Kreisen einige Kenntnisse und ernährten sich von der kläglichen Unwissenheit des Volks.

Da kam, so spricht eine uralte Sage, ein Fürst aus Brittanien daher, um das Evangelium zu predigen. Sein Name war Lucius, und Emerita, seine Schwester, begleitete ihn auf der apostolischen Reise. Sie kamen aus dem zweyten Rhätien, durch jenen engern Gebirgspaß, welcher noch heut den Namen des heiligen Heidenbekehrers führt und St. Luci-Steig genannt wird. — Als sie nun in den Alpen den Gekreuzigten verkündigten, und den Verstand des unwissenden Volks erleuchteten, ergrimmten die habsüchtigen Priester und Römer und tödteten ihn in Martiöl. Emerita aber wurde zu Trimmis, vier tausend Schritte von des Bruders Todesplatze, enthauptet. Zwar konnten die Barbaren Menschen tödten, aber die Wahrheit nicht; denn sie ist, wenn sie einmal erschien, unsterblich, wie Gott, von dem sie herabkömmt.

So lautet die Sage. Immer gewiß ist das Christenthum schon früh in das Hochland geführt worden, wozu die öftern Verfolgungen der Christen in Italien vielleicht die erste Gelegenheit gaben. Darum pflanzte sich die Lehre des Weltversöhners unbemerkt durch die Thäler der Grisonen vom Vater zum Kinde, und mitten in den gewaltigen Unruhen, worin Rhätien nun bald versank, siegte triumphirend das Christenthum.

Diese Unruhen, welche durch viele Jahrhunderte hinabdauerten, und den Erdkreis mit Verwüstungen, Schlachten und Jammer erfüllten, waren es, in welchen Roms gräuzenlose Macht zertrümmert, und Rhätien aus der Botmäßigkeit dieser weltgebietenden Stadt gerissen wurde.

§. 8.

Die Allemannen bekriegen das Land.

Es war nämlich die Zeit erschienen, in welcher die Völker Europens die strenge Vergeltung gegen das Römer-Reich führten, und dieses nach einem halbtausendjährigen Sturme zerstöhrten; eben das Reich, welches vorher alle bekannte Nationen gewaltsam in sich verschlungen hatte.

Im mitternächtlichen Deutschland wohnten unbezwungen und furchtbar in ihren Wäldern viele Völkerschaften. Es war um die Mitte des dritten Jahrhunderts, als sie sich in einer großen Verbindung wider Rom rüsteten, und unter dem Namen der Allemannen den Ufern des Rheins und der Donau entgegenzogen. Roms Größe und Kriegeskunst schreckte sie nicht. Verheerend giengen ihre zahllosen Schaaren über den Mayn und den Rhein; sie trugen ihre siegenden Waffen in Roms vorliegende Provinzen, unterjochten das Land der Helvetier und breiteten sich gegen beyde Rhätien aus. Der Glanz ihrer Thaten war so groß, daß ihr Name fortan der Name aller Deutschen wurde, welche noch von Rom nicht überwältigt waren. Da sandten die Römer ihre Legionen gegen sie aus; und als die Gefahr mit den Siegen der furchtbaren Allemannen stieg, begab sich Constantius, der Kayser, selbst in den Krieg wider sie. Constantius hielt seine Hofstatt in den grauen Feldern, zu Martiöl und Spindl. Die Stadt Chur entstand unter seiner Anwesenheit.

An den Ufern des Bodensees hatten die Allemannen ihr großes Heerlager. Der Kayser verlor in einzelnen Treffen den Sieg; da spotteten sein die stolzen Allemannen, und schwärmten sicher umher in den Geländen. Aber unerwartet warf sich Constantius mit seiner ganzen Kraft über sie, und richtete eine schreckliche Niederlage an. Sie flohen; Rhätien war gerettet, und Constantius führte seine Heere über die Alpen zurück. Dies geschah i. J. 357.

Geschlagen waren zwar die Feinde Roms, aber überwunden nicht. Die Allemannen hatten sich auf beyden Seiten des Rheins jenseits Helvetiens niedergelassen, und fielen von da aus rastlos die Provinzen Roms an. Weder List noch Gewalt mogte sie bändigen; kein Bündniß, kein Geschenk sie versöhnen. So verstrich ein ganzes Jahrhundert in Kriegen mit ihnen. Als aber das von allen Weltgegenden angegriffene Rom den bedrängten Rhätiern nur schwache Hülfe senden konnte, bemeisterten sich, (ums J. 450.) die Feinde des Reichs aller Nachbarschaften Rhätiens, besonders des heutigen Schwabens, und zuletzt selbst vieler Gebirge des Hochlands.

§. 9.

Das Land wird von den Göthen erobert.

Nun waren die schrecklichen Jahrhunderte da, welche die Gränzscheidung der alten und neuen Zeit wurden; die Jahrhunderte, in welchen der Glanz des alten Roms verblich; in welchen Licht und Finsterniß, Heiden- und Christenthum, die eiserne Kraft nordischer Wilden und die schlaue Kunst entnervter Mittagsvölker, im langwierigen Kampfe wider einander zu Felde lagen, und streitend sich vermischten. Es begann ein zweytes Chaos, eine zweyte Schöpfung der Dinge.

Niegesehene Nationen wälzten sich von uns bekannten Gegenden daher über das römische Reich; alle Welttheile schienen sich mit einander verschworen zu haben zum Untergange der größten Monarchie, welche jemals der Erdball sah. Völker wurden aus ihren Sitzen gehoben durch die allgemeine Bewegung, und umhergeworfen in dem wilden Meere der Begebenheiten. Tausendjährige Thronen wurden gestürzt; den Staaten ihre Namen, den Ländern ihre Gränzen verwischt; Gesetze und Ordnungen zertreten, und die Wissenschaften vernichtet.

Unter diesen Erschütterungen zerbrach der Römer-Staat in zwey große Hälften, welche man das morgen, und das abendländische Reich nannte; aber beyde Reiche verloren in den fortwährenden Gährungen Kraft und Glanz und Größe. Ihre Theile löseten sich aus einander, und mit ihren Trümmern bereicherten sich die Barbaren.

Von allen Feinden Roms waren am fürchterlichsten die Gothen. Sie kamen von den Mündungen der Donau herauf, nachdem sie Griechenland verwüstet hatten; überschwemmten Italien, und bauten sich endlich im südlichen Gallien ein Reich, das Westgothische, ums J. 412. Ein späterer Zug eben dieser Nation rückte von den Ufern des schwarzen Meeres an den Donau-Gestaden entlang, und überwältigte Italien und seine Nachbarschaften zwischen den J. 470. und 490. Diese neuen Eroberer hiessen Ostgothen; sie waren meistens schon dem Christenthume zugewandt. — Auch Rhätien in diesen schrecklichen Zeitläufen sich selbst überlassen, und zum Theil von den Allemannen beherrscht, wurde die Beute der Gothen und ihres gewaltigen Königes Theodorich.

Dieser Monarch, einer der größten seines Zeitalters, entwarf, bald nach der Besitznehmung von Italien, den Plan, seinen Thron darin auf immer zu befestigen. Darum wurden ihm die Gebirge des grauen Hochlands wichtiger. Er setzte einen Herzog über das Land der Grisonen, welchen er mit Gewalt bekleidete, hinlänglich die Sicherheit der Gränzen, und die Gerechtigkeit im Volke zu beschirmen. „Diese Gebirge sind eine Vormauer „Italiens", schrieb Theodorich unter ausderm dem Herzoge im Bestallungsbriefe: „sind „ein Schlüssel der Provinz. Nicht umsonst sind „sie Retia geheissen worden (retia bedeuten „im lateinischen Netze); weil sie wie ein Garn „wider den Anfall der grausamen und wü- „thenden Völker ausgespannt stehen".

Doch vergebens war die Fürsorge des Gothen-Königes, und sein junges Reich von kleiner Dauer. Denn seine Nachfolger wichen vom Pfade, den er vorgezeichnet hatte; als zufrüh verwickelten sie sich in gefährliche Kriege mit ihren eroberungssüchtigsten Nachbaren.

§. 10.

Rhätien, das Eigenthum der Franken.

Dieses waren die Franken, ein Volk, welches damals der Schrecken des Occidents so geworden war, als die Gothen es im Orient wurden; die Franken, ebenfalls wie viele andre von den wandernden Nationen der Mitternachtsgegenden Deutschlands entsprungen, und, wie jene, nimmer von Rom bezwungen. Sie hatten sich erst kürzlich (ums J. 480.) unter ihrem Könige Chlodovåus an beyden Rhein-Ufern weiter ausgedehnt, da wo sonst die Sitze der Allemannen gewesen. Die Allemannen selbst wurden von ihnen vernichtet; und ihr wachsendes Reich streckte seine Flügel gegen Abend bis tief in Gallien hinein zur Loire und Seine, gegen Morgen bis zu den Wäldern von Thüringen.

Als nun die Gothen mit den Kaysern des orientalischen (oder griechischen) Reichs um den Besitz Italiens kämpften, erschien plötzlich ums J. 540. einer der Franken-Könige, Theodebert, mit einer furchtbaren Macht an den Eingängen des gothischen Reiches. In wenigen Jahren brachte er einen wichtigen Theil der mitternächtlichen Provinzen Gothiens an seine Gewalt; auch das hohe Rhätien, und das ehmahlige niedre Rhätien, seit der Allemannen Herrschaft aber Allemanien genannt, wurden ihm unterthan.

Theodebert führte nun die Ordnungen und Formen seines Volks in diese Gegenden ein; auch unter ihm ward Allemanien und Rhätien in Eine Provinz vereinigt, und von Statthaltern regiert. Es war aber die Sitte dieses siegreichen Volkes, die eroberten Lande unter die vornehmsten Krieger als Belohnung auszutheilen, um die Beute desto sicherer zu bewahren. So geschah es nun auch in Rhätien; die Schlösser und Landschaften wurden an eine Menge von Grafen und Edeln verspendet, welche in ihren Bezirken die Gerech-
tigkeits-

tigkeitspflege und Kriegsordnung verwalteten, und zum Preis ihrer Verdienste die Einkünfte der ihnen zu Lehn gegebnen Ländereyen bezogen. Auf solche Weise wurde in diesen Zeiten der Saame zur nachmaligen Herrschaft unzähliger einzelnen Baronen oder Freyherren ausgestreut.

Alle Grafen und Edle standen unter der Hoheit des rhätischen Landvogts, welcher das Regiment über das Ganze führte, und selbst von dem obersten Statthalter oder Herzoge in Allemannien und Rhätien abhängig lebte.

Der erste der fränkischen Landvögte in den hohen Alpen war Victor, genannt ein Graf von Chur. (Ums J. 540 — 550.)

§. II.

Das Christenthum in Rhätien.

So wurden durch die wunderbaren Wanderungen der Völker ganz Europa umgestaltet; die Länder dieses Welttheils empfiengen neue Gränzen, neue Bewohner; die Völker nahmen neue Sprachen, Verfassungen, Gesetze und

Sitten auf. Aber Rohheit, Grausamkeit und Unwissenheit, diese traurigen Töchter des Krieges, bemächtigten sich des menschlichen Geschlechts.

Inzwischen hundert Thronen einstürzten, stieg siegend das Christenthum empor. Es breitete sich wunderbar schnell von Nation zu Nation aus. Es schien das ganze große Völkermeer nur darum in gewaltsamer Bewegung Welle durch Welle zu werfen, um jede derselben bälder mit dem Blute der Erlösung zu färben.

Auch in der Grisonen Thälern wurden nun die Altäre der falschen Gottheiten zerstöhrt, und an ihre Stelle das Krenz hingepflanzt. Schon ums J. 440. waren hier der christlichen Gemeinden viele, die ihren Bischof besaßen. Der erste, welchen uns die Geschichte nennt, soll Asimo geheissen haben.

Die Bischöfe jenes Zeitalters hatten noch keine weltliche Hoheit und Gewalt, sondern sie waren nur die Aufseher und Lehrer ihrer Gemeinden. Ihr schönster priesterlicher Schmuck war Gottesfurcht und Tugend; Weißheit war der goldne Hirtenstab, mit welchem sie die ihnen anvertrauten Seelenheerden hüteten; die Liebe und Zuversicht der Gemeinden war ihr Reichthum.

Auffer den Namen der ersten rhätischen Bischöfe hat uns die Geschichte nichts Denkwürdiges von ihnen aufbehalten. Die stillen Handlungen der Tugend, die schönsten in den Augen Gottes, sind gewöhnlich die glanzlosesten in den Augen der thörichten Sterblichen.

§. 12.

Dunkelheit der Geschichte dieser Zeiten.

Die Franken standen inzwischen oft in der Gefahr, durch neue Einbrüche wandernder Völkerschwärme ihre kaum gewonnene Provinz wieder einzubüssen. Denn bald nach Theodeberts, des Franken-Königes Tode, wälzte sich in ungezählten Schaaren gegen die grauen Gebirge das Volk der Longobarden herauf, welches aus Pannonien, den Gegenden des heutigen Ungarns, dahergezogen war, um auf den Trümmern des gothischen Reichs, im verödeten Italien, ein neues zu stiften. Rhätien blieb zwar der Franken Eigenthum, aber von den zerstöhrenden Durchzügen der Longobarden nicht verschont. Diese letztern eroberten Italiens mitternächtlichen Theil (ums J. 670.) und wurden von nun an der Grisonen unruhige Nachbarn.

Und kaum hundert Jahre darauf strömte ein andres Volk, grausamer und wilder als alle, und gezeugt vom fernsten Asien, gegen Rhätien an. Es war das Volk der Hunnen. Ein Theil derselben streifte tief in das Innre der Alpenthäler, und erfüllte das Land mit Greuel. Da ermannten sich die verlassenen Grisonen, und begegneten den Barbaren in den Feldern von Disentis mit ihrer ganzen Kraft; die Hunnen wurden geschlagen und die Thäler erlöst (im J. 670.)

Bey diesen Kriegen, Wanderungen und jähen Veränderungen der Völkerschicksale, und bey dem allgemeinen Verfall der Wissenschaften, erlischt das Licht der Geschichte, kaum fähig noch die Bewegung und Richtung der großen Maſſen ganzer Nationen in eine dämmernde Helle zu ſetzen. — Um Rhätiens Regierung aber ſtand es wahrſcheinlich ſehr dürftig. Die Franken ſchienen zufrieden zu ſeyn, wenn ihnen nach allen Verheerungen und Durchzügen fremder Völker nur der Beſitz der Gebirge blieb, um, früher oder ſpäter, dereinſt durch ſie in das longobardiſche Italien eindringen zu dürfen. So war, ſeit Rhätien ſeine Freyheit durch Rom verlor, dies herrliche Hochland, dieſe ewige, große Veſte der Natur, ſchon früh verdammt, den kriegsſüchtigen Nachbaren zum Mittel und Werkzeug ihrer Eroberungsluſt zu dienen; ſo waren eben jene Felſenwälle und engen Bergpäße die Urſache der immerwährenden Abhängigkeit der Griſonen, ſtatt der unüberwindliche Schutz rhätiſcher Freyheit zu ſeyn.

Die Statthalter des Landes und die in allen Thälern anſäßigen Baronen wurden bey ſolcher Lage der Dinge immer ungebundner; ſie vermehrten ihre Gewalten und Güter zum

Schaden der unterthänigen Grisonen; ja die Herzoge von Allemannien (Schwaben) und Rhätien selbst, deren wir oben gedachten, haben nicht selten den Versuch gemacht, sich gänzlich von ihren Obern, den Königen der Franken loszureißen. Doch nie gelang es ihnen bey der Uebermacht des Franken-Reichs.

So war der Zustand Rhätiens, bis in die Mitte des achten Jahrhunderts, durchaus mit Dunkelheiten umgeben. Selbst die dürftige Namenliste der Bischöfe und Landvögte ist nicht von Unsicherheiten frey.

Einer der wichtigsten Baronen Rhätiens war, gegen die zweyte Hälfte des ebengenannten Jahrhunderts, ein Graf Victor von Chur, wie es heißt entsprossen aus dem Geschlecht des ersten rhätischen Landvogts der Franken (§. 10.) Auch er bekleidete, wie sein Vater und dessen Vorfahren, im Lande die statthalterliche Würde, inzwischen sein Bruder Vigilius auf dem bischöflichen Stuhl saß. Die Familie der Victoriden schien also im Hochlande die herrschende geworden zu seyn. Ob sie alttuscischen Ursprungs gewesen, ja, ob von allen nachmals glänzenden Geschlechtern die meisten, oder einige derselben, ächt-rhätischer Herkunft waren, weiß die Geschichte nicht. Es ist wahrscheinlicher, daß die mannigfaltigen Ueberwinder des Landes alle eingebohrnen Familien, je angesehener sie waren, um so lieber unterdrückten. Die Römer führten sie aus dem Lande; die Allemannen und Franken machten sie zu Unterthanen ihrer Krieger und Baronen. Der eitle Stolz und die thörigte Ahnensucht findet in jenen Zeiten keine Nahrung.

§. 13.
Das Klosterleben nimmt in Rhätien den Anfang.

In jenen Tagen kam auch Sigisbert, der fromme Schüler eines irrländischen Heidenbekehrers, Columbans, über die hohen Gebirge von Urseren aus Italien. Er stieg durch die grausen Wildnisse des hohen Crispalt in das rhätische Thal hernieder, wo der Vorder-Rhein, noch seinem Ursprung nahe, zum erstenmal eine Ebne bespült. Hier schlug der Pilger in der düstern Einöde seine Hütte auf; hier sammelten sich bald um ihn her Bewundrer seiner Andacht und seines strengen Lebenswandels, und Schüler seiner Lehren. Noch wohnten dort auf den Gebirgen, in ihrer alten Rohheit und Unwissenheit, die vielleicht ununterjocht gebliebnen Nachkommen der Lepontier, welche bey der Ankunft der Rhätier einst hinaufgeflohen waren. Aber Sigisbert predigte ihnen Jesum den Meßias, und stürzte mit seiner Beredsamkeit die Altäre ihrer Abgötter.

Einer seiner eifrigsten Jünger war Placidus, ein reicher Mann in Rhätien. Er entschloß sich zur Erwählung der Einsamkeit, und sein gesammtes Vermögen der Stiftung eines Klosters zu widmen. Als er aber zu Victor dem Tyrannen gen Chur gekommen, dessen Lehnsmann er gewesen seyn mag, um jene Erlaubniß bat, und, bussepredigend wie ein zweyter Johannes, dem Tyrannen seine

Sünden und Grausamkeiten vorwarf, er: grimmte dieser sehr, und lies ihm alle seine Güter rauben und ihn enthaupten. — Weinend begrub in seiner Einsiedeley Sigisbert den Leichnam des unglücklichen Jüngers.

Als Victor der Tyrann nachher in den Wellen des Rheins umgekommen war, wollte Thello, sein Sohn, und churischer Bischof, das verhaßte Andenken seines Vaters tilgen, und den Schatten des ermordeten Placidus versöhnen. Da erhob sich durch seine Schenkungen in dem einsamen Aufenthalt der Einsiedler ein Tempel über der Asche des Märtyrers; und so war der Grund gelegt zur spätern Größe der Abtey Disentis. Thello aber starb im J. 784.

Das Kloster zu Disentis mag nicht das erste dieses Landes gewesen seyn. Schon ums J. 760. hatte Aesopeja, Gräfin von hohen Rhätien, des churischen Bischofs Paschalis Gemahlin, das Jungfrauenkloster Bazis am Fuße des Heinzenberges gestiftet. Es darf uns aber nicht befremden, hier einer Bischösin erwähnt zu finden; denn damals war es noch den Geistlichen erlaubt, Weiber zu nehmen und Kinder zu zeugen. Noch verdammte kein Kirchengesetz, die Pflichten der Natur zu vollstrecken; erst dreyhundert Jahre später wurde die alte, göttliche Ordnung aufgehoben (ums J. 1074.), als Gregor VII. der römischen Kirche Oberhaupt war.

§. 14.

Pipin in Rhätien.

Inzwischen das Geschlecht der Victoriden im Lande der Grisonen die höchste Gewalt erblich an sich gezogen hatte, waren auch die Franken, Rhätiens eigentliche Beherrscher, mächtiger worden. Ihr Reich, sonst unter mehrern Fürsten vertheilt, wurde durch den Muth und die Klugheit eines einzigen großen Mannes, des Königes Pipin, wieder verbunden, und durch die Einheit gestärkt (seit 752.). Pipin sah sich bald so furchtbar und groß, daß die Päbste seine Hülfe wider die Bedrückungen der longobardischen Könige anrie fen. Pipin kam. Zweymal zog er gen Italien über die Alpen, und bey diesen Zügen besuchte er das ihm unterwürfige Rhätien.

Man findet nicht, daß er etwas zur Verbesserung der rhätischen Landespflege angeordnet habe. Auch ihm scheinen die Grisoner Gebirge nur als Vorwälle gegen die unruhige Lombardie, und ihre starken Bewohner als vortrefliche Glieder seiner Kriegsheere, wichtig gewesen zu seyn. Der Ehrgeiz und die Handlungsweise der Könige war sich in allen Jahrhunderten gleich; sie suchten selten in der Wohlfahrt des Volks ihr eigenes Glück, sondern das Volk mußte sein Glück in den Freuden der Herrscher glauben; es lag ihnen mehr daran, willenlose Maschinen, als Menschen zu regieren.

Zwischen Chur und Disentis strebt an den hohen Halden des Gebirgs, welches gegen Mittag in das bey Rhäzüns sich öffnende Domleschg schaut, ein einsamer Felsthurm empor. Schrof und entkleidet sind seine Wände, nur von einer Seite erklimmbar. Abgründe lagern sich rings umher. Diesen Felsen erlas sich Pipin, der Franken-König, seinem Namen im Rhätier-Lande ein Gedächtniß zu stiften; auf dem Gipfel desselben erbaute er eine starke Veste, Hohentrims, um durch sie die benachbarten Thäler zu beherrschen. Mehr that Pipin des Nennenswürdigen nichts.

Dies sind die Schicksale der Bewohner Rhätiens seit ihrer ersten Erscheinung in der Geschichte der Völker, bis auf das J. Christi 800. Dunkel, abgerissen und verworren sind die Nachrichten von ihren ersten Begebenheiten, und nur um ein Weniges sichrer und heller können sie im folgenden Zeitraume werden.

Zweyter Zeitraum.

Geschichte der Sklaverey Rhätiens; d. i. von Victor dem Tyrannen und Karl dem Großen bis zum Ursprung der drey freyen Bünde und Abwerfung des zwingherrlichen Joches. Vom J. 800 — 1424.

Geschichte der Sklaverey Rhätiens.

§. 1.

Karls Sorge in Rhätien.

Die Geschichte der Grisonen verliert sich nun in der Geschichte eines furchtbaren mächtigen Staates, welcher Jahrhunderte lang die Welt mit Kriegen erschütterte, und als er endlich, durch endlose Fehden, Gährungen und Faktionen zerrüttet, zusammenstürzte, auch das Schicksal Rhätiens unter seinen dunkeln Trümmern verschloß.

Karl, der Sohn Pipins, erbte das Reich seines Vaters; er war der größte Fürst seiner Zeit, und Jahrhunderte vor und nach ihm lebte kein thatenreicherer Monarch. Als er den Thron bestieg, schienen die Völker ihrer großen Rasereyen müde zu seyn; aber uns ter ihren schrecklichen Wanderungen war nun ganz Europa umgestaltet worden. — Kunst und Wissenschaft, wo sie ehmals geblüht hatten, waren vernichtet; die Weisheit und Geschicklichkeit der Vorwelt zum unglaublichen Mährchen herabgesunken; das Schwerdt der Mächtigen schrieb Gesetze und Pflichten; die Religion Jesu, zwar itzt schon durch den größten Theil Europas ausgebreitet, hatte ihren milden Geist verloren, und war düster geworden und blutdürstig wie sie; arglistige Herrschsucht und eifernde Schwärmerey behaupteten abwechselnd den Lehrstuhl des christlichen Glaubens; die Unwissenheit war so allgemein, daß selbst die Geistlichen nur selten fähig schienen, den nöthigsten Unterricht zu ertheilen.

Aber Karl fühlte tief die Gebrechen seines Zeitalters, und, so weit sein Zepter über die Abendländer reichte, versuchte er's mitleidsvoll und mühsam, die traurige Finsterniß zu verbannen. Er suchte die wenigen Gelehrten auf, zog sie an sich, und ermunterte sie durch
glän-

glänzende Belohnungen. Er verbreitete ihre nützlichen Schriften, und errichtete Schulen und Bibliotheken. Er milderte den rauhen Sinn seiner Völker, und gab dem verwilderten Adel feinere Sitten. Der abentheuerliche Geschmack des Nordländers wurde durch ihn mit der Prachtlust des weichlichen Südlings gepaart. Im Frieden und im Kriege war er gleich groß. So lange er regierte stand es wohl um die Monarchie der Franken; von Innen herrschten Eintracht und Ordnung und Streben nach Recht und Licht; von Außen umringte ein Kranz von fruchtbaren Siegen das Land.

Auch das Volk in den rhätischen Gebirgen war von seiner väterlichen Sorge nicht vergessen; doch werden die Wohlthaten, welche er demselben erwies, nur noch trüb' und verworren in der nebelhaften Entfernung jener Tage erkannt.

Lange und viel hatten die Grisonen, vor seiner Thronbesteigung, von der unruhigen

Nachbarschaft der Lombarden dulden müssen. Karl aber endete alle Fehden, als er mit seinen Herren über die Alpen gieng, in Italien eindrang, und das lombardische Reich (im J. 774.) beschloß.

Das Veltlin, dies zwanzig Stunden lange Thal, von üppiger Fruchtbarkeit trotzend, ist, wegen seiner Anmuth und Fülle, der Vorhof Italiens zu heissen. Jenseits der höchsten Gebirgsketten Rhätiens, dehnt es sich vom Aufgang zum Niedergang hin; gegen Süden gießt es durch mildere Berge mehrere kleine Nebenthäler aus. Der Fuß der Anhöhen wohnt im Schatten kleiner Fruchtwälder; ein ewiger Frühling und Herbst scheinen in diesem Paradiese an den Ufern der Adda zu spielen; selbst der Winter, in ehrfurchtsvoller Ferne auf den hohen mitternächtlichen Gebirgen, entrichtet dem großen Garten nur den Zoll neuer Lieblichkeit; von seinen unauflöslichen Eisfeldern herab sendet er Kühlung, um die Lüfte zu erfrischen.

Von einem Alpengürtel umschlungen, und

an Rhätien geheftet, war dies Thal von jeher ein Theil des Rhätier-Landes gewesen. In allen Revolutionen der Vorwelt scheint es dies geblieben zu seyn, bis auf die Tage Karls des Großen, in welchen er das lombardische Reich überwand. Damals wurden Veltlin und des Thales Nachbarschaften Puschlaf (Poschiavo) und Worms (Bormio) durch den Machtspruch des gebietenden Siegers von Rhätien abgeschnitten und in der Ländertheilung an denjenigen seiner Söhne gegeben, welcher die Krone des italiänischen Königthums zum Erbe erhielt. Die Einkünfte des Veltlins aber brachte der fromme Eroberer dem Himmel, gleichsam als ein Dankopfer für die errungenen Siege, und weihte sie der Abtey St. Denys, ohnweit Paris. Seit dieser Zeit sandten die Aebte ihre Verweser hieher, welche die Einkünfte im Namen jenes französischen Klosters bezogen.

Mehr vielleicht als von den Gewaltsamkeiten der Lombarden hatten die Grisonen von der Ungerechtigkeit und Habsucht ihrer innern

Feinde, den Mächtigen des Landes, erlitten. Ungestraft konnten bisher hier die Grafen und Ritter schalten nach den Eingebungen ihrer Lüste; noch war kein Gesetz für sie geschrieben; oder wenn es geschrieben war, so fehlte doch eine Kraft, ihre stolzen Häupter unter dieselben zu beugen. Karl sah die Noth des Volkes; er sandte den gelehrten Bischof von Rheims, Wolfhard genannt, im J. 813. wie einen Friedensengel zu den Grisonen, und ließ durch ihn ein Landesgericht stiften, die Klagen und Appellationen der Unterthanen zu vernehmen.

Am Fuße des hohen Falknisses, eine halbe Stunde vom St. Luziensteig ruht in einer heitern fruchtbaren Landschaft Mayenfeld (das alte Lupinum). Dort sammelte ein Gesandter des Kaysers alljährlich ein öffentliches Gericht um sich, wo der Reiche und der ärmste Mann des Landes Gehör empfieng. Im Maymond jeden Jahrs wurde das Gericht unter einem Lindenbaum im Freyen gehalten.

Die höhere Gerechtigkeitspflege wurde den

im Lande wohnenden Grafen überlassen; die niedre war besondern Richtern und Vicarien anvertraut. Aber der Gesandte, als des Kaysers Stellvertreter, übte über alle die oberste Gerichtsbarkeit aus, nach den strengen und bestimmten Gesetzen des Monarchen. Wo ein Graf oder Richter falsch gerichtet hatte, wurde er bestraft, und gezwungen das Unrecht zu vergüten. Alle schlechten Richter (Advokaten, Vicedomen, Vicarien und Centenarien genannt) sollten der Stellen entsetzt, und statt ihrer solche gewählt werden, welche die gerechte Sache zu erkennen und zu bestimmen Fähigkeit und Willen besäßen. Wenn ein ungerechter Graf erfunden würde, sollte er sogleich angezeigt werden. So lautete Karls ausdrücklicher Wille. So sorgte er für seine Rhätier, die dankbar seinen Heeren die muthigsten Streiter lieferten.

Auch ihre Tapferkeit krönte er mit Ehren. Er gab ihnen, und den Allemanniern oder Schwaben, überall in den Schlachten das Recht des Vorrangs, so daß ihre Reihen zu desmal die ersten waren, welche das Treffen begannen. Und diesen Vorzug behielten die Rhätier in langen Zeiten.

§. 2.
Rhätien wird von den Söhnen Karls den Großen vernachläßigt.

Ungeachtet der ansehnlichen Besitzungen der einzelnen Grafen, deren schon damals mehrere in Rhätien herrschten und namhaft wurden, wie z. B. die Grafen von Chur, die Grafen von der Landquart, deren Gebiet sich von den Ufern der Landquart an beyden Seiten des Rheins bis zum Crispalt emporstreckte, der Grafen von Laax, von Masax, von Feldskirch, von Werdenberg u. s. w. und ungeachtet der Reichthümer des bischöflich-churischen Stuhls, besaß der Kayser im Lande selbst doch noch viele eigenthümliche Oerter, Gerechtsamen und beträchtliche Steuern und Abgaben. Diese und seine übrige Fürstenrechte ließ er durch einen obersten Statthalter verwalten.

Als Thello, der am Ende des vorigen Zeitraums erwähnte Sohn des Tyrannen Victor, gestorben war, wurde Constantius II. sein Nachfolger in der bischöflichen Würde, und Karl erhob diesen Geistlichen zugleich zum Statthalter (Rector) des weltlichen Rhätiens.

Aber mit dem Tode Karls starben auch zugleich die Ordnung und der Friede Rhätiens. Sein Sohn Ludwig war ein schwacher Regent, und ein noch schwächerer Vater, dessen drey Söhne die große fränkische Monarchie unter sich theilten, und also drey neuen verschiednen Königreichen, Italien, Deutschland und Frankreich, den Ursprung gaben. Rhätien fiel den deutschen Königen zu. Aber diese Könige, bald von innerlichen Reichszerrüttungen, bald vom Kampfe gegen die benachbarten Nationen der Normänner, der Slaven, der Ungarn beschäftigt; verwickelt in eben so ungeheuern Plänen, und widrigen Ereignissen, wie ehmals Karl der Große, aber selten ausgerüstet kaum mit der Hälfte seiner Kraft; irregeleitet von Miethlingen und

Lieblingen; mehr den Mönchen, als der Religion ergeben — vergaßen des Volks in den Gebirgen. Da hauseten nun die Statthalter, Bischöfe, Grafen und Herren nach loser Willkühr, übler denn je zuvor; sie sandten aber den Kaysern Tribute, Steuern, Zölle und Mannschaften für die Heere, dafür sie unbekümmert regierten.

Ohngefähr zwanzig Jahre nach dem Tode des großen Karls, als Ludwig der Fromme noch herrschte, war Adelbert in Rhätien der berühmteste Herr, und des Landes Verwalter, im Namen seines Kaysers. Er war der Sohn Hunfrieds, welcher genannt wird ein Graf in Histrien und Rhätien, und seinem Namen im Gaster ein Gedächtniß stiftete, wo er das Kloster Schennis in dem J: 806. gründete, als Karl sein Reich an die Söhne vertheilte. Adelbert wurde noch mächtiger, als er nach Erlöschung des alten Geschlechts der Churischen Grafen in einen Theil ihrer Besitzungen trat, und dadurch auch die Grafschaft Bregenz empfieng.

Aber seine Ruhe unterbrach plötzlich ein Rath und Liebling des Kaysers, welcher es durch mancherley Künste vom Monarchen erhielt, Statthalter in Rhätien zu werden; er nannte sich Rupert. Dieser zog, da Adelbert ihm nicht gutwillig den Sitz in den Gebirgen räumen wollte, mit kayserlichen Völkern dahin, und vertrieb Adelberten mit Kriegsgewalt. Hunfrieds Sohn floh zu seinem in Histrien herrschenden Bruder, rüstete ein Heer aus, drang bis zwo Stunden von Chur vor, wo er dem Rupert beym Dorfe Zizers ein schweres Treffen lieferte. Adelbert siegte; Rupert wurde in der Flucht von seinem Rosse tödtlich verwundet und in Lindau begraben. So herrschte nun Adelbert wieder als Landvogt so lang er lebte, und ließ seine Würde erblich an Adelreich seinen Sohn, der über Rhätien waltete, als Ludwig König der Deutschen war, und die oberste Fürstengewalt über das Herzogthum Schwaben (dem auch Rhätien zugezählt wurde) Berchtmajer, im Namen des deutschen Königes, übte.

Aus dieser angeführten Begebenheit Adelberts kann jedermann ohne Mühe einsehn, wie sehr damals das Land der Grisonen von seinen höchsten Besitzern vernachläßiget wurde.

Unter solchen Umständen wußten sich die verschiednen Grafen Rhätiens immer unabhängiger und reicher zu machen; und das Hirtenvolk dieser Gebirge mußte mit schweigender Geduld die Fesseln der grausamsten Tyranney von den Händen der Mächtigen annehmen, deren feste Schlösser hoch über den Thälern an den Halden der Felsen hiengen.

Unter allen Baronen des Landes erhoben sich am meisten die Bischöfe von Chur; die Gewogenheit der Kayser und Könige, der fromme Aberglaube des Volks und die Klugheit der Geistlichen, welche aus den verworrensten Staatshändeln die besten Vortheile zog, brachten dem bischöflichen Stuhl solchen Glanz und Einfluß zuwege, wie er in vorigen Zeiten nie besaß. Die Zeitrechnung der auswachsenden Gewalt des Bißthums beginnt mit der Herrschaft der Victoriden, und ihrer Besetzung der Bischofswürde. Noch von jenen Tagen her führen die churischen Prälaten das Wappen jener mächtigen Familie; von jenen Tagen an erweiterte sich alljährlich ihr weltliches Gebiet, dessen Bewohner Leute des Gotteshauses genannt wurden. Die Geschichte jener Zeit weiß von ihnen nichts, als ihre Gränzstreitigkeiten, Länder- und Gütertausche, erworbne Privilegien u. s. w. zu erzählen; sie lebten mehr für die Erde, deren Eitelkeit sie verachten lehrten, als für den Himmel, welchem sie sich geweiht hatten.

Doch seit Constantius, unter Karl dem Großen, hatte keiner derselben wieder, wie er, die Statthalterschaft über Rhätien besessen. Erst dem Bischof Dietolf, welcher im J. 887. das Bisthum empfangen hatte, gelang es, und von allen Bischöfen zum letztenmal, in seiner Person die höchste geistliche und weltliche Würde Rhätiens zu vereinigen, nach dem Tode des Landvogt Adelrich.

§. 3.

Rhätien unter den sächsisch-fränkischen Bayern.

Nicht länger, als ein Jahrhundert, hatte der Geschlechtsstamm Karl des Großen gegrünt; da erstarb er für Deutschland in Ludwig dem Kinde auf ewige Zeiten. Es erwählten sich die deutschen Fürsten zum Oberhaupt Conrad I. bisherigen Herzog von Franken, im J. 912. welcher Schwaben als ein Herzogthum mit dem deutschen Reiche verband, und es dem schwäbischen Graf Burchard von Buchhorn zur Lehen gab, einem der mächtigsten Ritter dieser Gegenden, der schon vorher, ausser andern Landschaften, auch das Engadin im churischen Rhätien, Algauw, Hegauw, u. s. w. besessen hatte. Burchard war eben so berühmt durch seinen Reichthum, als durch seinen Heldenmuth. Er gab von beyden Proben. Damals war ein neues Königreich am Fuße des Jura aus einigen zusammengerafften Provinzen entstanden; man nannte es das neuburgundische. Es verschlang die schwachen Nachbarschaften in sich, und drohte endlich selbst den rhätischen und schwäbischen Ländern. Da griff Burchard zu den Waffen und demüthigte den König von Burgund in einer Feldschlacht bey Winterthur, im J. 919. Rudolf von Burgund, der zweyte dieses Namens, dankte dem Sieger, daß er seinen Sieg nicht verfolgte, und nahm sogar die Tochter des Schwabens-Herzogs zur Gemahlin. Um seinem Schwiegersohn ein würdiges Hochzeitgeschenk zu geben, zog er mit seinen Völkern über die Alpen, als die unruhigen Lombarden dem König von Burgund ihr Land angeboten hatten. Er wollt' es ihm zusichern — aber er kehrte nicht wieder heim; der Bischof von Mayland ließ ihn durch Meuchelmörder umbringen (ums J. 926.) Heinrich der Vogelsteller war damals deutscher König; er gab das Herzogthum Schwaben dem Landgraf Hermann von Hessen zu Lehen.

Die Landschaften aber, welche einst der

mächtige Burchard in Rhätien besessen hatte, waren von ihm selbst an seinen Enkel Huldrich abgetreten worden, der sie nur kurze Zeit behielt, und sie im J. 922. an den Graf Berchtold übergab, da er als Bischof nach Augsburg gieng.

Deutschland blutete in diesen Zeiten unter den Einfällen der wilden Ungarn, eines Volkes, entsprungen im fernen Asien. Sie hatten sich jener Gegenden an den Ufern der Donau bemächtigt, welche dem Alterthum unter dem Namen Pannoniens bekannt waren; von dort aus streiften sie ungehindert bis in das Herz des deutschen Reiches und erschienen endlich mit ihren Grausamkeiten selbst im Innern von Rhätien. Sie raubten den Alpen ihre Heerden, der Hirten Schätze, und schleppten unermeßliche Beute aus allen Gegenden zusammen gegen Bayern. Aber dort ereilte sie Kayser Otto der Große, Heinrichs des Vogelstellers Sohn. Mit ihm focht vereint an den Ufern des Lechstroms ein schwäbisch-rhätisches Heer wider die Ungarn. Lange hatte man von keiner Schlacht gehört, so blutig, groß und entscheidend, wie diese war am 10. August des J. 955. Die Niederlage der Ungarn war schrecklich; nur wenige von ihnen konnten entrinnen, um den Bewohnern ihrer Heimath das Schicksal ihrer Brüder zu erzählen. Auch von Seiten der Deutschen waren Tausende in dieser Schlacht gefallen; unter ihnen Burchard, der Rhätier Feldherr.

Dieser Burchard war damals Herzog der Schwaben und Rhätier. Seit dem Tode Hermanns von Hessen (im J. 949.) hatte nämlich Luitolf, ein Sohn des Kaysers Otto, das Herzogthum zu Lehn empfangen. Aber er war desselben von seinem Vater wieder entsetzt und verjagt, und Graf Burchard an seiner Stelle mit dem Herzogthum belehnt worden, weil Luitolf wider die Vermählung seines Vaters mit Adelheiden von Burgund gezürnt hatte. Schwer war der Groll Luitolfs und seines Vaters gegen einander; beyde lagen zuletzt wider sich mit großen Heeren zu Felde, und schon standen beyde an der Iler in Schwaben in Schlachtordnung zum blutigen Angriff bereit.

Es geschah dies im J. 953. als Hartbert Bischof zu Chur war. Hartbert, da er hörte, wie Sohn und Vater wider einander das Schwerdt gezogen, eilte hinaus, und versuchte mit Hülfe des Augsburger-Bischofs eine Versöhnung zu stiften. Es gelang ihm zwar dies schöne Werk nicht, aber doch, daß er dem wüthenden Sohne die Waffen aus den Händen rang, indem er ihm seine schwäbisch-rhätischen Soldaten abspenstig machte. Da floh Luitolf bestürzt von bannen. Aber Hartbert hatte seine edle That noch nicht vollendet. Er mußte endlich durch seine Bitten das Herz des zürnenden Vaters und Kaysers zu erweichen; Luitolf erschien baarfuß und mit unbedecktem Haupte vor Otto, flehte Vergebung, und — Hartbert hatte gesiegt.

Luitolf wurde wieder in sein Herzogthum erhoben; aber einige Jahre nachher (957.) starb

starb er in Italien, wohin ihn sein Vater gegen die Rebellen geschickt hatte.

Unter ihm, wie unter den auf ihn folgenden schwäbischen Herzogen genoß Rhätien einer wenigstens scheinbaren Ruhe. Die Bischöfe, Aebte und Baronen wetteiferten mit einander in der Bereicherung ihrer Gewalten; die friedsamen Bewohner der Thäler und Alpen entrichteten duldend ihre Zinsen, und weideten in stiller Eintracht an den Bergen ihre Heerden, inzwischen tausend andre ihrer Brüder in den Heeren deutscher Fürsten an den Ufern des Po und der Elbe den Ruhm der rhätischen Waffen glänzend machten. Alle Vortheile und Privilegien, welche sich die rhätischen Grafen mit Gewalt oder List errangen, waren für die unterthänigen Tausende kein Gewinnst, sondern nur zu oft nichts, denn neue Ringe ihrer Sklavenkette.

Glücklicher, als ihre übrigen Landesgenossen, waren die Einwohner des Thales Bregell, jenseits der hohen Alpen, in Italiens Nähe.

Dieses fruchtbare, sechs Stunden lange Thal, vom hohen Septimer und Majóla vor den rauhen Nordwinden geschützt, und von der Maira durchströmt, welche diesen Bergen entrinnt, trug vor Alters den Namen einer Grafschaft. Durch manchen Tausch und Kauf kam sie endlich an das churische Gotteshaus; doch nie hatten die Bischöfe in diesem Thal eine unbeschränkte Gewalt besessen. Kayser Heinrich II. aber bestätigte den Bregellern alle Freyheiten und Gerechtsame, so sie aus dem Alterthume geerbt hatten, und erklärte sie für freye Leute im Schirm des Heil. Röm. Reichs, unabhängig von allen Grafen und Herzogen.

Schon itzt war Rhätien in viele einzelne Theile, Herrschaften und Regimente zerschnitten, und aller Gemeingeist unter den Bewohnern der Alpen getödtet, durch welchen sie einst so stark, und allen Nachbarschaften furchtbar geworden waren. Einzelne Landschaften gehörten unmittelbar zum deutschen Reiche; andre wurden zu dem Herzogthum Schwaben oder Allemannien gezählt, woher wahrscheinlich dieser Theil Rhätiens den Namen des hohen Allemanniens (ital. la Limagna alta, romanisch la Limagn'auta) empfieng; wieder andre gehörten eigenthümlich dem churischen Bisthum, unter dem allgemeinen Namen des churischen Rhätiens; noch andre waren besondern Baronen unterworfen, welche unter dem Titel freyer Grafen unbeschränkt herrschten, und von niemandem als dem Kayser, oder dem schwäbischen Herzog abgehangen zu haben scheinen. Die Kayser selbst hatten verschiedne derselben vom Auslande hieher verpflanzt, um durch sie die rhätischen Gebirgspässe für das Reich zu sichern. Zu solchen gehören die Familie des Grafen Berchtold, welcher im Anfang des zehnten Jahrhunderts Herr des Vinstgaus und Erschlandes wurde, und nach Huldrichs (Burchards von Buchhorns Enkel) Abgang auch das Engadin empfieng — die Familie der Grafen von Bregenz — der Grafen von Sargans, welche aus der vorigen stammten — der Grafen von Werdenberg oder Montfort und andrer mehr. Aber lichtlos und unauflöslich verworren ist die Geschichte ihrer Geschlechter, und der Schicksale ihrer allerley Wechsel unterworfenen Besitzungen.

Auch im Veltlin hatten sich allmählig, begünstigt von den Verwirrungen des deutschen Reichs, der Ohnmacht der Kayser und der Entfernung der Abtey St. Denys in Frankreich, die Verwalter derselben in diesem Thale einer starken Unabhängigkeit genähert. Sie herrschten unter dem Namen der Vicedomen im Veltlin, und machten ihren Einfluß auf die Nachbarschaften des Thales in den Fehden derselben auf mannigfache Weise geltend. Späterhin, als die Wuth der Faktionen und die Zwietracht des halben Europa's überall die hergebrachten Ordnungen vernichteten, rissen diese Vicedomen die schwachen Bande ab, mit welchen sie noch an die deutschen Könige gebunden waren, erbauten sich eigne Bestungen und trugen den Namen der Capitanern.

Aber die Zeiten der traurigen, großen Anarchie traten bald herein.

§. 4.

Rhätien leidet durch Faktionen.

Eine unabänderliche Wildheit der Sitten, ein stolzer kriegrischer Geist war den Einwohnern unsers Welttheils aus den Tagen der Völkerwanderungen übrig geblieben. Nur kriegerischer Muth öffnete die Bahnen zur Ehre und Größe; noch waren andre Wege unbekannt, sich Verdienste für den Staat zu erwerben; die Wissenschaften der Vorwelt lagen verloren und vergessen, die Künste des Friedens waren noch unerfunden. — Ackerbau, Viehzucht, die nothwendigsten Handwerke und ein geringer Handel war Alles, und nur die Beschäftigung derer, welche nicht ihr Glück unter den Waffen suchten. Die Geistlichkeit des ganzen christlichen Europas machte einen eigenen Stand aus, dessen Monarch zu Rom unumschränkte Gewalt über Fürsten und Unterthanen übte. — Der Adel, welcher entweder aus den Geschlechtern der Fürsten stammte, oder durch Kriegesthaten gewonnen ward, genoß allein die höchsten Freyheiten und Vorzüge; jeder andre Bürger des Staats war verachtet, oder gar Sklave. — Die Kayser und Könige selbst wurden von der Macht des Adels, die sie durch die Lehnsverfassung geschaffen hatten, abhängig. Die Grafen, welche in den Provinzen von ihnen angestellt waren, nur als königliche Richter die Gerechtigkeit zu verwalten, verwandelten ihre Grafschaften eben so gut in ein erbliches Eigenthum, wie die großen Feldherren, welche mit Herzogthümern belehnt worden waren. Die siegende Gewalt des Stärkern entschied und trat an des Gesetzes Stelle; wer sollte es hindern, wenn sich die Vasallen unabhängig von den Landesfürsten machten, und jeder seinen Ruhm in der Unterjochung andrer fand? Die Unwissenheit war so groß, daß man anfieng den gelehrtern oder klügern Mann in den Verdacht der Zauberey zu ziehn; und das daraus quellende Sittenverderbniß tilgte fast den Namen jeder Tugend von der Erde, so daß Söhne wider ihre Väter, Arme gegen ihre Wohlthäter den

Dolch zückten. Mit gedankenlosen Feyerlichkeiten und reichen Schenkungen an Klöster und Kirchen wähnte man den zürnenden Himmel zu versöhnen.

In Rom thronte damals Gregor VII. auf dem päbstlichen Stuhl; eben der welcher (im J. 1074.) allen Priestern das ehlose Leben zum Gesetz machte, und Kaysern und Königen wie seinen Unterthanen befahl. Heinrich IV. welcher um diese Zeit das deutsche und italiänische Reich beherrschte, wagte es, das eiserne Joch päbstlicher Gewalt abzuwerfen, und sein erster Schritt, welchen er für die Erfüllung des großen Entwurfes that, theilte Europa in zwey wüthende Faktionen. — Heinrich wurde vom Pabst in den Bann gethan und seines Reichs entsetzt, statt seiner aber Rudolf, der Herzog von Schwaben, auf den königlichen Thron der Deutschen gehoben, dessen und des Pabstes mächtigster Verfechter Welf der Bayer-Fürst ward. Tausende hiengen diesem, Tausende jenem an, je nachdem das verschiedne Intresse winkte. —

Heinrich aber erlag beynah' in diesen Ungewittern; gnadebetend stand er drey Tage lang unter den Fenstern des päbstlichen Schlosses, angethan mit einem groben Kittel, in bloßen Füßen und unbedecktem Haupte. Da brach Zwietracht aus in allen Gegenden des Reichs, und ein verheerender Bürgerkrieg verbreitete sich von den Küsten des Mittelmeers bis zu den Gestaden der Nord- und Ostsee.

Auch Rhätien wurde von der Wuth des schwarzen Faktionsgeistes ergriffen, an welcher die Hälfte Europens erkrankte. Der größere Theil der Grisonen blieb unerschütterlich dem verfolgten Kayser treu; aber Henricus, der Bischof von Chur, hieng mit den Seinigen an des Pabstes Wünschen, und stritt gegen die Freunde des banntragenden Monarchen.

Ein unerhörtes Schauspiel begann nun in Rhätien; der Zwist der Gemüther bemächtigte sich des friedsamen Hirtenvolks. Brüder verschworen sich gegen ihre Brüder, Söhne ermordeten ihre Väter; die heiligsten Bande der

Freundschaft lagen zerrissen; keine Gegend, kein Thal blieb unbefleckt vom Blute der Bürger. — Kayser Heinrich war inzwischen nach Deutschland zurückgekommen, um an der Spitze eines treuen Heers seine verlorne Krone wieder zu erobern. Dreymal fiel er in Schwaben ein, dessen Herzog sein Gegenkayser war; aber fruchtlos. Welf von Bayern machte ihm Schwaben wieder abtrünnig, und eroberte mit leichter Mühe das in sich selbst streitende Rhätien im Frühlinge des J. 1079. Erst mit dem Tode des Schwaben-Herzogs Rudolfs (1080.) endigte der allgemeine Jammer; Kayser Heinrich aber verlieh Schwaben und Rhätien seinem treuen Vertheidiger Friedrich von Hohenstaufen, dessen Geschlecht von nun an zwey Jahrhunderte (bis 1268.) im Besitz dieser Lande blieb.

§. 5.
Rhätien leidet Gewalt von seinen Geistlichen und Rittern.

Rhätien genas unter den Hohenstaufen von seinem Elende nicht; denn Unwissenheit,

Geiz und Herrschsucht hatten auch hier, wie im übrigen Deutschlande, allzutiefe Wurzeln geschlagen. Adel und Geistlichkeit theilten unter einander die Tyranney über die Grisonen, und Laster aller Art wohnten selbst in den Zellen derer, welche den Menschen die Tugend predigen sollten. So schwang sich, nach dem Tode des obgenannten Bischof Henricus, Norbert auf den erledigten Stuhl, durch Bestechung der Wählenden; aber ein Synodus zu Quedlinburg setzte ihn, den die Geschichtsbücher einen geizigen Despoten nennen, im J. 1085. wieder ab. Einer seiner ersten Nachfolger, Ulrich genannt (seit 1104.) war der vornehmste von denen, welche den Sohn des unglücklichen Käysers Heinrichs IV. wider seinen bekümmerten Vater aufwiegelten, und neues Elend über Deutschland brachten. — So konnten Bischöfe handeln, welche dem Volke mit dem Beyspiele der Frömmigkeit vorwandeln sollten! — Aber auch in den Klöstern herrschte statt der Andacht nur zu oft eine zügellose Sittenlosigkeit; am verrufensten war das Kloster zu St. Luzi in Chur, welches zu der Zeit von Benediktinern besetzt war. Konrad, der Bischof von Chur, vertrieb sie (ums J. 1130.) und gab das Kloster den Mönchen Prämonstratenser-Ordens.

Die Ritter im Lande trieben, von den Burgen aus, nach Gefallen ihr Wesen; zogen wenn es an heimischen Fehden mangelte, in auswärtige Kriege, oder gegen Palästina zur Wiedereroberung des heiligen Grabes, oder legten sich, um Beute zu machen, auf Strassenräuberey, und liessen Messen für ihre Seele lesen nach dem Tode.

Die vielfache Zerstückelung Rhätiens, die gegenseitige Eifersucht der Edelleute und der Mönche, das verschiedne Intresse der verschiednen Gegenden hob alle Gemeinschaft der Grisonen unter sich auf, welche schon nur allzusehr durch ihre Gebirgswände und Sprachen von einander gesöndert waren. Sie hatten kein gemeinsames Intresse, keine gemeinsamen Freyheiten, mithin auch kein gemeinschaftliches Vaterland mehr. So durch die künstlichen

Trennungen gelähmt, waren sie reif zur elenden Sklaverey. — Oft lag eine Gegend Rhätiens mit ihren Nachbaren im schweren Haber, inzwischen man am andern Theile des Landes kaum davon wußte, und sich so wenig darum kümmerte, als um den Krieg fremder Welttheile.

Mayland erhob damals unter den Städten Italiens ehrsüchtig und herrschsüchtig am meisten das Haupt empor; es verachtete die Herrschaft der deutschen Könige; war unersättlich nach den Vergrößerungen der Macht, und verletzte selbst die Gränzen der Grisonen. Maysland, verbunden mit vielen andern volkreichen und mächtigen Städten des mitternächtlichen Italiens, arbeitete an der Unabhängigkeit der Lombardie. Die Bürger dieser Stadt waren so verwegen, daß sie einstens die Kayserin Beatrix, Kayser Friedrichs des Rothbarts Gemahlin, öffentlich beschimpften. Als diese Fürstin gekommen war, die Stadt zu besehen, setzte man sie rücklings auf einen Esel, befahl ihr den Schweif desselben zu halten, und

führte sie so durch die Straßen von Mays
land. Aber Friedrich rächte die Schmach.
Er erschien mit einem Heere vor den Thoren,
eroberte (1162.) die Stadt und zerstöhrte sie.
Zum ewigen Fluch ließ er Salz über den ge-
schleiften Trümmern säen.

Doch bald richteten die zerstreuten Mays-
länder ihre niedergestürzten Mauern wieder
auf, und ihre Feindseligkeiten erneuerten sich
mit denselben. Sie dehnten ihre Herrschaft
selbst über das Veltlin aus, und machten
Ansprüche auf Chiavenna, Bormio und Poschiavo, wiewohl diese Thäler und Flecken
längst durch eine Reihe kayserlicher Schen-
kungsbriefe Eigenthum des churischen Bisthums waren. Man griff zu den Waffen
(1186). Die Fehden Maylands und Churs
waren fast endlos, und die Kayser zu sehr
mit ihrer eignen Sicherung in der allgemeinen Anarchie beschäftigt. Auch der Bischof
von Como, als Gränznachbar, mischte sich
in den Streit, da Mayland ihm das Herr-
scherrecht über Bormio abtrat, und erklärte

sich gegen Chur. Zehn Jahre lang dauerte der Kampf, bis Como endlich den Sieg des blutigen Prozesses gewann, und die strittigen Ortschaften an sich zog.

§. 6.
Kayser Friedrich der Rothbart wird Rhätiens Wohlthäter.

Seit mehrern Jahrhunderten war kein Kayser von größerer Kraft, und wohlthätiger für das sich selbst überlassene Rhätien erstanden, als Friedrich I. sonst der Rothbart genannt. Der Geist des großen Karls und Otto's des Großen schwebte über ihm. Er, entsprossen aus dem Hause der Hohenstaufen, einst Rhätiens Herzog, vergaß auch dieser Thäler nicht, da er schon die kayserliche Krone trug. — Mit weiser Kunst wußte er die stolzen, nebenbuhlerischen Partheyen des rhätischen Clerus und Adels an sich zu ketten. Er erhob (im J. 1170.) den Egino von Ehrenfels, Bischof zu Chur, und alle seine Nachfolger in den Reichsfürstenstand, und bestimmte (schon im ersten Jahre seiner Regierung) in einer Bulle die Gränzen des rhätischen Bisthums, daß sie sich erstrecken sollten: Vom Thuner-See, an den Ufern der Aar hinauf bis zu den hohen Alpen, und durch die Alpen an den churischen Gränzen bis zum Flecken Monticell (Montigel) im Rheinthal, und an der Sitter (Syndrona) entlang bis zu ihrem Ursprung, und bis zum Himelberg; und von da bis zum Rhein, (wo ehmals König Dagobert in einen Felsen das Bild des Mondes hauen ließ, um die Gränzen Burgundiens und des churischen Rhätiens zu bezeichnen); und mitten durch den Rhein bis zum See.

Um den tapfern Adel des Gebirgslandes an sich zu ziehn, nahm dieser Kayser beständig mehrere der edelsten Glieder desselben in sein Gefolge, und ehrete sie vor Allen.

Auch war er es wahrscheinlich, der, wie ein zweyter Rhätus, die noch unbewohnten Gegenden dieses Hochlandes mit schwäbischen Colonien bevölkerte, welche er dahin sandte.

Noch waren der Rheinwald, dies schmale, von hohen Bergen eingemauerte Thal, umringt von Eisthürmen, ewigen Gletschern und unübersehbaren Schneefeldern denen der junge Rhein entquillt — noch Tschapinen und Saffien, des fruchtbaren Heinzenbergs wilde Nachbarschaften — noch Avers und andre der höchsten Alpenthäler Rhätiens unbekannte Wildnisse. Um diese Zeit aber müssen sie wirthbar geworden seyn; noch heutiges Tages verräth Sprache, Tracht und Sitte ihrer Bewohner den altschwäbischen Ursprung. Sie standen wahrscheinlich lange unter dem unmittelbaren Schuz der schwäbischen Herzoge; erst nach dem traurigen Untergange der Hohenstaufen begab sich der Rheinwald in den Schirm des Freyherrn Walthers von Vatz (im J. 1277.)

So verewigte sich Friedrich der Rothbart unter den Grisonen; er schirmte Rhätiens Ruhe, mitten unter allen Stürmen in welchen er stand, angefochten von der Treulosigkeit
seiner

seiner Vasallen, vom Stolz der Fürsten, von
der furchtbaren Macht der Päbste. — Noch
einer, wie Er, stand bald nach ihm auf, sein
Enkel; unter den Kaysern Friedrich II. Dieser hielt mit starker Faust die Ehre des deutschen Reichs, so lang' er lebte, aufrecht.
Aber als er starb (1250.) erlosch Deutschlands Glanz über seinem Grabe. Lange lodberte schon, angeblasen von den Päbsten, das
Feuer der Zwietracht, in den Herzen der
Deutschen. Rom haßte das erhabne Geschlecht der Hohenstaufen, und mit den Welfen (oder den Bayern, der schwäbischen
Kayser ewige Gegner) verbunden, schwor es
den Sturz desselben. Die Anhänger und Freunde des kayserlich-schwäbischen Hauses, Gibellinen (oder Waiblinger) geheissen, bildeten eine mächtige Gegenparthey, und liessen sich muthig mit ihren Feinden in einen
Kampf auf Tod und Leben ein. Ein großer
Theil unserer Weltgegend wurde in die Händel dieser ungeheuern Faktionen versponnen,

I. F

und fast zwey volle Jahrhunderte wurden mit ihren Schlachten ausgefüllt. Kayser und Gegenkayser wurden auf den Thron geführt und herabgestürzt; alle Bande der Eintracht lagen zerrissen, alle Gesetze zerbrochen da; jeder focht für seine Sicherheit, indem er sich zu einer der Hauptfahnen gesellte.

Auch Rhätien nahm bald größern, bald geringern Antheil an dem langen Krieg der erbitterten Partheyen. Aber wichtiger, als die Tapferkeit rhätischer Heerhaufen in den einzelnen Treffen, zu welchen sie, als Miethlinge, von ihren Gebietern geführt wurden, muß uns der Einfluß dieser allgemeinen Gesetzlosigkeit auf das Schicksal des Hochlandes seyn.

§. 7.

Anarchie in Rhätien.

Kaum war der Politik Roms der entsetzliche Streich gelungen, und das Haupt des letzten Hohenstaufen, Conradins Herzogs von Schwaben, auf der Blutbühne zu Neapel unter dem Beile des Henkers gefallen (am 26. October 1269.), so war Rhätien von Schwaben für immer losgerissen. Hier herrschten nun fortan ganz unabhängig die kleinen und großen Herren, als: Die Bischöfe von Chur, die Aebte von Disentis, die Grafen von Bregenz, Werdenberg, Sargans, Mätsch, Montfort, Masox, u. s. f. die Freyherren von Rhäzüns, Aspermont, Vatz, Bellmont, Montalt u. s. f. und die einzelnen freyen Gemeinden, deren freylich wenige waren. Sie bildeten kein zusammenhängendes Ganze, sondern eben so viele kleine sich mit feindseligen Augen bewachende Staaten, welche fast nichts mit einander gemein hatten, als daß sie sämtlich Kayser und Reich für ihr Oberhaupt erkannten. Aber dies Oberhaupt, war es damals mehr, als ein Schatten?

Die Anarchie Deutschlands wurde auch Rhätiens Anarchie; die Trauerspiele, welche dort ganze Völker aufführten, wurden auch im Kleinen innerhalb unsrer Gebirge gespielt.

Die Grafen bekriegten sich wechselseitig, und die Bischöfe, statt, ihrer Würde gemäß, Vermittler und Friedensstifter zu seyn, zeigten sich nicht selten im Panzer an der Spitze ihres Heers, von den Felsenschlössern ihrer Feinde. Sie vergeudeten die Güter der Kirchen, und raubten, um ihrer Prachtliebe und Wollust zu fröhnen, ungerechte Schätze zusammen.

Bischof Rudolf, der das Bisthum für 2400. rheinischer Goldgülden vom Pabst gekauft hatte (ums J. 1220.), schlug es dem Kayser Friedrich II. ab, ihn in den Krieg zu begleiten, und zahlte ihm lieber 2800. Rh. Goldgülden, weil ihn der Arm einer Buhlerin fesselte. Durch seine ungeheuern Verschwendungen erschöpft, fiel er zuletzt darauf, im Namen des Pabstes die Vergebung der Sünden um baares Geld zu verkaufen, und die bisher noch unbekannten Ablaßbriefe (im J. 1225.) denen zu ertheilen, die an sie glaubten.

Eine andere Laune beseelte den dritten seiner Nachfolger, Volkharden (seit 1238.);

er sparte, um bauen zu können. Das Schloß Friedau in Zizers empfieng durch ihn das Daseyn, und die Burg Guardovall im Engadin auf der Felsenhöhe über Madulein wurde der Schrecken des Camogasker-Thales, der Wohnsitz bischöflicher Landvögte. — Baulustig, wie er, war auch der Bischof nach ihm, Heinrich, ein Graf von Montfort; er führte einige Schlösser auf, und kaufte eben so viele an sich. Schweigend duldeten es die unglücklichen Thalbewohner; sie selbst trugen Steine zum Bau ihrer Kerker — noch war ihr Elend nicht drückend genug, um die Ketten sprengen zu müssen.

Eben dieser Heinrich war einer jener besagten Geistlichen im Panzer; doch ist's nur dunkel, wo ihn die Geschichte zum Krieger macht. Er schlug, sagt sie, die Longobarden bey Hohenembs (Amisium im Rheinthal); doch mögen diese Longobarden vielleicht nur ein zusammengelaufnes Gesindel gewesen seyn, ausgeworfen von den Gährungen und Kriegen Deutschlands; und er reinigte die Gränzen. Desgleichen stiftete er Frieden, (1277.) als die Bregeller und Clävner, seit achtjähriger Fehde noch nicht müde waren, sich ihre Burgen und Alphütten wechselweis zu zerstöhren.

Durch Erbschaften und kleine Eroberungen bereichert, war zu diesen Zeiten neben den Geschlechtern derer von Montfort und Werdenberg keines blühender und mächtiger, als das Geschlecht der Freyherren von Vatz, entsprossen aus dem uralten Stamme der Herren von Rhäzüns, die einst in Rhätien gewaltig waren. Sie hatten zwar Vesten nach ihrem Namen errichtet, deren eine oberhalb Stein, die andre aber am Fuß des hohen Calanda, dem Rhein nahe stand. Ihnen waren unterworfen die Thäler Prättigäu, Davos und Schamsik; dann Mayenfeld, Malans und was des heutigen Graubündens zehn Gerichte umfangen; auch die Thäler Rheinwald und Schams, und stattliche Schlösser im anmuthigen Domleschg. — Nicht ihre Macht allein, auch ihre Tapferkeit machte die Freyherren von Vaz furchtbar; aus ihrem Hause giengen zu allen Zeiten mannliche Kriegshelden, oft zum Schutz der Waysen und Wittwen und Bedrängten hervor.

Rudolf Graf von Rapperswyl war gestorben, welcher seine Landschaft von der Abtey St. Gallen zu Lehen trug. Aber seine Wittwe, Elisa von Homburg, weigerte sich das Lehen zurückzugeben, in Hoffnung eines fähigen Erben, dieweil sie noch schwanger gieng. Und als der Abt von St. Gallen, Berthold von Falkenstein, sie mit Krieg überzog, und die verlaßne Frau in ihrer Noth um Hülfe rief, brach Marquard von Vaz gegen den Abt auf, begleitet von vielen Landsleuten aus Glarus und Schwyz. Sie begegneten dem Heere Bertholds an den helvetischen Gränzen und schlugen es in die Flucht (ums J. 1260). So ward der Wittwe geholfen, und sie gebar einen Sohn, den letzten seines Geschlechts.

In diesen stürmischen Zeiten, wo jeder seine eigne Sicherung bedachte, schloß der neue

Bischof von Chur, Friedrich Graf von Montfort, ein Bündniß mit dem Bischof der Walliser, Peter von Sitten (im J. 1282.), worin sich beyde gelobten, einander in der Noth beyzustehn. Schon im folgenden Jahre war Friedrich in Kriege verwickelt.

Denn Rudolf, ein Graf von Habsburg, war schon seit dem J. 1272. von den Churfürsten Deutschlands einstimmig zum König erkohren, um durch seine Geistesgröße und Tapferkeit der Erlöser des Reichs zu werden, welches unter den immerwährenden Schlägen der Anarchie erlag. Er hatte aber viele Feinde, unter welchen in Rhätien besonders die Grafen von Werdenberg standen, unterstützt vom Hause der Montforts. Als sich nun endlich die Werdenberge dem Kayser zugewandt hatten, blieben die Grafen von Montfort, deren auch einer St. Gallischer Abt war, dem Habsburger unhold, und wollten sich nicht beugen vor seiner Größe. Da überzog sie Rudolf mit Krieg, und die Werdenberge führten Heere gegen den Bischof von

Chur. Dieser streifte mit seinen Leuten ins Wallgäu, vor Feldkirch hin, und verheerte die Güter des Hugo von Werdenberg. Als er zurückkehrte gen Chur, trat ihm Hugo mit seinen Kriegshaufen in der Ebne von Balzers, unter Vaduz, entgegen. Das Treffen war blutig; von beyden Seiten kam viel Volks um. Der Bischof ward gefangen, und Ritter Eberhard von Aspermont an seiner Seite erschlagen. Dies geschah im J. 1288. Zwey Jahre lang lag Bischof Friedrich im Thurm von Werdenberg gefangen, und als er des Kerkers müde sich von der Höhe desselben an zusammengeknüpften Bett- und Tischtüchern herablassen wollte, zerriß das Seil; er stürzte in die Tiefe, und starb noch in selbiger Nacht (1290).

Krieg und Kriegsgeschrey scholl ist in allen Gegenden Rhätiens; aber die Wildheit jener Zeiten und der Mangel an Geschichtschreibern ließ die Thaten der zahllosen Fehden unbekannt. So wird gesagt, daß i. J. 1321. im Urserer-Thal bey Hospital ein Treffen geliefert worden; doch kennt man die Streiter nicht. Ein andres soll sich ereignet haben zu Obersax zwischen Disentis und Ilanz; doch findet man keine Spuren desselben, als die in der Ebne daselbst gefundnen vielen Menschengebeine, und einige Fahnen und Kleider in einer Dorfkirche im Lugnez.

§. 8.

Donatus der Grausame, verwüstet Rhätien.

Groß war der Jammer überall in den Thälern der Grisonen; aber noch nicht groß genug, um an der Hand der Verzweiflung die Freyheit vom Sklavenjoche zu suchen. Die Landleute sahen ihre Felder verwüstet, ihre Heerden von feindlichen Rotten aus den Alpen getrieben, ihre Weiber, ihre Töchter von Grafen entehrt — aber noch wagte es keiner sich gegen die Gewalt der Zwingherren aufzulehnen, deren Schlösser und Burgen an den Felsen sich durch alle Thäler des Landes schlangen, wie eine große Kette.

So wie das Rhätier-Land, seufzte auch die Schweiz unter dem grausamen Drucke der Zwingherren, welche ohne Furcht vor Gott und Menschen Schandthaten und Unrecht aller Art übten.

Da mogten sie es nicht mehr ertragen. Die Schweizer, welche zuerst ihre Freyheit verloren hatten, waren nun die ersten, welche sie wieder gewonnen, und den Grisonen vorleuchteten mit einem erhabnen Beyspiel.

Es war das Jahr 1307. das große Jahr der Wiedergeburt Helvetiens. Da traten zusammen drey Landleute, Walther Fürst von Uri, Arnold von Melchthal aus Unterwalden, und Stauffacher von Schwyz, begleitet jeder von zehn vertrauten Männern, werth für die Freyheit zu leben und zu sterben. Sie schworen mit aufgehabnen Händen, in der Mitternachtsstunde, an den Ufern des Vierwaldstätter-See's den Bundeseyd.

Bald darauf gab Wilhelm Tell von Bürglen, Walther Fürsts Schwiegersohn, den Verbündeten und dem ganzen Helvetien das

Zeichen zum öffentlichen Angrif. Er, zu stolz, sich vor dem aufgepflanzten Hut, der kayserlichen Hoheit Wahrzeichen, zu beugen, ward durch Hermann Gesler den Landvogt gezwungen, seinem eignen Kinde einen Apfel vom Haupte mit dem Pfeil zu schießen. Also erzählt uns die Sage der Vorfahren. Aber Tell, der glückliche Schütze, sparte für Geßlers Herz einen zweyten Pfeil, und er traf ihn im einsamen Hohlwege bey Küßnacht. — Da griffen Schwyz, Uri und Unterwalden (1308.) zu den Waffen, verjagten die Tyrannen, und legten den Grund helvetischer Unabhängigkeit, bald durch ihre Nachbaren gestärkt.

Doch in den Gebirgen des hohen Rhätiens war noch kein Tell erwacht; nur dumpf scholl das Gerücht von der helvetischen Aufruhr herüber. Die Tyrannen hörten's hier, und zitterten. Und als in Deutschland, ob der Kayserwahl, neue Zwietracht ausgebrochen war, Uri, Schwyz und Unterwalden aber den König Friedrich verwarfen, hingegen dem Gegenkönig Ludwig anhiengen, wiegelten der Abt von Einsiedeln, und besonders der rhätische Graf Heinrich von Montfort, den Bruder Friedrichs, Leopolden, Herzog von Oesterreich auf, die rebellischen Schweizer seinem königlichen Bruder zu unterwerfen. Leopold ließ sich bereden; die Grafen von Montfort und Werdenberg begleiteten sein Kriegsheer bis zu dem engen Paß bey Morgarten. Da ward Leopold geschlagen von den Söhnen der Freyheit (16. Nov. 1315.) und, wie die Sage lautet, waren jene ersten Anstifter des Krieges, auch die ersten, welche, geschreckt von der Gewalt und Tapferkeit der Freyheitshelden, die Flucht ergriffen.

Der Schmach eingedenk, rasteten die Montforter nicht, neue Fehden anzuzetteln; sie erklärten sich laut für Friedrich den Bruder des österreichischen Herzogs, und beschimpften die Anhänger des Gegenköniges Ludwig.

Es war damals Bischof zu Constanz ein Graf Rudolf von Montfort, zugleich Domherr in Chur, und späterhin Bischof daselbst.

Er versammelte straks ein mächtiges Heer aus allen Gegenden seiner zwey Bisthümer, (wiewohl er in Chur nur erst Vicar des alten, schwächlichen Bischofes Seifried war). Er gedachte zugleich bey dieser Gelegenheit einige seiner mächtigen Nebenbuhler in Rhätien zu demüthigen, unter welchen vor allen aufragte der Freyherr von Vatz, Donatus der Grausame, welcher ein Anhänger des Königes Ludwig war. — Dieser, als er die Rüstungen des Bischofs sah, zog alsbald ein streitbares Volk aus allen seinen Landen zusammen; auch die Schweizer sandten ihm, als Feinde Friedrichs von Oesterreich, 1500. Mann zur Hülfe.

Sogleich begannen die Streifereyen und Feindseligkeiten der beyden Partheyen; Feldshauptmann des grausamen Donatus war sein Vetter, ein Freyherr von Rhäzuns. — Die Bischöflichen hatten ihr Lager im Engadin, auf des Gotteshauses Grund und Boden; Donatus von Vatz aber war mit den Seinigen in dem Thale Davos. Der hohe Scaletta lag mit seinen Felsenthürmen zwischen

beyden Heeren, und schied sie; die Montforter stiegen zuerst über den Rücken des Gebirgs. Als es die Davoser vernahmen, zogen sie, ihrer wenige, vom Lucas Guler
ihrem Hauptmanne geführt, dem Feind entgegen, und trafen ihn fast in der Mitte des
Thales Dischmaa, welches sich vom Scaletta daherstreckt. Die Schlacht begann in
dem Augenblick, und die muthigen Davoser siegten. Noch heutiges Tages heißt man
jenes Feld die Kriegsmatte.

Nun aber brach Donatus der Grausame,
nach manchen einzelnen Gefechten auf mit seinem ganzen Heere; auch die Montforter
mieden ihn nicht. Es kam zur Hauptschlacht
(1322.) auf den Gebirgen, unweit Filisur
beym Schlosse Greifenstein, und nach lan-
gem Kampfe flohen überwunden die Heerhaufen des Bischofs. Aber viele der Flüchtlinge
verloren sich in den unwirthbaren Bergen, in
den hohen unbekannten Felsgegenden, so vor
ihnen niemand besucht hatte, oder sie erfro-
ren in den Eisfluren und ewigen Gletschern

jener Höhen, oder fanden ihre Gräber in den tiefen Abgründen und Klüften. — Andre gaben sich freywillig auf Gnade den Siegern in die Hände. Donatus aber ließ sie in die Thürme seiner Burgen werfen, nnd sie umskommen und verwesen in Hunger und Unflath. Wenn dann das Geschrey der Verzweifelnden durch die Kerkergitter hervorstieg, lachte der Unmensch und sprach: „Horchet, wie lustig „in meinem Käfigt die Vögel trillern"? — Und er verwüstete von da an noch lange die Gebiete des Gotteshauses.

Eben dieser Tyrann — und er war nicht der Einzige unter den Rhätiern — lud einst drey seiner Unterthanen zu sich zum Schmause, und zwang sie zum übermäßigen Genuß seiner Speisen und Getränke. Als die Nacht hereintrat, befahl er dem einen sich schlafen zu legen, dem andern während der Nacht im Zimmer auf und abzuwandeln, dem dritten aber in Gesellschaft andrer durch die Gassen herumzuschwärmen und Unfug zu treiben. —

Am folgenden Morgen ließ der Bösewicht ihnen den Leib aufschneiden, und aus ihren Eingeweiden untersuchte er, wie man am beßten verdaue. So hat es uns die Erzählung der Vorfahren überliefert.

Mitten im Kriege mit dem Bisthume foderte ihn der Tod von dieser Welt ab (ums J. 1333). Als der Priester an sein Sterbebett trat, um nach damaliger Sitte ihn beichten zu lassen, wandte er sein Antlitz ab und sprach: „Eine Beicht sonder Zerknirschung „des Herzens ist eitel Betrug"! Aber schwören ließ er's sich noch in seine sterbende Hand, daß seine Kinder den heillosen Krieg fortsetzen sollten.

Er starb, und war der letzte männliche Zweig seines Stammes. Friedrich von Toggenburg, sein Eidam, empfieng unter andern von den Vazischen Ländern Davos, Prättigäu und die Herrschaft Mayenfeld; Rudolf, Graf von Werdenberg und Sargans, sein zweyter Eidam, erhielt Vatz, Ortenstein, und was vom Domleschg dem Donatus eigen war; ferner den Heinzenberg und Schams.

§. 9.

Morgenröthe rhätischer Freyheit.

Kaum war des Bisthums gefährlichster Widersächer entschlafen, und mit ihm der verderbliche Krieg (denn Friedrich von Toggenburg hielt den Eyd nicht, welchen er in des Tyrannen sterbende Hand geschworen hatte), so wurde das Gotteshaus von einer andern Seite gewaltthätig angegriffen. Der Graf von Märsch, Schirmvogt des Bisthums, gerieth in unglückliche Fehden mit der Stadt Mayland, und diese bemächtigte sich der Landschaften Worms und Puschiavo, welche damal dem Bisthume wieder eigen geworden waren; auch die Grafschaft Cläven, in deren Besitz das Gotteshaus gestanden, soll von dem Herzoge von Mayland in dieser Zeit vom Bisthume abgerissen worden seyn. — Der Herzog von Mayland aber war des römischen Kaysers Lehenträger, und ihm unterworfen. Daher wandte sich Ulrich damaliger Fürstbischof von Chur flehentlich an den Kayser, und empfieng (im J. 1339.) Cläven wieder zurück; und zehn Jahr darauf wiederholte Karl IV. nochmals das Gebot seines Vorgängers an Cläven, dem Bisthume Chur zu gehorsamen.

So wie in Osten und Süden Rhätiens, brannte auch das Kriegsfeuer auf der Abendseite des Landes. Dort kämpfte der unruhige Abt von Disentis mit den Landleuten von Uri (im J. 1333.), welche über die hohen Gebirge von Urseren stiegen, und, siegreich im Streite, von den Leuten des Abtes über fünfhundert erschlugen, auch seinen Hauptmann fiengen, welchen der Prälat mit 1000. Pfunden (fast 1142. Gulden Rhein.) auslösen mußte. Aber dieser Fehde Ursach ist uns bekannt.

So bluteten die unterthänigen Grisonen unter den Launen ihrer graufamen Beherrscher. Krieg war die ewige Tagesordnung, und je der Friede nur ein Stillstand der stumpfen Waffen. Die Baronen selbst waren nicht immer fähig ihre Unterthanen wider die Angriffe von allen Seiten zu beschirmen; dazu kam, daß, durch die vielen Erbschaften und einzelnen Eroberungen, Täusche und Käufe, ihre Besitzungen zusammenhangslos, mit den Besitzungen ihrer Feinde vermengt durch einander lagen, so daß sie den Bedrängten unmöglich beyspringen konnten. Eben diese Verwirrung aber war der erste Wink für Rhätiens Freyheit. Die unbehutsame Habsucht der Grossen beflügelte das Strafgericht ihrer Räubereyen von jeher. — Um die Treue entlegner, oder von fremden Herrschaften weit umringter Unterthanen fester zu binden, wurden diese zuweilen von ihren Herren des harten Drucks entlassen, vom mühsamen Frohndienst und von den peinlichen Abgaben losgesprochen, oder ausserdem von ihren Gebietern mit mancherley bürgerlichen Vorrechten beschenkt und freye Leute genannt. — So empfiengen schon im J. 1349. die Gotteshausleute von Chur den

Ehrennamen freyer Leute, als Kayser Karl IV. zu Dresden dem Bischof die alten Privilegien des Stifts bestätigte und vergrößerte. Sie trugen freylich nur den Schein der Freyen; aber er war schön genug, die Lüsternheit der Grisonen nach der Wirklichkeit aufzuregen. Wir können diese Verhältnisse die Morgenröthe rhätischer Freyheit nennen.

Wirklich hatte nun die Tyranney des Adels in den Gebirgen den höchsten Grad erschwungen, und die Verzweiflung rüstete sich zu ihrem Riesenschritt. — Den Grisonen wurde das Joch immer mehr unerträglich; es fehlte ihnen nicht an Muth, in Masse aufzustehn, und von den adlichen Bösewichten ihre Menschenrechte wieder zu heischen, sondern an Einheit. Doch einzelue Gemeinden ermannten sich, und beförderten durch ihren Aufstand die Todesstunde der Tyrannen in Rhätien. — Am ersten machten sich die Thäler Engadin und Schams von ihren Ketten los. — Vernehmet die Sage der Väter!

Es herrschte zu diesen Zeiten in einem der

Nebenthäler des hohen Engadins, im Thale Camogask, ein Castellan, werth daß Vergessenheit seinen Namen ewig berge. Er hausete in der Burg Guardovall, über dem Dorfe Madulein. Dort übte er sich in gräßlichen Verbrechen und spottete des leidenden Unterthans, welcher zu seinen Füßen lag; dorthin entführte er des Landes schönste Töchter, und sandte sie geschändet ihren Eltern und Gatten heim.

Im Dorfe Camogask, auf des Thales anbrer Seite gelegen, wohnte ein rechtschaffner Landmann; Adamo war sein Name, und eine einzige Tochter sein Stolz. Der Castellan erfuhr des Mädchens Schönheit und ward entzündet von bübischer Lust. Er sandte seiner Trabanten einen zum Vater, und ließ ihm bey seinem Zorn gebieten, das tugendhafte Kind morgendes Tages gen Guardovall zu schicken. Adamo vernahm es mit Entsetzen und sprach: „Ich selbst bringe sie euch"!

Das Gerücht von der neuen Greuelthat des Zwingherrn floß von Ohr zu Ohr durchs ganſe Thal, und Adamo, der Vater, beſprach ſich mit ſeinen Freunden.

Am folgenden Tage aber führte der edle Engadiner ſeine Tochter zur Burg des Herrn, und das Mädchen war angethan mit Feyerkleidern, wie zu ſeinem Brauttage. Kaum hatte der Caſtellan die Ankunft der holden Beute erfahren, ſo ſprang er von den Stiegen des Schloſſes herunter, ihnen entgegen. Im Angeſicht des ergrimmten Vaters umarmte er die bebende, verſchämte Jungfrau; doch als ſeine geilen Lippen an ihren erbleichenden Wangen hiengen — ward ſein Herz durchbohrt vom Schwerdte des edeln Camogaskers. Sterbend ſank der Tyrann zu den Füſſen der erlöſeten Unſchuld; ſein Blut war das erſte von den Sühnopfern, welches den Altar der rhäthiſchen Freyheit röthete.

Mit triefendem Schwerdte gab Adamo, der Tell Graubündens, den lauſchenden Freunden drauſſen das Zeichen des Sieges; ſie drangen ins Schloß, metzelten die erſchrockenen Knechte des Landvogtes nieder, und von dieser Zeit an blieb diese Gegend frey.

Wie Guardovall, war einst die hohe, weite Burg Fardün das Schrecken der Landleute von Schams. Der Castellan, welcher daselbst hausete, verspottete göttliche und menschliche Satzungen, und erblödete sich nicht der armen Thalbewohner geringe Habe mit stolzem Muth zu verderben. Er ließ sein Vieh zu allen Jahrszeiten in ihren Wiesen und Aeckern weiden; und wehe dem, der sich darob beklagte! — So sah' einst ein biedrer Mann des Thales mitten in seinen Saaten zwey Rosse des Vogtes weiden, und ihm die Hoffnung eines ganzen Jahrs in wenigen Stunden vernichten. Da ergrimmte der Mann; sein Name war Johannes Chaldar (Joan Chialderär). Er erschlug in seinem Zorn die Thiere; doch in dem Augenblick ward er ergriffen, in des Tyrannen abscheulichstes Gefängniß geworfen, und mit schweren Ketten belastet. Lange seufzte er dort, und wurde krank und elend. Endlich gelang es nach vielem Jammer seinen Verwandten, ihn wieder herauszuführen, nachdem sie dem Castellan beynahe die Hälfte ihrer Habseligkeiten aufgeopfert hatten.

Als einst der Castellan an Chaldars Hütte vorübergieng, trat er hinein, und fand ihn mit den Seinigen das Mittagsmahl speisend. Da spuckte der Bösewicht den guten Leuten auf ihr Gericht. Chaldar sah es betroffen; doch bald sammelte er sich; sprang auf, ergriff mit gewaltiger Faust den Elenden, und zwang ihn, den Brey und seinen Speichel aufzuessen, indem er rief: Jzt friß, was du gewürzet hast! Der Tyrann floh wüthend davon, und rüstete sich, die Schmach mit beyspiellosen Strafen zu rügen.

Aber die Stunde seines Gerichts war gekommen. Das Volk versammelte sich, und fürchtete nicht Fardün, noch die nahe Bärenburg mit ihren vesten Mauern. Die Leute von Schams siegten; ausgerottet wurde der Tyrann mit seinem ganzen Geschlecht, und das Panier der Freyheit wehte in Kurzem über den Trümmern der Bärenburg und Fardüns.

Ungewarnt durch diese Ereignisse, und andre, deren besonders das Engadin, die Wiege rhätischer Freyheit, mehrere zählte, fuhren inzwischen die Grafen fort, das Landvolk zu unterdrücken, und es zu Werkzeugen abscheulicher Launen herabzuwürdigen. Ungestraft zerstöhrten sie alle Rechte der Menschheit, warfen sie die Unschuld in Kerker und Bande, entehrten sie Weiber und Jungfrauen. Rache und Wollust, Habsucht und Ehrgeiz, herrschten in unendlicher Zwietracht über das Sklavenvolk in den Gebirgen; jedes neue Jahr gebahr einen neuen Krieg.

Die Geschichte der Tage ist reich zum Ueberfluß an der Erzählung von Streitigkeiten und Kämpfen. Doch sind uns die Nachrichten so mangelhaft hinterlassen worden, daß wir selten der Fehden Ursach oder Folge, ja sogar oft nicht einmal die fechtenden Partheyen namentlich kennen.

Von allen diesen Fehden ist eine der blu

tigsten, welche im J. 1352. zwischen dem Grafen Rudolf von Montfort und Ulrich Walther, Freyherrn von Bellmont, Flims, Foppa und Lugnez waltete. — Rudolf war im Begrif, durch die Gebirgsenge ins Thal von Lugnez zu bringen, und sah die Krieger des Freyherrn nicht, welche sich in einer Vertiefung niedergelegt hatten. So kam es hier, ohnweit Jlanz, zur Schlacht. Viele der Vornehmsten vom Adel verloren ihr Leben im Gefecht; der Graf von Montfort selbst aber wurde, nebst vierzig seiner Begleiter, gefangen.

§. 10.

Fortsetzung.

Unter allen Verwandlungen der Macht rhätischer Baronen, welche nach den Zeitumständen bald sinkend, bald steigend war, blieb sich die Gewalt des Bisthums allein gleich, und immer anwachsend. Sie konnte durch kein Absterben der Familien, und weder durch Güterbertheilungen geschwächt, noch durch die

Eroberungslust der weltlichen Herren nie vernichtet werden. Der Aberglaube und die Ehrfurcht des Volkes vor allem was der Kirche Eigenthum hieß, die Gunst und Politik der Kayser, denen daran lag die mächtigste Parthen in den Gebirgen sich immer treu zu erhalten, beschirmte fast unüberwindlich die Gränzen des Bisthums. Die Bischöfe trugen nicht nur den Namen eines Fürsten, sondern auch fürstliche Hoheit und Gewalt. Peter der Bischof (seit 1355.) empfieng vom Kayser Karl IV. das Münzrecht (1368.), und er belehnte dagegen mehrere Herzoge von Oesterreich, und übertrug ihnen auch die Würde des Erbschenkenamts des Bisthums. Zu solcher Höhe waren in diesen Zeiten die Bischöfe gestiegen. Aber keiner in ihrer ganzen Reihe zeichnete sich durch seine rastlose Thätigkeit für die Vergrößerung der bischöflichen Macht mehr aus, als Bischof Hartmann (seit 1389.) ein Graf von Sargans und Werdenberg, ehmals auch Meister des Johanniterordens. Er war ein feuriger, unternehmender, beharrlicher

Mann, welcher seine Zwecke mit unverwandten Blicken verfolgte, und im Nachjagen derselben nicht immer den Werth der Mittel prüfte die er wählte. Daher war er bey aller seiner Aemsigkeit selten vom Glücke unterstützt.

Es scheint sein Plan gewesen zu seyn, durch eine heftige Erschütterung das zertheilte Rhätien gänzlich aus einander zu stoßen, und es dann vom Bisthume, oder dem Hause Werdenberg, abhängig zu machen. Diese Monarchie einzuführen, mußte er vorher die verschiednen Beherrscher des Landes unter sich entzweyen, sie wider einander ins Feld jagen, und, nachdem sie sich selbst genug geschwächt haben würden, den bewaffneten Friedensstifter spielen. — Aber sein Werk gelang ihm nur zur Hälfte. Die Kriege brachen aus (1393.) und verwüsteten das Land; er selbst ward zu früh hineingezogen. Vier Jahre lang wüthete das Elend. Erschöpft sehnte sich jeder Theil wieder nach Ruhe.

Hartmann erkannte, daß es ihm an Kraft gebrach, seine Entwürfe auszuführen, weil er, ohne immerwährende Besatzungen in seinen zerstreuten Gebieten zu unterhalten, nicht fähig war, auch diese nur hinlänglich zu beschirmen. Er entschloß sich also zu einem Schritt, welcher, so rathsam er auch für den Augenblick der Gegenwart schien, dennoch einer der wichtigsten wurde, durch welchen die politische Gewalt des Bisthums in kurzer Zeit zu Grunde gieng. Er erlaubte nämlich seinen Unterthanen in den Thälern von Domleschg, Oberhalbstein, Avers und Bergün, sich mit den Unterthanen seines Vetters Johannes, Grafen von Werdenberg, in Schamis, Obervatz und Domleschg in so weit zu verbinden, daß sie sich gegenseitig beystehn, und wider alle Unterdrückungen von Seiten der feindseligen Nachbaren beschirmen sollten. Und wirklich schlossen am Tage der eilf tausend Jungfraun 1396. die Landleute diesen Bund.

Hartmanns Gegenparthey, von einer falschen Politik geblendet, sah diesen Schritt für sich als einen der gefahrvollsten an, und versuchte einen ähnlichen, um dem Bisthume das

Gleichgewicht zu halten. Der Abt von Disentis, Johannes, samt dem Kapitel und den Gemeinen seiner Abtey, Ulrich Brun, Freyherr von Rhäzüns, sein Nachbar, nebst den Gebrüdern Hans, Heinrich und Ulrich Brun dem jüngern — Albrecht von Sax, Hans und Donat Freyherren zu Monsax (Misax), in Lugnez und in der Grub, schlossen für sich und alle ihre Leute, leibeigne, oder nicht, ein ewiges Bündniß mit ihren schweizerschen Nachbaren, den Landleuten von Glarus im May, am Montag nach St. Urban des J. 1400. Diese Conföderation, welche den Bund im Gotteshause entkräften sollte, empfieng späterhin den Namen des grauen.

Inzwischen rastete der unruhige Bischof nicht; seine Familie war von den Herzogen Albert, Wilhelm und Leopold von Oesterreich gekränkt, wegen der Herrschaft Rheinck. Er zog seinen Brüdern zur Hülfe, wurde aber im Schlosse Fürstenburg vom Herzog Albert belagert und eingesperrt, bis ihn die Tapferkeit der Rhätier, mit einigen Glarnern verbunden, wieder erlösete. Kaum war er diesen Händeln entronnen, so griff ein Mitglied des grauen Bundes, die Freyherren von Rhäzüns, zu den Waffen, um den ehrgeizigen Prälaten ganz zu demüthigen. Sie belagerten (1413.) die Stadt Chur; doch vergebens, so daß sie sich endlich noch im selbigen Jahre zum Friedensschlusse bequemten.

Unermüdet, wie das Unglück, welches alle seine Pläne zerstöhrte, war auch Hartmann, immer neue zu schaffen. So bekriegte er alsbald den mächtigen Grafen von Toggenburg, der mit den Rhäzünsern wider ihn ins Feld gezogen war, und mußte sich glücklich schätzen, daß Glarus im J. 1419. den Frieden glimpflich vermittelte. Er besuchte i. J. 1414. die berühmte Kirchenversammlung zu Constanz, unterschrieb dort die Achtserklärung Herzog Friedrichs von Oesterreich, und bekriegte ihn auch, doch ohne Vortheil. Er starb endlich 1416.

Merkwürdig ists, daß dieser kriegslustige Fürst

Fürst nicht seine ganze Kraft auf die Wiedereroberung Rhätiens jenseits der hohen Alpen wandte, ungeachtet er durch ältere und neue Vermächtnisse die gründlichsten Ansprüche auf jene schönen Länder besaß. Veltlin, Worms, Cläven, Puschiavo und Plurs befanden sich itzt unter der Herrschaft Maylands, wo die Familie der Visconti seit einem Jahrhundert die höchste Macht an sich gerissen hatte. Sie herrschte über die ganze Lombardie und das Genuesische, schwächte sich aber selbst durch die Vertheilung der Länder in den Erbschaften.

Seit dem Jahre 1356. regierten dort die Brüder Barnaba und Galeazzo in friedlicher Eintracht. Jeder von ihnen besaß sein besondres Eigenthum; nur Mayland und Genua sollten nach dem Willen ihres Oheims und Vorfahren Johannes Visconti gemeinschaftlich regiert werden. Aber die Ruhe der Lombardie schloß sich mit dem Tode des Fürsten Galeazzo, welchen sein Sohn Johannes Galeazzo beerbte. Dieser eifersüchtige, grausame und argwöhnische Tyrann bemächtigte sich verrätherischer Weise des Barnaba, ließ ihn (1385.) im Gefängnisse sterben, und suchte mit Gift und Dolch die ganze zahlreiche Familie desselben aus der Welt zu schaffen. Mastino (Modestinus) der jüngere Sohn des unglückseligen Barnaba entfloh nach Deutschland, um, als der letzte seines Stammes, wenigstens das Leben zu retten. Auf seiner Flucht durch die Gebirge kam er gen Chur, wo er einige Zeit verweilt zu haben scheint. Gerührt von der Freundschaft, welche er hier genoß, dankbar für die Wohlthaten, mit welchen er überhäuft wurde, schenkte er durch eine Urkunde (vom 29. Juny 1404.) alle diejenigen Länder, welche ehmals schon zu Rhätien gehört hatten, nämlich das ganze Veltlin, die Gemeinden Worms und Puschiavo, nebst Schloß, Stadt und Thal von Cläven und Plurs, an das Bisthum Chur.

Hartmann begnügte sich, die schriftliche Schenkung seinem Archiv, und die Ansprüche auf jene Gegenden dem Bisthume zu hinterlaſſen; er wagte es nicht, ſein Geſchenk dem Tyrannen Galeazzo oder deſſen Kindern mit bewaffneter Fauſt abzufodern.

Einen ſchwachen Verſuch machte (ums J. 1408.) zwar ein Dietägen von Chur, aus dem Geſchlechte der Marmels; aber Hartmann unterſtützte dieſen verwegnen Mann nicht, und war feig genug zu erklären, daß Dietägens kühne That ohne ſeinen Willen vollbracht ſey. Sieben Männer bemächtigten ſich unter Dietägens Anleitung in der Nacht des feſten Schloſſes von Cläven, hieben die Beſatzung nieder und ſetzten ſich in Vertheidigungsſtand. Sie wurden belagert. Dietägen hatte ſeinen Freunden Hülfe verſprochen, aber vom Biſchof ununterſtützt, konnte er ſie nicht leiſten. Die ſieben aber vertheidigten ſich männlich gegen die Belagerer; aus Mangel an Proviant verzehrten ſie zuletzt das Leder ihrer Schuhe, und ſtarben Hungers.

Der Nachfolger Hartmanns war in der biſchöflichen Würde (ſeit 1416.) Johannes Abundius, ein Mann, welcher unbeſonnen in die gefährlichen Wege seines Vorfahren trat, und büssen mußte, wie er. Seine erste Sorge war es, sich wider die furchtbaren Glieder des grauen Bundes zu decken. Es gelang ihm, so wie jene mit Glarus vereint waren, auch mit Zürich ein Bündniß für ein und fünfzig Jahre zu schliessen (im J. 1419). Die Stadt Chur, und die Gottes hausleute, mit ihren besondern Vorrechten, traten zugleich in diesen Verein.

Chur, diese alte und in der Geschichte der Grisonen merkwürdige Stadt, ehmals die Residenz der rhätischen Landvögte, nun die Hofstatt der Fürstbischöfe, hatte ihre uralten Freyheiten bisher, ungeachtet der gefährlichen Nähe des bischöflichen Hofes, mit wunderbarer Festigkeit erhalten. Von jeher war sie von der unmittelbaren und unbeschränkten Herrschaft des Bisthums getrennt, und, als Glied des heiligen römischen Reichs, ein Gegenstand der Sorge mehrerer Kayser gewesen. Dem ungeachtet blieb sie dem Einfluß des Bischofs in Rücksicht ihrer Angelegenheiten nie ganz entzogen. Hartmanns Ehrgeiz wagte es, diesen Einfluß zu vergrößern, und Johannes Abundius folgte auch hier des verwegnen Vorgängers Fußstapfen. Da griffen endlich, der Ungerechtigkeiten müde, die Bürger dieser freyen Reichsstadt zu den Waffen (im J. 1422.) und belagerten des Bischofs Residenz oder den Hof, welcher, auf der Höhe über der Stadt, von Ringmauern umschlossen, ruht. Am dritten Tage wurde der Hof mit Capitulation eingenommen; die Wuth der Bürger war so groß, daß sie die Residenz plünderten.

Diese Begebenheit war nicht so wichtig durch ihre eigene Größe, als durch ihre Folgen. Die Stadt Zürich von der einen, die gesammten Gotteshausleute von der andern Seite, warfen sich schiedrichterlich zwischen Stadt und Hof. Vier Männer von Zürich, neun andre gesandt von den Gotteshausleuten, erkannten nun dem Bischof unter anderm das Recht zu, den Stadtvogt, Ammann, Vicedom und Stadtschreiber zu ernennen, die Bestätigung der neuen Rathsglieder, das Münz, recht, die Confiscation der Hinterlaßenschaft fremder Personen, von denen sich in Frist von einem Jahre und sechs Wochen kein Erbe zeigte, u. dgl mehr. — Die Stadt hingegen behielt das Recht, ihren Werkmeister (soviel als Bürgermeister in spätern Zeiten) selbst zu wählen, ein Kaufhaus zu haben, in Abwesenheit des Bischofs freyes Geleit zu ertheilen, Wittwen und Waysen zu bevogten, u. s. w.

Aber wichtiger, als alles dieses, ist, daß hier die Gemeinden des Gotteshauses gewißermaaßen, als ein besondrer Stand, feyerlich anerkannt wurden, welcher bey ähnlichen Streitigkeiten des Bisthums ein nothwendiger Richter in Sachen desselben seyn mußte. Sie wurden zu einer höhern Gerechtsame empor gehoben, als die war, nur sich und den Bischof in der Nothzeit eigenkräftig zu vertheidigen. Den ehmaligen Sklaven waren hiemit Hoheit und Waffen verliehen, und Einheit, in eignen Angelegenheiten sich selbst Recht zu erringen. — Ein großer Schritt zur Freyheit war vollbracht — die göttliche Vorsehung winkte.

Doch über dieses Bundes eigentlichen Zustand, so wie über die Beschaffenheit der andern Theile des Hochlandes, über die Gränzen, Gerechtsame, Sitten und Gebräuche der verschiednen Staatstheile, dürfen wir, bey der Dunkelheit jener Zeiten, bey der Verworrenheit der innern Verhältnisse Rhätiens, keine Erleuchtung hoffen. Auch würde das Forschen nach diesem eine dankloſe Mühe seyn; denn schon lag die Zeit vor der Thüre, wo, unter dem Zauberruf der Freyheit alles neu umgestaltet wurde, wo das Erstorbene aufblühte, und die hohen Burgen in Trümmern ihren Felsenhöhen entstürzten.

Ein Jahrhundert lang hatte schon Helvetien, das Wunder Europens, seine Unabhängigkeit verfochten; itzt erst ermunten sich die Grisonen, erhoben sie ihre gebeugten Nacken, und zerbrachen sie das Joch der tausendjährigen Sklaverey, würdig, Brüder der edeln Schweizer zu heissen.

Es kam die Zeit der Thaten, und die Grisonen des fünfzehnten Jahrhunderts bewiesen, daß in ihnen noch glühe und webe jener Geist der uralten Rhätier, welcher ehmals nicht fürchtete die Legionen des weltbeherrschenden Roms, und nicht überwunden werden konnte von Tiberius und Drusus, den Siegern in der Feldschlacht.

Dritter Zeitraum.

Geschichte vom Aufblühn des neuen Frey=
staats und seiner drey ewigen Bünde; d. i.
von der Abwerfung des zwingherrlichen Jo=
ches bis zur Wiedereroberung des Velt=
lins und der Schlacht bey Novar=
ra. V. J. 1424 — 1516.

Geschichte vom Aufblühn des neuen Freystaats und seiner drey ewigen Bünde.

---

§. 1.

Der Oberbund entsteht.

Aus den heiligen Hainen von Truns gieng die Freyheit der Grisonen hervor, im J. 1424.

Itzt war Europa schon im Allgemeinen von seinen großen Rasereyen genesen; itzt hatten die meisten Staaten schon bestimmtere Formen, unter welchen sie fortdauern konnten, und die traurige Anarchie Deutschlands löste sich auf und gieng in Gesetzordnung über. — Die häufigen Wanderungen christlicher Heerschaaren ins Morgenland, um das heilige Grab aus der Gewalt der Ungläubigen zu erobern, (Wanderungen die unter dem Namen der Kreuzzüge bekannt sind, und, veranstaltet durch die Politik der Päbste, unsern Welttheil in den letzten Jahrhunderten sehr entvölkerten), hatten itzt endlich die Fürsten über ihr wahres Intreſſe aufgeklärt, und den Europäern, die bisher noch immer halben Barbaren glichen, Hang für die Pracht, die Künste und die ſanftern Freuden des Orients gegeben. — Die römiſche Hierarchie begann schon zu wanken, angegriffen von edeln, freymüthigen Männern, welche, genährt durch das Leſen des göttlichen Wortes, Wahrheit und reineres, unverfälschtes Christenthum zu predigen wagten. — Eine Reihe merkwürdiger Erfindungen war gemacht, welche die Fortschritte der Kultur beflügelten. Die Erfindung der Magnetnadel (1302.) gab der Schiffarth der Europäer eine neue Gestalt, führte ihre Flotten durch niebeſegelte Meere, und zum Anblick neuer Welttheile. — Die Entdeckung des Pulvers (1355.) verwandelte die alte Kriegskunſt, Waffen und Schlachten. — Die Buchdruckerkunſt (ſeit 1440.) verjüngte die Wiſſenſchaften der Vorwelt unter uns, ver tausendfachte die erhabnen Gedanken großer Geister, erleuchtete die Völker, zerbrach die Fesseln des geistlichen Despotismus und brachte die Menschheit zur Anerkennung ihrer eignen Würde. — Schon bereiteten überall gestiftete hohe Schulen, und das Studium der Alten, den Wissenschaften ihren stolzen Gang. In Italien sangen schon Dante, Petrarka und Boccaz ihre unsterblichen Gesänge, und begrüßten die erwachende Welt, wie einsame Frühlerchen in der Morgenröthe den Lenztag.

Aber in Rhätien war's noch immer Nacht und Sklaverey. Die Großen des Landes belustigten sich mit Fehden, Schmausen und Jagden, inzwischen ihre Kastellanen das Volk quälten, dem wohlhabenden Landmann das sauer erworbne Eigenthum raubten, Weiber und Töchter oft Angesichts der Gatten und Väter schändeten, und Unfug trieben von jeder Gestalt und Farbe.

Das Landvolk, müde der namenlosen Greuel, schwieg, aber sann auf Rettung. Die Thaten und das Beyspiel der freyen Schweizer seit einem Jahrhundert, die glänzenden Siege derselben in den Feldern von Morgarten, Sempach und Näfels; die Erzählungen von Chaldars Muth und Adamos, des Comogaskers Wagstück, entwickelten heiſſe Wünſche in aller Griſonen Bruſt. Die nähern Verbindungen der Gemeinen unter ſich ſelbſt und mit den helvetiſchen Cantonen Glarus und Zürich, ließ ihnen ihre Stärke ahnden, und in glänzendem Lichte ſehn die Möglichkeit, ihre Sehnſucht zu ſtillen. Als die Tyrannen des Lands jene Verbindungen zur Sicherung ihrer eignen Macht bereiteten, glaubten ſie nicht, in denſelben ihren eignen Untergang zu ſchaffen.

In den hohen Thälern von Diſentis und Ilanz, an den Ufern des Vorderrheins, welcher vom Crispalt herabbrauſt, theilten vertraulich zuerſt die Hirten und Landleute ſich ihre geheimen Wünſche mit. Von Hütte zu Hütte, von Dorf zu Dorf, in den einſamen Waldthälern und auf den ſtillen Fluren der Alpen, ſcholl der leiſe Aufruf; nur die Ohren der Tyrannen vernahmen ihn nicht.

Männer, beseelt von heilger Heimathsliebe, voll hoher Entschlossenheit, rechtschaffen und verschwiegen, drängten sich itzt näher zusammen und sprachen von des Vaterlandes Erlösung. Ihre Zahl vergrößerte sich täglich, und täglich ihr Muth. — Ein einsamer Ort in den Wäldern von Truns, zwischen Ilanz und Disentis am Gebirgsfuß gelegen, ward zu ihren Zusammenkünften gewählt. Dort erschienen sie, wenn die Lauscher der Despoten schliefen, in der finstern Mitternachtsstunde; dort beschworen sie mit aufgehabnen Händen ihren Bund für die allgemeine Freyheit; dort entwarfen sie die Pläne der Volkserlösung und wählten sie die würdigsten Mittel mit prüfender Vorsicht. Und wenn der grauende Morgen den Kreis der Verschwornen schied, giengen sie heim, und theilten ihren Gemeinden die Rathschläge mit.

Als nun die Entwürfe reif waren, und die Zeit der Vollendung herbeyzog, sandten die Männer aus den Wäldern von Truns Abgeordnete an die Großen des Landes; als da waren der Abt von Disentis, die Freyherren von Rhäzüns, die Grafen von Sax und Werdenberg, und andre mehr, und liessen dieselben feyerlich ermahnen: Fortan abzustehn von aller Grausamkeit, löblicheres Regiment zu führen und gerechte Richter zu setzen über das Volk, welches sodann Gehorsam leisten würde in allen gerechten Dingen. Sollten sie aber dieser Ermahnung schmähen, so würden Tausende neben Tausenden aufstehn und die Schuldigen zur Rechenschaft fodern ohne Ansehn der Person.

Solch' eine Sprache war noch nicht geführt worden in Rhätien, und die Tyrannen erschraken vor dem Ruf, der aus den Wäldern von Truns an sie ergieng. Da sie aber sahen die Einmüthigkeit des ganzen Volkes und die Entschlossenheit der Gemeinen, beugten sie sich furchtsam vor der Gewalt derselben, und erboten sich zu einem Verein mit der zürnenden Nation, wiewohl aus sehr verschiednen Absichten.

Der

Der Edelste und Reinste von den Großen damaliger Zeit war Peter Pultinger, Abt von Disentis, ein weiser, gottesfürchtiger Mann, welcher den geringsten Theil an den Zügellosigkeiten seiner über das Volk gesetzten Zwingherren hatte. Dieser war der erste, welcher sich für die Sache der Gemeinen entschied, und die jungen Freyherren von Rhäzüns zum Beytritt beredete. Dieselben waren zwar minder der guten Sache geneigt; doch was die Worte des ehrwürdigen Abtes über ihr Gemüth nicht vermogten, wirkte ihre Furcht vor des Volkes Auflauf, und vor den Feindseligkeiten des Bisthumes Chur, mit welchem sie noch immer mancherley Span und Stöße gehabt hatten.

Ein andrer der Großen war Hans, Graf von Misax, welcher mit dem Bischof von Chur, und dessen Freunde Heinrich von Werdenberg in Feindschaft lebte; er stand ausserdem schon in bösen Händeln verflochten, die zwar geschlichtet, aber noch nicht vergeß sen waren. Er hatte nämlich, da ihm Herzog Philipp Maria von Mayland eine schuldige Summe Geldes zu entrichten zögerte, demselben listigerweise die Stadt Bellenz entrissen (ums J. 1422.), und als er sie nicht behaupten konnte, an die von Uri und Unterwalden verkauft. — Dies alles, und das Andringen seiner Unterthanen, stimmte ihn endlich zur Einwilligung in den Bund; doch behielt er von seinen Unterthanen für sich eigen die im Misoxer-Thale, welche daher erst später (im J. 1496. unter Joh. Jakob Trivulz) dem großen Bunde einverleibt wurden.

Aus dem Hause von Werdenberg herrschten damals zwey Grafen, Hugo und Heinrich, Vettern. Sie befeindeten sich gegenseitig; Hugo schlug sich zum Bunde, theils aus Haß gegen seinen Vetter, theils von seinen Unterthanen genöthigt. Heinrich aber, ein Freyheitsfeind, aufgewiegelt von dem Bischof, spottete der Verbindung, und belegte seine Unterthanen mit noch härterm Zwang; doch konnte er's nicht hindern, daß wider seinen Willen

einige seiner Gemeinden, wie die im Rheinwald, Schams, Thusis, vom Heinzenberg und Tschapinen sich an das Bündniß
schlossen.

So verschieden waren die Gesinnungen und
das Intresse der Großen, mit welchen sie in
den allgemeinen Verein traten.

Nachdem die gemeinschaftliche Uebereinkunft
geschlossen war, kamen die sämtlichen Glieder
des Bundes zusammen, und beschworen feyerlich, im Walde unter Truns, unter einem
großen Linden- oder Ahornbaume, die Urkunde der Freyheit und des ewigen Bundes. Dies
geschah im Märzmond des Jahres 1424.

Die vorzüglichsten Punkte des Bundesbriefes, welcher jedesmal nach zehn Jahren wieder beschworen werden sollte, waren: Einigkeit und treuer Beystand, und freyer Handel
und Wandel unter ihnen — Sicherheit der
Straßen vor Räuberey — Beschirmung Aller
bey ihren Rechten, Freyheiten und alten, guten Gewohnheiten — Niemandes Aufnahme in
den Bund, ohne gemeinen Rath — gleiche

Vertheilung der Beute in rechtmäßigen Kriegen — Einsetzung einer gewissen Form, Recht und Gericht zu halten.

In den Bund waren aber getreten: Der Abt von Disentis, Peter Pultinger der Ehrwürdige, mit den Gemeinden zu Disentis und Waltenspurg — Die Gebrüder Hans Heinrich und Ulrich Brunnen, Freyherren von Rhäzüns mit ihren Gemeinden in Safien auf Tenna und Uebersax — Graf Hans von Sax, Ammann und Bürger zu Ilanz, mit seinen Gemeinen, die Stadt Ilanz, die in den Thälern zu Lugnetz und Vals, die in der Grub und zu Flims — Graf Hugo von Werdenberg, Herr zu dem Heiligenberg, Löwenberg, Schlöwis, die von Trims und Damins — die Freyen ab dem Flimser-Wald, d. i. von Laax — der Ammann und die Gemeinde vom Rheinwald und in Schams; Thusis, Heinzenberg und Tschapinen gesellten sich bald darauf hinzu. Der Beytritt der Thäler Misox und Calanka aber (1496.) gab dem Bunde seine heutige

Gestalt. Er empfieng den Namen des grauen Bundes, oder des obern, weil er errichtet wurde von den Thälern in den erhabnen Gegenden Rhätiens, welche an den Gotthard rühren.

So war itzt die Freyheit eines großen Theiles der Gebirgsbewohner errungen — kein Blutstropfen entweihte die schöne Revolution; niemandes Recht ward hier verwundet, aber die Urrechte der Menschheit wurden dennoch die Grundlage der nachmaligen Gesetzgebung. Wunderbar vermischt sah man hier Grafen, Prälaten, Ritter und Bauern, alle geschirmt in ihren besondern Freyheiten, aber Alle gleich vor dem richtenden Gesetz. — Noch war keine Republik so blutlos hervorgegangen aus dem Schooße des Despotismus; keine Volksregierung aus so verschiedenartigen Gliedern gebildet worden.

Jedes Dorf besteht dort, als ein eigner Freystaat, dessen Haupt (Dorfmeister, Cusvig) aus den Bewohnern desselben gewählt wird. Mehrere Dörfer, zuweilen auch nur

Eines, machen mit einander eine Gemeine, ebenfalls mit besondern Rechten und Freyheiten bekleidet, deren Obrigkeit das Volk jährlich erneuert; das Haupt der Gemeindsobrigkeit trägt den Namen Ammann, welcher mit seinen Beyrichtern (Rathsherren, Geschwornen) über alle Civilhändel (an manchen Orten selbst in Criminalfällen) urtheilt. — Aber die Gemeinen sind wieder unter einander verknüpft; ihrer drey bis vier die Glieder einer kleinen, fast ganz unabhängigen Republik, an deren Spitze ein Landammann steht; die Verbindung der Gemeinen aber heißt ein Hochgericht. Und acht solcher Hochgerichte bilden den Oberbund. Die Boten (oder Repräsentanten) der Gemeinen versammeln sich alljährlich, um die Geschäfte des gesammten Staats zu ordnen. Der Präsident dieser Volksversammlungen heißt Landrichter; er bekleidet die höchste Würde im Freystaat, ohne eine höhere Gewalt zu besitzen, als andre Boten — ihr Fürst ist das Volk, von welchem sie die Befehle und Entschlüsse erwarten, und die Sanction ihrer Gesetze.

§. 2.
Auch der Gotteshausbund und der Zehngerichtenbund.

Bald folgten, sagt man, dem großen Beyspiele des Oberbundes die Einwohner im Gebiete des Gotteshauses, welche der Bischof durch seine Castellanen beherrschen ließ; ausgenommen Ortenstein im Domleschg und Obervatz, welche Heinrich von Werdenberg, dem Freyherrn, eigen waren. Doch unbekannt sind der Ursprung und die Veranlassung dieses neuen Bundes, welcher den Namen des Gotteshausbundes erhielt. Schon seit frühern Zeiten waren die Kirchenknechte freye Leute geheissen, hatten sie schiedsrichterliches Amt über des Bischofs Zwiste verwaltet, und in Bündnisse sich begeben. Auch sie empfiengen Freyheiten und Rechte, wie die Gemeinden des Oberbundes, daß sie sich Obrigkeiten aus ihrer Mitte erwählen könnten, u. dgl. mehr. Dazu gelobten sie, alles Eigenthum des Bisthums zu beschirmen, so wie der Bischof ihre Freyheit zu vertheidigen beschwor.

Wahrscheinlich hat dieser Bund, welcher itzt aus zehn und einem halben Hochgerichte bestehr, nicht mit einemmal seine ganze Gestalt und Größe empfangen, sondern sich nach und nach durch einzelne Befreyungen und Verbindungen vollendet, und ist deßhalb keine Urkunde des allgemeinen Vereins, oder ein Bundesbrief des Gotteshauses zu finden. Doch aus allem schon Gesagten, wie auch aus dem Verein Bischof Hartmanns und der Gotteshausleute mit einigen Schweizer-Orten (geschlossen ums J. 1402.), ferner aus dem Bündniß welches eben dieser Fürst mit Bregell, Ober- und Unterengadin und dem Münsterthal, wider die Herren von Mätsch im J. 1405. errichtete, scheint man die hohe Wahrscheinlichkeit folgern zu dürfen, daß unter allen Rhätiern die Gotteshausleute zuerst der Freyheit nahe gekommen sind, wenn gleich dunkel der Zeitpunkt ist, darin ihre Bundesform entstand.

Schon — und auch dieses beweiset für das frühe Daseyn freyer Gemeinden, welche als unabhängige Staaten betrachtet werden konnten — schon im Jahre 1425. verbanden sich mehrere Gemeinden des Gotteshausbundes zu Ilanz mit dem Ober-Bunde; jene Gemeinden waren drey heutige Hochgerichte, nämlich Oberhalbstein, Obervaz, Fürstenau im Domleschg, und Avers, Stalla und Bergün.

Am spätesten sahen die Freyheit die nordöstlichen Rhätier, welche unter der Botmäßigkeit des reichen Grafen Friedrichs von Toggenburg — Urenkels des grausamen Donatus — und unter seinen Castellanen lebten. Als er sich ohne nähere Leibserben sah, vermachte er im Testament Leute und Lande an seine Gemahlin Elisabeth; denn er hatte vom Kayser Sigismund Erlaubniß gekauft, über seine Besitzungen nach Belieben zu schalten; und als ihn Abgeordnete der Stadt Zürich ersuchten, veroffenbarte er selbst sein Testament zu Feldkirch. Seine Lande waren aber: Die Grafschaft Toggenburg, Gaster samt Utznach, Tucken und Grinow in der obern March; Stadt, Schloß und Herrschaft Mayenfeld, Schloß Marschlins, die Landschaft Davos und Prättigäu, nebst der Veste Solavers über Gräsch, wo der Graf geboren war, und andre Schlösser mehr; ferner das Thal Schalfif, welches er als ein Lehen von Chur besaß, Belfort und Churwalden; endlich auch die Länder, so er pfandsweise inne hatte, nämlich die Grafschaft Feldkirch, das Rheinthal, die Grafschaft Sargans, und was itzt noch dazu gehört.

Da nun der reiche Graf am letzten Tag des Aprils 1436. gestorben war, erhub sich ein großer Zwist über das Erbe desselben. Es sprachen darauf an die Kinder seines Vaters-Schwester, und die Töchter seiner Mutters Brüder, wohl unterstützt in ihren Foderungen von den Ständen Schwyz und Glarus, so wie die leidtragende Wittwe Elisabeth von Zürich mit ihren Ansprüchen geschirmt war. Man griff zuletzt zu den Waffen, und es entstand der in der Geschichte Helvetiens so namhafte alte Zürich-Krieg. Auch der Herzog

Friedrich von Oesterreich trat in den Streit, um seine Pfandrechte auf die Grafschaft Sargans gültig zu machen.

Als die rhätischen Unterthanen dieses sahen, glaubten sie, die Stunde ihrer Erlösung sey kommen. Sie nannten sich alsobald Freygelaßne durch den Tod des kinderlosen Friedrichs, und die Männer von Davos, Klosters, Kastels, Schiersch und Seewis, vom Chorherrgericht zu Schiersch, von Malans, Mayenfeld, Bellfort, Churwalden, Ausser- und Inner-Schalfik, vereinigten sich sogleich und schloßen feyerlich am Freytage nach Frohnleichnamstag 1436. ein ewiges Bündniß. Sie gelobten einander Beystand in Noth und Tod, auch Einheit und Untheilbarkeit des Bundes zu behaupten gegen die Erbherren; ferner, daß keiner den andern belangen wolle auſſer Landes; daß keiner ohne Zustimmung des Ganzen in Bündniſſe trete, und jeglicher sich dem Ausspruch der Stimmenmehrheit unterwerfe; daß nach zwölf Jahren die Urkunde dieses ewigen Vereins neu beschworen, und die Bundestage zu Davos gehalten werden sollen.

So verketteten sich jene Landleute mit einander. Der Vorgang des Ober-Bundes und des Gotteshaus-Bundes bewaffnete sie mit Muth, einen neuen Freystaat unter sich zu schaffen, zwar kleiner, als die ältern beyden im hohen Rhätien, aber in der Vaterlands- und Freyheitsliebe, in Biedersinn und Tapferkeit seiner Bewohner, ihnen gleich.

Der Streit der Erben Friedrichs dauerte inzwischen fort. Auch Johannes Abundius, der Bischof von Chur, erhob seine Stimme und foderte 1437. die Lehen des Gotteshauses Winek und Schalfik; allein als er verzweifelte sein Verlangen gültig zu machen, gab er diese Güter dem Graf Heinrich von Montsfort (1439.) zur Lehn.

Müde des Kampfes und Blutvergiessens, that die edle Elisabeth endlich auf die streitige Erbschaft Verzicht. Die übrigen Erben aber eilten zur Theilung der Lande, nachdem sie, wie es wahrscheinlich ist, im J. 1438. zu

Mayenfeld die Huldigung von den Unterthanen angenommen hatten. Doch dunkel ist die Theilung der Länder selbst. Wahrscheinlich empfiengen einen Theil derselben Wolfhard von Brandis, Gemahl Verenens, der Tochter von Friedrichs Mutterbruder, und Thuring von Arburg, ebenfalls Gemahl einer Tochter von Friedrichs Mutterbruder; Stadt und Herrschaft Mayenfeld und die Herrschaft Aspermont mögen diesen zugefallen seyn. Die Grafen von Montfort und von Monfar, in gleichem Grade mit Friedrich verwandt, gelangten zum Besitz der sechs Gerichte Davos, Klosters, Bellfort, Churwalden, Schalfik und Langwies. Hingegen scheinen die Gerichte Kastels, Schiersch und Seewis, dem Graf Ulrich von Mätsch, Elisabeths Bruder, eigenthümlich geworden zu seyn.

Der neue Staat war nun zwar in drey Theile zerschnitten, doch unbeschadet der Bundsgenossenschaft seiner Bewohner. Die Herrschaften waren genöthigt, ihnen ihre alten guten

Rechte und Freyheiten zu bestätigen, ja dieselben oft zu vermehren, um die Gunst der Unterthanen zu gewinnen; sie genehmigten das große Bündniß zu Davos, liessen sich selbst viele Einschränkungen gefallen, und traten so, als Herrschaften, in die Freyheitsgenossenschaft ihrer Unterthanen.

§ 3.
Politische Sonderung Rhätiens.

So war der Ursprung der drey Republiken im Lande der Grisonen. Ohne Fehde und ohne Verletzung billiger Rechte, ja selbst mit Beybehaltung der alten Gewohnheiten, Ordnungen und Privilegien einzelner Ortschaften, formten sich diese neuen Staaten. Es war jeder Bund nichts, als eine Verbrüderung vieler einzelnen Familien, die mit ganz verschiedner Freyheit, Macht und Eigenthum zusammentraten, um sich dieselben durch die große Vereinigung desto kräftiger zu schützen. Ganz besondre Gesetze herrschten in jeder Gemeinde, ganz besondre über das Allgemeine des Bundes. Da jede Gemeinde also gleichsam einen für sich bestehnden Staat ausmachte, die innern Verhältnisse der Gemeinden aber ganz verschieden von denen in andern Nachbarschaften waren; so gieng aus der Vergesellschaftung dieser kleinen, unabhängigen Staaten eine Republik hervor, die einzig in ihrer Art unter allen Republiken des Erdbodens werden mußte. Man sieht hier eine große, reine Demokratie in Rücksicht der Form des Ganzen, in deren besondern Theilen aber eine wundersame Mannigfaltigkeit von Regierungsformen nach allen möglichen Schattirungen, von der despotisch-monarchischen bis zur rein demokratischen, herrscht.

Der Ursprung dieser sonderbaren Republiken war sehr zart; die Rechte der Herrschaften und Unterthanen stießen in feinen Begränzungen zusammen. Die Foderungen der freyen Grisonen waren so gemäßigt, und doch so gefährlich für die Großen im Lande, daß man leicht eine Verwickelung beyder, und einen blutigen Kampf, der so lange vermieden war, ahnden mußte.

Doch nicht alle Landschaften, welche zu Rhätien von jeher gezählt worden waren, hatten sich in die Conföderation der drey Bünde begeben; und sie sind auch späterhin nie darin aufgenommen worden.

Zu Rhätien aber gehörten die Länder
I. Welche in das Bündniß gekommen sind:
a.) Der Oberbund: Abt zu Disentis über das Disentiser-Gericht. — Herr zu Rhäzüns über fünf Gerichte: 1. Rhäzüns, 2. Savien, 3. Tenna, 4. Obersax, 5. Waltenspurg. — Grafen von Monsax über sechs Gerichte: 1. Monsax, 2. Rusler, desgleichen als Erben der Freyherren von Bellmont, 3. Flims, 4. Grub, 5. Lugnetz, 6. Vals. — Hugo von Werdenberg über vier Gerichte: 1. Thusis, 2. Schams, 3. Splügen, 4. Tschapinen.

b.) Der Gotteshausbund. Der Bischof hatte 1. Chur, 2. die vier Dörfer, 3. Bergün, 4. Stalla, 5. Avers, 6. Oberhalbstein, 7. Tiefenkastel, 8. Fürstenau, 9.

9. Samaden, 10. Zutz, 11. Steinsberg, 12. Schuls, 13. Ramüs, 14. Bregell ob Porten, 15. Bregell unter Porten, 16. Poschiavo, 17. Brüs, 18. Münsterthal ob Calven, 19. Mals unter Calven. — Heinrich Graf zu Werdenberg hatte zwo Gemeinden: 1. Obervatz, 2. Ortenstein.

c.) Der Zehngerichtenbund. Friedrich von Toggenburg der letzte, hatte zehn Gerichte: 1. Davos, 2. Klosters, 3. Castels, 4. Schiersch und Seevis, 5. Malans, 6. Mayenfeld, 7. Bellfort, 8. Churwalden, 9. St. Peter in Schanfik, 10. Longwies in Schanfik. — Dompropst und Capitel in Chur hatten ein Gericht; ist das Chorherrengericht zu Schiersch, welches man die Capitler nannte. Als durch den Ankauf dieser Capitler siebzig Jahre später das Chorherrengericht aufhörte, wurde aus dem Elfgerichten-Bunde der Zehn-Gerichtenbund.

I. K

II. Die nicht in das Bündniß gekommen sind:

a.) Innerhalb Gebirgs: Ein Theil der Grafschaft Tyrol, Aebtißin zu Münster, Abt zu St. Marienberg, Tarasp, Land Veltlin, Grafschaft Cläven, Grafschaft Bellenz.

b.) Dießhalb Gebirgs.

1. Am linken Rheinufer: Urseren, Haldenstein, Pfäfers, Sargans, Windegg, Schännis, St. Johann im Thurtal, Werdenberg, Herrschaft Sax und Vorstegg, Rheingau.

2. Am rechten Rhein-Ufer: Vaduz, Schöllenberg, Waldkirch, Sonnenberg, Montfort, Hohen-Embs, Bregenz.

§. 4.

Der Schamserkrieg, oder Fehde des schwarzen Bundes.

Verschwunden war nun plötzlich der Despotismus der Zwingherren in Rhätien, und man hörte fürder von keinen Greueln und

Gewaltthaten der Mächtigen. Die Revolution war vollendet.

Aber Heinrich der Graf von Werdenberg, welcher sich einst geweigert hatte, ein Glied des Ober-Bundes zu werden, sah mit Unwillen das Aufkeimen der freyen Bünde, und in ihnen die Gränze aller Tyranney. Mehrere Herren im Lande trauerten gleichfalls mit ihm; selbst Heinrich der Freyherr in Rhäzüns, welchen Peter der Ehrwürdige zum Bundesmann geworben hatte. Als der Werdenberger seine Unterthanen, welche wider seinen Willen zum Ober-Bunde getreten waren, durch nichts von demselben absondern konnte; da selbst die Bann- und Achtserklärung nicht fruchtete, welche er wider sie, als Rebellen, vom Kayser Sigismund ausgewirkt hatte; als sie sogar seine von den Zwingherren verlaßnen Bürgen und Ortschaften befestigten, um Gewalt wider Gewalt zu stellen, verband er sich mit mehrern Edeln zur Gegenrevolution. Ihr Verein empfieng den Namen des schwarzen Bundes (nigra liga), weil sie nach der Sitte der Adlichen jener Zeit schwarze Kleider, und überdem schwarze Zeichen trugen, an welchen sie sich erkennen wollten.

Der erste Angrif des schwarzen Bundes war gegen die freyen Männer von Schams gerichtet. Der Werdenberger rüstete im J. 1450. viel Volks, und sandte dasselbe, unter der Anführung seines Eidams und Hauptmanns Hannsen von Rechberg, aus der Grafschaft Sargans über den Kunkelsberg durch Tamins, Rhäzüns und Heinzenberg ins Schamserthal. Sie vollbrachten den Marsch in einer Nacht. Graf Heinrich von Rhäzüns hatte aber seinen Unterthanen sagen lassen, sie mögten nicht des Geräusches in der Nacht achten; denn er würde mit andern Rittern zur Jagd gehn.

Als die Schamser erwachten, sahen sie die Ausgänge ihres Thals von Bewaffneten versperrt, und die Knechte des schwarzen Bundes im Besitz der Bärenburg. Da eilten die Landleute zu den Waffen mit wüthendem Geschrey; auch kamen die Männer von Savien herbey durch einen unbesetzten Paß, und die Söldner des Tyrannen wurden überall in die Flucht geschlagen und zerstreut, und alle, die sich in den Rheinwald flüchteten, von den Bewohnern desselben niedergemacht. So rügten die Heldenbrüder Chaldars der Tyrannen Hinterlist.

Auch Heinrich der Freyherr in Rhäzüns wurde zur Strafe geführt. Gefangen ward er gen Valendas gebracht, als die Bundesgenossen heimkehrten vom Verfolgen des Feindes, und vom Zerstöhren der feindlichen Schlösser. Das Volk richtete über ihn, und erklärte ihn, seines Bundesbruchs und Meynendes willen, des Kopfs verlustig. Heinrich aber blieb unerschrocken im Gefängniß, und fürchtete nicht die Todesstunde, sondern eine martervolle Hinrichtung; denn er war sehr fett. Da zeigte ihm der Scharfrichter im Kerker das Schwerdt, und blies ein Haar dagegen, daß es zerschnitten wurde vom Anhauch; alsbald verlor der Graf die Standhaftigkeit. Aber seiner treuen

Knechte einer trat hinaus zum Volk, und bewirthete daſſelbe köſtlich von des Grafen Reichthum, als auf ſeinen Befehl, indem er ſprach: Der Graf war euch immer hold, und er will euch gütlich thun zum letztenmal. Als nun das Volk frohen Sinnes ward neben den Bechern Weins, rühmte der treue Diener die Freygebigkeit ſeines Herrn, und entſchuldigte ihn, daß er ſich habe verführen laſſen vom ſchwarzen Bunde. Da wurden die Herzen der Ergrimmten weich, und ſie begnadigten den Grafen, der auf den Knieen vor ihnen lag, und ſeinen Dank ſtammelte, und die ſchwarze Liga verfluchte.

§. 5.

Untergang mächtiger Geſchlechter befördert das Wachsthum rhätiſcher Freyheit.

Alſo endete ſich die Fehde des ſchwarzen Bundes wider die Freyheit der Griſonen, welche nun, eingeweiht vom Tyrannenblut, mächtiger und mächtiger hervorgieng.

Heinrich, der Schwarzen Haupt, trauerte

inzwischen, als er, durch die Einigkeit weniger freyen Männer, seine Ritter geschlagen, die schönsten seiner Burgen verwüstet, seine Hoffnungen zerstöhrt sah. Der Tod endete sein Leid. Aber sein Sohn, Georg, Graf von Werdenberg, nicht von des Vaters kriegrischem Geiste beseelt, verkaufte die Rechtsame über Vatz, Thusis, Heinzenberg und Tschapinen an das Bisthum Chur (1456.) und behielt für sich nichts im Domleschg, als das auf der Felsenhöhe ruhende Schloß Ortenstein. Auch Rheinwald und Savien verkaufte er (1493.), da er sie kaum von Rhäzüns eingelöst hatte, an Joh. Jakob Trivulzi, dessen Geschlecht diese Landschaften lange besaß. Die Grafschaft Sargans, so ihm ebenfalls unterthan war, veräusserte er (1481.) an die Schweizer. So, aller Regimentsbürden entladen, lebte er herrlich und in Fülle zu Ortenstein, und starb i. J. 1501. Mit ihm vergieng ein großer, weiland mächtiger Zweig am grauen Stamme der Werdenberge, der vor wenigen Jahren den freyen Grisonen noch der furchtbarste gewesen war.

Redlichkeit und strenge Einfalt der Sitten wohnten in den Hütten der Landleute; darum wurden sie frey, und blieben sie frey. Zwietracht, Ruchlosigkeit und Schlemmerey hauseten in den Schlössern der Vornehmen; darum verarmten sie und starben ihre Geschlechter aus. Die Landleute benutzten die Verschwendungen und bedrängten Zeiten ihrer Herren, und kauften sich früher oder später los von ihnen und von ihren Herrscherrechten. So wurde durch die Freywerdung der einzelnen Gemeinden die Freyheit der ganzen Bundsgenossenschaft gestärkt und befestiget.

Auch die Grafen von Bellmont waren nicht mehr zu dieser Zeit; ihre Güter fielen denen von Misox zu. Allein Graf Peter von Misox, welcher ums J. 1450. lebte, wetteiferte im Verschwenden mit Georg dem Werdenberger in Ortenstein. Er starb zuletzt schier in Armuth; denn er hatte seine Herrschaften Grub, Lugnez und Flims, an das Churer-

Bisthum verkauft (1483.), von welchem später hin sich die Landleute alle Rechte wieder einlöseten.

Auch das Haus der Brunen zu Rhäzüns gieng unter im J. 1459. mit Ulrich Brun, dem letzten seines Geschlechts in der Freyherrschaft. Durch mancherley Kauf und Wiederkauf der Rechte von Rhäzüns gelangten diese (1549) an das Haus Oesterreich. Nach heutiges Tages übet sie dort ein Verwalter im Namen der Herrschaft; doch sind sie an sich nicht von so großer Wichtigkeit, um der Freyheit des großen Bundeslandes gefährlich zu seyn.

Durch ein unglückliches Ereigniß andrer Art wurden fast zur selben Zeit unabhängiger die Leute der Herrschaft Hohentrims. Dort lebten die Baronen von Heuwen, berühmt im Lande durch Völlerey und Ueppigkeit. Sie hatten endlich die meisten Güter ihrer Herrschaft an die Bauern verpfändet, doch mit Vorbehalt des Einlösungsrechts. Aber im J.

1470. brannte das Schloß nieder, und alle Urkunden wegen der Güter giengen mit den daran hängenden Rechten verloren. Die Burg ward nie wieder aus ihrem Schutte erhoben; einsame Trümmern am Felsen unter wilden Gebüschen sind die Ueberbleibsel vom alten Denkmale Pipins.

Schöner stieg inzwischen Chur, die freye Reichsstadt, aus ihrer Asche hervor, als sie im J. 1464. von den Flammen verzehrt worden war. Kayser Friedrich III. begnadigte sie sehr, um ihr aufzuhelfen. Nicht zufrieden, ihr die gesammten alten Rechte und Privilegien zu bestätigen, steuerte er sie aus mit neuen Freyheiten; er ertheilte ihr Freytags nach Jacobi das Recht die verpfändete Reichsvogtey an sich zu lösen — die Bürgerschaft in Zünfte zu vertheilen, wie es andrer Reichsstädte Sitte war; und sind deren zu Chur fünf errichtet worden — ferner, Bürgermeister und Rath sollten über hohe und niedre Gerichtssachen urtheilen dürfen — auf Erbgüter und Zinsen in ihrem Gebiete, Steuer, Dienst und Wachtgeld legen, und vom Weine die Hälfte des Umgeldes beziehen können.

Ruhe wohnte und Freundschaft in den Thälern der Verbündeten; selbst die sonst unruhigen Lombarden nährten friedlichern Sinn gegen ihre Nachbaren. Die Herzoge Bona und Joh. Galeazzo Maria Sforza Visconti von Mayland, erlaubten vorzugsweise einzelnen Gegenden Rhätiens, als den Leuten von Bregell, Engadin, Schams und Oberhalbstein, jährlichen Aufkauf und zollfreye Abführung bestimmter Scheffel und Fuder Getraides und Weins (im J. 1467.) um sich freundliche Nachbarschaft zu sichern. Auch späterhin (1477. und 1484.) bestätigten die mayländischen Herzoge diese Erlaubniß, doch ausschliessend nur den Bregellern.

§. 6.

Der Bünde Verein.

Nicht ohne Gewinn genossen die Grisonen diese goldne Friedenszeit; sie gedachten des nachbarlichen Helvetiens, und wie dieser Freystaat ein Jahrhundert lang um seine Freyheit gefochten habe. Darum sannen sie auf Mittel, ihre neue Unabhängigkeit zu sichern wider allen künftigen Sturm, und Stärke zu gewinnen, ohne Aufwand. — Also beschlossen die drey Bünde einmüthiglich sich zu vereinigen in einen untheilbaren Staat.

a.) Der Einzelnen unter einander. Diesem Entschluß gieng nicht nur der männigliche Wunsch zum gemeinschaftlichen ewigen Bund, und die Eintracht der Herzen voraus; sondern auch schon manches kleine Bündniß, wodurch besondre Gemeinden des einen Bundes an die Gemeinden des andern geschlossen waren. So hieng schon seit dem elftausend Jungfrauntag des J. 1396. ein Theil des Gotteshaus-Bundes mit dem Ober-Bunde durch die Einigung gewisser schon (S. Zeitr. II. §. 10.) genannten Gemeinden zusammen, und diese Einigung war wiederum bestätigt worden vom Ober-Bunde durch einen Spruch zu Ilanz im J. 1425. — So war der Bund der elf Gerichten an den des Gotteshauses geflochten, durch die Verbindung, welche einst Graf Friedrich von Toggenburg (am 7. Herbstmondes 1429.) für sich und die elf hohen Gerichte mit den Leuten im Engadin geschlossen hatte, die den gesammten Gotteshaus-Bund zugleich darein webten.

Jegliches Jahr machte das Bedürfniß der vertraulichsten Einheit den jungen Freyständen fühlbarer; fast jedes Jahrzehend sah eine neue Verbrüderung. — Es errichtete Chur, die freye Reichsstadt nebst den Vier-Dörfern, eine feste Einigung mit dem Bunde der Grauen am Tage der Himmelfarth 1440. — Es reichten sich zu Chur zur unauflöslichen Verbindung im J. 1450. der Bund der elf Gerichte und der des Gotteshauses die Hände. — Es verbanden sich mit gleicher Herzlichkeit im März, am Donnerstage vor U. L. Fr. Empfängniß 1471. der Bund der Grauen und der elf Gerichten.

So waren die jungen Freystände, indem sie einzeln sich untereinander vermählt hatten, insgesammt verknüpft, und vorbereitet zu dem großen Schritte, allen drey Bünden die Form eines einigen, zusammenhängenden, untheilbaren Staates zu geben.

b.) Und Aller zu Vazerol. Und es geschah im J. 1471. Da zogen der Bischof von Chur, Ortlieb von Brandis, und der Abt von Disentis, Johannes Schnek, Jodoc. Nikolas Graf von Zollern als Herr von Rhäzüns, und Petrus von Misox, Graf zu Sax, und die Boten aller Bundesgemeinden in Rhätien, rechtschaffne Landleute, gen Vazerol im Bellforter-Gericht, das Werk zu vollbringen.

Sonder Geräusch und Gepränge traten die vazerolischen Gesetzgeber zusammen; die Grösse der Handlung gab ihrer Versammlung Würde; Eintracht und Ordnung galt für todte Pracht; Gottesfurcht im Eyde war die Feyerlichkeit desselben.

c.) Verfassung. Sie verglichen sich leicht. Beschirmung der Freyheiten und Rechte des Ganzen und der einzelnen Gemeinden war der Zweck ihrer Sendung; der möglich größte

Gewinn bey der möglich kleinsten Aufopferung. Der Staat war noch zu neu, die Gefahr seiner Vernichtung noch zu nahe, um es wagen zu dürfen, durch eine gleiche Vertheilung der Rechte, durch die Einführung allgemein geltender Gesetze, aus den verschiednen Republiken eine einzige zu schaffen, und die drey Bünde in einen einzigen aufzulösen. Es schwebte den Gesetzgebern das föderative System der Eydgenossen im nachbarlichen Helvetien vor, und sie beschlossen, ihre eigne Constitution nach jenem zu bilden.

Daher ward festgesetzt: Rhätien sey eine Republik verbündeter Staaten, und der allgemeine Verein derselben ohne Nachtheil der Gerechtsamen einzelner Glieder. — Ohne Zustimmung des Ganzen darf kein fremder Theil in die Verbindung gezogen werden. — Der Ausspruch zweyer Bünde ist entscheidend über den dritten; im Streite zweyer gegen einander ist der dritte Schiedsrichter; im Streite zweyer Bünde gegen den dritten, sollen von den zweyen, sechs ihrer Bundesenyde freygemachte Männer, und eben so viel vom dritten gewählt und zu Schiedsrichtern gesetzt werden; und sollten alle drey Bünde untereinander mißhellig werden, so müssen drey oder vier ehrbare Männer aus jedem Bunde gewählt, und ihres Bundeseydes freygesprochen, richten; und die Mehrheit der Stimmen soll entscheiden: Wäre aber auch hier keine beruhigende Mehrheit, so können die drey Bünde gemeinschaftlich einen Obmann erkiesen, wo es ihnen gutdünkt. — Zwey Bünde können den dritten zum Gehorsam zwingen. — Kein einzelner Bund darf ohne den Rath und Willen der andern kriegen. — Alle Beute und Eroberung soll gleich getheilt werden. — Kein Bund soll für sich allein Frieden schliessen dürfen. — Im Kriege sollen auch die geistlichen Güter, nach dem Erkenntniß gemeiner drey Bünde, Beysteuern entrichten. — Die Bünde sollen einander Sicherheit des Eigenthums, Schirm der Straßen geben, und feilen Kauf unter einander zugehn lassen. —

Keine

Kein Mörder soll, sobald er von einem Gerichte dafür erkannt würde, im Fall der Flucht, Schutz genieſſen von einem andern. — Zwar soll diesem Bündniß Ewigkeit geschworen seyn; doch mag die Gemeinschaft der drey Bünde, ohne Gefahr der Eydsverletzung, an ihrer Constitution jedesmal verändern, nachdem die Noth heischt.

Dies war der Hauptinnhalt des großen Bundevereins.

§. 7.

Die ersten Kriege der freyen Grisonen.

Mit Kraft erhob sich nun das wiedergeborne Rhätien neben seinen Nachbaren, und begann, als ein neuer Staat, seine Verhältnisse zu ordnen gegen das Ausland. Wallis gegen Abend, und die Eydgenossenschaft gegen Mitternacht, waren treue Nachbaren und natürliche Bundsgenossen der Grisonen; aber Tyrol gegen Morgen und Mayland im Mittag, theilten nicht mit ihnen Vertrauen und Freundschaft. — Stärke war den Grisonen geboren durch ihre Einigkeit, und das Gefühl der Stärke lockt zu Thaten.

Darum waren kaum vier Jahre verflossen seit dem Bundesschwur zu Vazerol, als Graubünden schon in einen dreyfachen Krieg zog.

a.) Für Wallis. In den Gebirgen von Wallis hatte sich ein schwerer Streit erhoben. Dort genossen die Bewohner der hohen Gelände, welche an die Berge des Furka rühren, und mit ihren Quellen den jungen Rhone-Strom bereichern bis zum Fluß Morsa, der Gränze zwischen dem obern und niedern Wallis, einer uralten Unabhängigkeit. Seit dem Tode des Kaysers Friedrich II. (1250.) und des Reichs allgemeiner Zerrüttung, hatten sie dieselbe erworben, und wohl bewahrt wider die anschwellende Macht des Hauses Savoyen. Aber der Genfer-Bischof, Johann Ludwig, ein Bruder des damaligen Herzogs von Savoyen, fiel mit einer großen Macht von Savoyarden und Niederwallisern in das obere Wallis ein, im J. 1475. und drohte den Landleuten ihrer alten Freyheiten Untergang. — Da riefen sie um Hülfe zu ihren Nachbaren; und es kamen eilends von Bern und aus dem Gebirge der Graubündner einige Tausende; die Städte und Vesten der Feinde wurden verheert, die Gegenden des untern Wallis erobert, und den Oberwallisern unterworfen, welche dies Land seitdem durch ihre Landvögte beherrschen.

b.) Für die Schweizer. In einem nicht minder edeln Kampfe für Freyheit und Recht zogen die wackern Grisonen in eben dem Jahre, als sie den Brüdern in Wallis geholfen hatten gegen Savoyen. — Sie giengen aus, den freyen Schweizern zur Stütze, die, in ihrem Kriege mit Herzog Karl von Burgund, vom Könige in Frankreich, Ludwig XI. und dem Kayser Friedrich waren verlassen worden wider Treu und Wort. Sie fochten mit den Eydgenossen vor Elicourt, und in den Feldern von Granson; und eben so an dem unsterblichen Tage bey Murten (9. Juni 1476.) kämpften sie in den Reihen der Schweizer.

c.) *Der Hennenkrieg.* Inzwischen loderte die Kriegsflamme zur selbigen Zeit näher noch ihrem Vaterlande. Lange schon waltete ein alter Groll zwischen den Landleuten des untern Engadins und dem nachbarlichen Tyrol, welches dort mit seinen wüsten Gebirgen den Innstrom empfängt. Des Zwistes Ursache aber waren bald die Zölle und Erzgruben, bald die Gränzscheiden beyder Länder, bald verjährte und bestrittne Rechtsame und Freyheiten. Endlich nahm sich Herzog Sigismund von Oesterreich, als ein Graf von Tyrol, seiner Unterthanen an, und schickte einen Heerhaufen wider das Engadin, vom Feldobristen Slaudersberg angeführt, welcher im J. 1475. verheerend einzog und den Flecken Remüs abbrannte, den schönsten des untern Engadins. Aber die Männer von Engadin versammelten sich; es zogen ihnen Bundesgenossen von allen Seiten zu, und die Tyroler wurden in ihre rauhen Gebirge zurückgeschlagen, so daß sie nicht wagten wieder zu kommen. Ein altes Volkslied verewigte im Engadin den Sieg dieses Thals, und die That Gebhard-Wilhelms des Tapfersten seiner Einwohner. Neben dem brennenden Remüs weilte das Heer der Tyroler in Schlachtordnung; ihm gegenüber stand ein kleiner Haufe muthiger Engadiner, welcher auf Verstärkungen hoffte. Da trat aus der Tyroler-Schaar ein starker Mann hervor, Martin Johann geheissen, und höhnete übermüthig die Grisonen, und den Tapfersten derselben Gebhard-Wilhelmen. „Flieh"! rief er diesem entgegen: „Du entrinnst deinem „gewissen Tode"! — Wenn ich denn sterben soll, so sey es nicht unrühmlich! rief der Grison, streckte den Prahler zu Boden mit seinem Spiesse, und stürzte sich blindlings in das geschlossene Heer der Oesterreicher, von allen seinen Gefährten gefolgt, welche rühmlich sterben wollten, wie er. Mit tapferer Faust durchbrach er elf Reihen der Feinde, und drang vor bis an das Panier der Stadt Hall. Er zerriß die Fahne und sank blutig neben derselben von Speeren durchbohrt, und mit seinen Trophäen bedeckt. Da rückten die Bündner-Schaaren, welche erwartet wurden, zur Schlacht an; aber die Feinde flohen von einem panischen Schrecken verfolgt (i. J. 1476).

Der Bischof von Trient und der von Brescia haben diesen Streit geschlichtet; der Krieg aber ist genannt worden der Hennen-Krieg, weil zu der Fehde Ursachen auch gehörte, daß die tyrolischen Amtsleute zur Fastnachtszeit nach altem Brauch von jedem Haus eine Henne verlangt.

§. 8.
Der Bund der elf Gerichte kömmt unter Oesterreich.

Während dieser Fehden waren durch mancherlei Kauf und Verkauf ein großer Theil vom Bunde der elf Gerichten an das Haus Oesterreich gelangt.

Die Gemeinden dieses Bundes standen nämlich seit dem J. 1438. unter der Hoheit der drey Grafen von Sax, von Montfort und von Mätsch. Aber es scheint, daß die Grafen von Sax ihren Antheil an der Erbschaft bald nach der Theilung dem Graf Wilhelm von Montfort überlassen haben, der folglich dadurch die sechs Gerichte Davos, Klosters, Bellfort, Schalfik, Churwalden und Langwies allein besaß. — Wilhelm von Montfort aber trat im J. 1459. seine Rechte an diese Landschaften seinem Vetter Hugo von Montfort, Herrn zu Rothenfels, käuflich ab, mit einzigem Vorbehalt des Wiedereinlösungsrechtes. Doch auch dieses verkaufte er ihm zuletzt.

Der neue Herr der sechs Gerichte bestätigte denselben die alten Gerechtsamen und Privilegien im J. 1460. Zu solchen gehörten alle die, welche sie schon im J. 1438. im Verabkommniß mit dem Grafen von Sax empfangen hatten; wie z. B. daß sie nur verpflichtet seyen für ihre Herrschaft innerhalb den Bundesgränzen; und zwar auf Unkosten der Herrschaft. In Zwisten unter der Herrschaft und ihren Unterthanen soll der Streit durch beyderseitige Abgeordnete zu Davos vermittelt, oder in den acht Gerichten entschieden werden — Der Ammann könne über alles richten; nur Mord und Diebstahl zu bestrafen sey der Herrschaft vorbehalten — Bestätigung der alten Lehnsbriefe, Zollfreyheiten, Erlassung alter Schulden u. s. w.

Hugo von Montfort verkaufte seine herrschaftlichen Rechte, nachdem er sie kaum zwölf Jahre lang geübt hatte, an den Erzherzog Sigismund von Oesterreich im J. 1471. Sigismund aber trat, mit Vorbehalt des Einlösungsrechts, sie noch in eben dem Jahre an den Graf Ulrich von Mätsch ab, welcher schon, seit der Erbschaftstheilung, die beyden vordern Gerichte im Prättigäu, Kastels und Schiersch besaß. Er hatte den Kauf für seinen Sohn Gaudenz geschlossen; ihm gab er alsbald die neue Herrschaft.

Gaudenz von Mätsch bestätigte nicht nur, als neuer Herr, abermals die Freyheiten der Gemeinen (am Freytag vor St. Gallentag 1471.) sondern erweiterte dieselben durch folgende Begünstigungen: Es soll ihnen kein

Landvogt von der Herrschaft gesetzt seyn können, ohne Rath und Einstimmung der acht Gerichte; auch sollten ohne ihre Einwilligung die Gemeinen nie veräussert werden können von dem Geschlechte derer von Mätsch; desgleichen soll die Herrschaft immer wohnen inner den Gränzen der acht Gerichten.

Als nun aber Gaudenz im J. 1477. seine Rechtsame wieder an den Erzherzog Sigismund verlassen wollte, wurden die Gemeinden, zufolge ihrer Rechte, um die Einwilligung gebeten. Und sie hielten im selben Jahre einen Bundstag zu Davos, auf welchem auch die zwey andern Bünde im hohen Rhätien um Rath gefragt wurden. Der Ober- und Gotteshaus-Bund sprachen dagegen, und sämtliche drey Bünde sandten Abgeordnete an den Erzherzog Sigismund, um ihn zum Abstehen von dem Kaufe gütlich zu bewegen.

Aber Sigismund, welcher auf sein vorbehaltnes Einlösungsrecht verwies, stand nicht ab; und als die sechs Gerichte ihm den Eyd der Huldigung zu schwören versagten, erschienen (1478.) Männer von Luzern gesandt, die ihnen freundlich zuredeten, und ihnen im Namen Sigismunds nicht nur aller Freyheiten Bestätigung, sondern auch die Ausdehnung ihrer Zollfreyheit über die gesammten Lande des Erzherzogs verhiessen. Da begaben sich die sechs Gerichte unter die österreichische Herrschaft, wider den Rath der andern Bünde; und im J. 1478. erhielten sie wirklich die Urkunde der verheissenen Freyheiten.

Endlich gab Gaudenz von Mätsch auch die Gerichte Schiersch und Kastels im Prätigäu an den Erzherzog, im J. 1489. Standhaft verweigerten diese die Huldigung; darum schloß sie Kayser Maximilian I. nach dem Tode Sigismunds vom Freyheitsbriefe aus, welchen er den sechs Gerichten im J. 1496. verliehen hatte, und sie standen inzwischen unter einem Vogt, welchen die drey Bünde Rhätiens setzten. Erst im J. 1499. bequemten sie sich zur Huldigung, und empfiengen darauf im J. 1500. die Bestätigung ihrer Gerechtsamen.]

So gelangten die acht Gerichte an das Haus Oesterreich, welches seine Rechte durch einen Landvogt üben ließ, der zu Kastels wohnte.

Diese Veränderung der Herrschaften kränkte übrigens nicht die Bundeseinheit der Völker im Hohen Rhätien. Geübter war ihre Faust zum Kriege worden in den Schlachten bey Sitten im Wallis und bey Murten; ihre Stärke und Einmüthigkeit ließ sie hoffen, daß ihnen auch ein größeres Wagstück gelingen würde, wenn sie das an Rhätien zurück zuerobern versuchten, was Maylands Habsucht einst davon losgerissen hatte.

§. 9.

Versuch zur Eroberung des Valtelins.

Das schöne Valtelin, die Grafschaften Cläven, Bormio und Puschiavo, waren ehmals Theile Rhätiens; Karls des Großen Frömmigkeit hatte das Valtelin — so wie

Maylands Vergrößerungslust, während der Schirmvogtey des Churischen Bisthums durch den unvorsichtigen Ulrich von Lenzburg mit dem Zunamen Schultheß (Scultetus), die andern damals dem Bisthum eigenthümlichen Ortschaften (1350.) vom Lande der Grisonen getrennt. — Das Bisthum, berechtigt durch die beurkundete Schenkung Mastinos, durfte jenen Verlust allerdings zurückfodern; nie aber hatte Rhätien Muth und Kraft gehabt, es zu wagen. Itzt, seit dem Aufblühen der Freyheit, seit der Erschaffung eines Staates in den Gebirgen, war der Zeitpunkt es zu können; und die politische Nothwendigkeit, den jungen Staat zu vergrößern, um seine Dauer gegen die Ueberlegenheit der Nachbaren zu sichern, machte die Benutzung des Augenblicks zur Pflicht.

Ortlieb von Brandis war damals (seit 1459.) des Bisthumes Haupt in Rhätien; verbunden mit den Grisonen entschloß er sich, das Verlorne wieder zu nehmen, und sandte im J. 1486. einen Botschafter Huldrich Massol, von Engadin, gen Bormio zum maysländischen Podestat (Gewaltigen), Cisermondo genannt, welcher daselbst im Namen seines Herrn hausete. In Mayland aber war Herzog Joh. Galeazzo Sforza, noch unter der Vormundschaft seiner Mutter Bona und seines Oheims Ludwig des Mohrs. Cisermondo, nachdem er die Foderung, welche besonders Puschiavo und Bormio berührte, vernommen, ließ mit den Glocken stürmen, daß bewaffnet das Volk von allen Seiten aus den gekrümmten Thälern zusammenströmte, und sprach zu Massol: "Siehe dies Volk, seine "Menge, seinen Gehorsam, seinen Muth, und "gedenke der Macht meines Herrn! Glaubst du "denn noch, daß ich die Grisonen fürchte"? Massol begab sich von dannen, und nach dreyen Tagen erschienen mit offnem Panner die Grisonen vor Bormio. Da ergriff das Schrecken die Einwohner des Landes; sie warfen die Waffen nieder, flohen mit Weib und Kind in die nahen Gebirge, und ergossen sich in die fernern Thäler. Auch Puschiavo, seit dem Vazeroler-Tage ein wirklicher Theil Churbündens, warf die Fessel Maylands ab.

Inzwischen der Herzog von Mayland noch seine Heere rüstete, drangen die muthigen Engadiner, Bregeller und Obersaxer, von der Seite des Bregells gen Cläven vor; die Männer der zwey andern Bünde aber stiegen über das hohe Gebirg Adula und Splügen zum St. Jakobs-Thale hinab, ihren Genossen zu.

Cläven, diese uralte Stadt, älter vielleicht als die Zeitrechnung der Christen, ruht am Gebirgsfuß, von der Maira bespült, in einer lachenden Gegend. Dreyer Thäler Eingang öffnet sich daselbst, durch welche man zum hohen Splügen, zum Bregell und dem Comer-See wandert. Dort waren Reichthum und Ansehn von jeher einheimisch.

Es neigte sich der Maymond des J. 1486. zum Ende, als die Grisonen in den Thälern der Graffschaft standen und Leute zusammentrieben von allen Orten. Da zog wider sie, von Plurs, Antonio der Clävner Graf, und

Lantolino Feldhauptmann; aber sie wurden in einem Treffen von den Bündnern zurückgeschlagen. Noch am Tage der Schlacht rückten anderthalbtausend von den Ueberwindern in Cläven ein, plünderten die Stadt und zündeten sie an, so daß Feuer und Rauch viele Stunden weit gesehen wurde.

Auch die, welche vom Bregell gekommen waren, hatten sich inzwischen Plurs, der reichsten Stadt der Grafschaft, bemeistert (29. Juny) und beschlossen sie in Asche zu legen. Aber Berthold Fontana, ein Mann von Obersax, sprach: „Behüte Gott mich vor der Greuelthat, daß ichs dulde diesen Ort in Flammen zu sehn, von dem mir wolgethan wurde, zur Zeit da Heinrychet mein Bruder in Cläven schwer verwundet war"! — Und die Dankbarkeit Fontanas rettete Plurs.

Die Bündner überwinterten im St. Jakobs-Thale; aber mit dem beginnenden Frühling fielen sie mit Heereskraft in das Valtelin, und verwüsteten alles von Bormio bis Sondrio. Da entschloß sich Mayland zum

Frieden, und Ludwig der Mohr, des Herzogs Vormund, überließ den Siegern Puschiavo, und erkaufte ihren Abzug von den Gränzen des halböden Valtelins und Clävens um 14000. Gulden. Dies geschah im J. 1487. Fröhlich wandten sich die Sieger zu ihrer Heimath.

Puschiavo ward nach seiner Zurückeroberung ein förmliches Hochgericht im Gotteshaus-Bunde, und war auch schon, da es noch unter Maylands Gewalt lag, als ein solches betrachtet. Denn es hatte sich bereits im J. 1408. am Tage des Erzengels Michael, unter besondern Bedingungen an das Bisthum ergeben — wiewohl das Gotteshaus, wegen Maylands Macht, seine Rechte nur gering üben konnte — und war deswegen auch in den allgemeinen thätischen Bund, als ein Genosse desselben eingeschlossen. Späterhin erst (im J. 1537.) lösete es sich von allen Hoheitsrechten des Bischofes aus.

Dies waren die ersten Thaten der Grisonen,

nen, mit welchen sie ihren feyerlichen Eintritt in den Rang freyer Staaten bezeichneten; Unabhängigkeit und Eintracht machte sie entschlossen und gewaltig.

§. 10.

Der Bündner Zwiste mit Tyrol.

Doch es kam die Zeit, wo es eines größeren Muthes und größerer Kraft bedurfte, um obzusiegen; die Zeit, in welcher Rhätien der Raub seines mächtigsten Nachbarn zu werden drohte.

Noch hatten die Tyroler nicht der schweren Schmach vergessen, so sie aus dem Hennenskrieg in ihre Gebirge zurücktrugen; die alten Zwiste wegen der Zölle, Erzgruben und Landsmarchen an den Gränzen Tyrols und Bündens, und wegen andrer vorgeblichen Rechtsamen Oesterreichs im Engadin u. s. w. dauerten zwischen diesem Hause und Churbünden unaufgelöset fort. — Friedliche Vermittlungen, zu verschiedenen Zeiten begonnen, liefen frucht-

I. M

los ab. Die tyrolische Regierung zu Inspruck, geleitet von den Ränken einiger ihrer Räthe, vereitelte alle Bemühungen Bündens zur Ausgleichung, ungeachtet ihr Herr und Kayser Maximilian selbst den Frieden wollte. Die Beschwerden Bündens häuften sich; die Regierung zu Inspruck suchte sie zu vergrössern, um ihren Groll wider die Grisonen einen rechtlichscheinenden Vorwand zu Gewaltthätigkeiten leihen zu können.

Rhätien sah hell genug, daß nur einst das Schwerdt den verwickelten Knoten der Verhältnisse lösen würde, und suchte Stärke für die heranschwebende Gefahr.

Auch die Schweiz litt zu derselben Zeit von ähnlichen Bedrängnissen; Oesterreich fand sich von den Eydsgenossen mit Kälte begegnet, und sein erblicher Groll gegen das freye Land wurde genährt auf mancherley Weise. Der Bund schwäbischer Reichsstädte, welcher im J. 1488. auf den Trümmern der Gesellschaft des St. Georgenschildes erbaut war, und welchem beyzutreten Helvetien verschmäht hatte, wandte sich nun feindselig gegen die steigende Macht der Eydgenossen.

Als die Grisonen dieses wahrnahmen, beschlossen sie, sich enger mit den Genossen des unzerstöhrbaren Bundes in obern deutschen Landen zu vermählen. Gemeinsames Bedürfniß führte Helvetien und Rhätien zusammen. Am St. Johannes des Täufers Tage im J. 1497. reichte der Ober-Bund, und am zwölften Tage des Christmonds 1498. Churbünden den sieben Cantonen Zürich, Luzern, Uri, Schwyz, Unterwalden, Zug und Glarus die Hand zum ewigen Bunde, und beyde Theile gelobten sich Friede, Freundschaft und treues Aufsehen über einander zu halten; gelobten, daß keiner des andern Feind begünstigen, und einer den andern bey etwanigen Kriegen in den Frieden einschliessen wolle; und so sich etwan Spans zwischen beyden erhübe, daß sie sich gütlich vereinen wollten nach dem Ausspruch selbstgewählter Schiedsmänner: Daß einer dem andern feilen Kauf zulasse, ohne Beschwerden und Zölle; doch soll das

Erkaufte nur im Lande verbraucht und nicht weiter geführt werden können: Daß kein Theil in ein Bündniß treten solle, welches dem gegenwärtigen schädlich seyn dürfte. Dies und mehreres gelobten sich die Vereinten.

Bern aber, die reiche Stadt im schönen Nüchtlande, trachtete sanft und weise noch immer nach der Aussöhnung der hadernden Partheyen, und fügte sich auch nicht in das Bündniß der Grisonen. — Desgleichen blieb dem Bündnisse fremd das Bundesland der zehn Gerichte, wo Oesterreich der Freunde zu viel zählte.

Inzwischen hatten die Völker schon die Sache der zwistigen Regierungen zur ihrigen verwandelt, und sie beschimpften sich gegenseitig an beyden Ufern des Rheins, welche Schwaben von Helvetien, und an den Bergketten, welche Tyrol von Rhätien scheiden. Tyrol aber, als es von dem Bunde der Eydsgenossen und Grisonen vernahm, zog sich unter Schwabens St. Georgenschild; auch Constanz am Bodensee that es, versah sich mit Wehr und Waffen, und drohte seine Feindschaft denen an, welche den Bündnern zu Hülfe kommen würden.

So waren die Gemüther zum Ausbruche reif; die Freystaaten in den Alpen aber harreten ohne Furcht.

§. II.

Ausbruch des Schwabenkriegs.

Plötzlich, als kaum das J. 1499. begonnen, besetzte eine kayserliche Macht die Gränzen Tyrols; einzelne Feindesschaaren streiften in das liebliche Münsterthal, unter dem Vorwand, ein Frauenkloster daselbst zu besetzen, dessen Schirmvogt der Kayser seyn sollte. Aber die Thalleute des Münsters und Engadins rotteten sich zusammen, erschlugen achtzehn Feinde im Kloster, und bemächtigten sich desselben. Dies war das erste Blut, welches nochmals stromweis im Schwabenkriege floß.

Noch einmal ward die Erhaltung des Friedens versucht; der Kayser Maximilian war nicht abgeneigt; und der Churer-Bischof

Heinrich von Heuwen, ſetzte den Völkern einen Tag zur Vergleichung in Feldkirch. Man traf zuſammen; aber der erbitterte Pöbel ſang Schmachlieder auf Bündens Geſandte und der Bote, welcher von Feldkirch ausgeſchickt war, einen Waffenſtillſtand zu verkünden, wurde von den Kayſerlichen aufgefangen.

Darum ſetzten die Völker ihre Kriegsrüſtungen fort; der ſchwäbiſche Bund ſammelte ſeine Macht an den Ufern des Bodenſees; Helvetien zog eine Linie von Streitern um ſich, von den Gebirgen im Engadin am Rheins Ufer hinab bis Baſel, und an den Ufern der Aar bis Granſon.

Am 15. Jänner des J. 1499. verſprach der Ober-Bund dem bedrängten Gotteshaus-Bunde kriegriſchen Beyſtand; auch das Domkapitel von Chur verſprach's, wider des Biſchofs Willen, der immer zum Frieden rieth. Uri ſandte aus ſeinen Thälern 600. ſtreitbare Männer; deßgleichen ſandten andre Kantonen Hülfe ins Bündner-Land; nur Bern begeg-

nete dem Verlangen der Grisonen mit schnö-
dem Unwillen.

Zum letztenmal eröffnete Heinrich der Bischof eine Friedenszusammenkunft, und suchte
den Waffenstillstand zu vermitteln im Münsterthal, wohin er gezwungen war im Panzer
mit dem Heere zu gehn, weil er den Argwohn
des Volks auf sich geladen, er halte es mit
dem Kayser. Schon zogen sich die Heere von
den Gränzen zurück; schon wurden mit Dank
die Streiter von Uri entlassen — aber die Zü-
gellosigkeit kayserlicher Soldaten vernichtete alles. Diese steckten beym Rückzug drey Häuser
der Gotteshaus-Leute zu Laursch in Brand,
und griffen die heimziehenden Eydsgenossen
bey Azmoos mit Geschütz an. — Sogleich
wurden alle Heere der Bundsgenossen zurückgerufen, und der Krieg hub sich von neuem an.

Das folgende war die wichtigste Ursache des
Friedensbruches: Die kayserliche Regierung
zu Insprück foderte von den Gemeinden im
Engadin und Münsterthal den Eyd der
Treue und Huldigung kayserlicher Majestät,

zufolge des Friedensvertrages mit dem Bischof von Constanz und dem von Chur im Namen des Gotteshauses geschlossen. Des erschraken die Churbündner hoch; denn ganz anders lautete der Friedensbrief, welchen sie vom Bischof Heinrich empfangen hatten. Es weigerten sich des Eydes die Engadiner und Münsterthaler männiglich; nur die Gotteshausleute von Calven, Chalavaina und Casa Venae, ein Geländ zwischen Taufers und Glarus, wo vor Zeiten das Erz aus den Schlacken geschmolzen ward, schworen verführt.

Sogleich ließ die Regierung von Inspruck ihre Schaaren ins Land der Weigernden ziehn (am 9. Februar), an die 8000. Mann zu Fuß und zu Roß. Sie durchströmten verheerend das Münsterthal, verbrannten das Frauenkloster, und streiften ins Engadin. Aber am Eingang in dasselbe, im Scharl-Thale, wurden sie geschlagen; 200. Kriegsknechte des Kaysers von 60. Engadinern.

Zu gleicher Zeit bemeisterte sich Ludwig

von Brandis, Herr zu Vaduz, Hauptmann kayserlichen Volkes, des St. Luziensteiges, und der Stadt Mayenfeld in seiner Nachbarschaft. Vierhundert Graubündner starben hier den Tod fürs Vaterland, als sie Mayenfeld verfochten; nur wenige blieben am Leben.

Doch die Bündner-Schaaren eilten, den Tod der Brüder zu rächen, gen Mayenfeld; auch die Eydgenossen, welche im Lager zu Azmoos bey Sargans standen, zogen über den Rhein, und schlugen bey Treisen das Schwaben-Heer, als es ihnen den Uebergang wehren wollte. Aber unter den Eydgenossen waren nicht Bern, Solothurn und Freyburg, welche sich begnügten ihre eignen Gränzen zu decken.

Sieg am Luzisteig. Im Walde bey St. Wolfgangs-Kirche hielten die Verbündeten Rath; von da zogen, der Abrede gemäß, die Grisonen zur Wiedereroberung des St. Luziensteigs, die Eydgenossen aber hinab gen Balzers, zur Vertreibung der Kayserlichen. Der Tag dunkelte schon, als jene den Luzienſteig erreichten. Sie griffen an; der Feind ward geschlagen; 800. Schwaben fanden da ihr Grab in der schrecklichen Nacht. Die Sieger verfolgten den Feind bis über Bälzers; dort zündeten ſie ein Haus an, zur Leuchte bey ihrem Nachteſſen, welches ſie den Feinden abgejagt hatten.

Tausend Eydsgenoſſen kamen am folgenden Tage (12. Febr.) aus dem Lager von Azmoos über den Rhein, den wackern Rhätiern zu, welche ihren Sieg verfolgten, 350. Feinde bey Treiſen erschlugen, die andern aber über den Treiſner-Berg den tauſend anrückenden Schweizern in die Hände trieben. Zwey Panner und ein Feldſtück war der Bündner Beute; Vaduz die feſte Burg ward erobert, Ludwig von Brandis und ſein Bruder Wolfgang in die Gefangenſchaft nach Rapperswyl geführt, und das ganze Wallgäu gezwungen, den Verbündeten einen Eyd der Treue zu schwören in Treiſen.

Dies alles war das Werk eines einzigen Tages; ihm wich' an Ruhme nicht der folgende

(13. Febr.). Da zogen die Verbündeten auf Mayenfeld. Es öffnete seine Thore; gefangen wurden die Gebrüder Sigmund und Thüring von Brandis, nebst 4000. von der Besatzung gen Chur gesendet, und das Schloß Mayenfeld, die Burgen Aspermont und Jenins, welche damals Schlanderbergers des Tyrolers Eigenthum waren, eingenommen und geplündert.

Als die sechs Hochgerichte, deren Herr der Kayser war, im Bunde der elf Gerichten, die Männlichkeit ihrer Brüder und Verwandten sahn, und hörten, wie der Feind in Rhätien bald dort, bald hie einbreche, gedachten sie des ewigen Bundes von Vazerol, und zogen ihre Pflichten gegen das Bundesland den Pflichten gegen den Kayser vor, setzten das Bündner-Wappen in ihre rothen kayserlichen Heerfahnen, und bemächtigten sich der Rechte Oesterreichs in ihren Gegenden. Auch Castels und Schiersch, welche noch Gaudenz von Mätsch besaß, wurden losgerissen, und einem bündnerschen Landvogt überantwortet, weil Gaudenz dem Kayser anhieng. So waltete nun brüderliche Einmüthigkeit unter den Freyständen im hohen Rhätien.

Inzwischen zu Davos: die Boten des Churer- und Ober-Bundes, mit den Männern der elf Gerichte wider den Vaterlandsfeind unterhandelten (16. Febr.), schlugen die siegreichen Eydsgenossen den Heerzug der Schwaben bey Hard (den 20.) und streiften sie in den Bregenzerwald, welcher mit 1600. Fl. die Gnade der Ueberwinder erkaufte. Auch Bern, Freyburg und Solothurn sagten nun dem Schwabenbunde feyerlich ab, an dem nämlichen Tage, als die sechs Gerichte zu Davos sich den Rhätiern zuschworen, und überwältigten das Hegäu.

Heinrich von Heuwen, der Bischof von Chur, wohnte inzwischen noch immer, während des Kriegsgetümmels, in seinem Schlosse Fürstenburg, unentladen vom schweren Verdacht des Volkes. Sein Elend stieg, als er, (den 20.) von Furcht bezwungen, den Kayserlichen die Fürstenburg abtrat. Da floh er gen Inspruck, zagend vor der Rache Bündens, welches ihn einen Verräther schalt, und seine Schlösser im Lande sofort in Besitz nahm.

Mehrere Siege der Verbündeten. Wichtige Begebenheiten stürzten in dieser Zeit einander ellends nach; in jeder Woche zählte man Gefechte und Schlachten; vom Sarganser Land bis Basel wurden die Ufer des Rheins mit Blut gefärbt. Aber der Sieg stand überall unter den Fahnen der Verbündeten: Bey Basel im Bruderholz (24. März), wo der Feinde 600. auf dem Schlachtfeld blieben; im Rheinthal (25. März) wo Hans Wala, der tapfre Glarner, durch seinen Muth den Grimm der Feinde in Ehrfurcht verwandelte; im Gehölz des Schwaderlochs bey Constanz (11. April), wo die Thore dieser Stadt den fliehenden Haufen zu eng wurden; im blutigen Kampfe bey Frastenz im Wallgäu (20. April), wo Heinrich Wolleb der unsterbliche Urner sank, und sinkend siegte.

Drey verlorene Hauptschlachten hatten den Bund des Georgenschildes erschüttert, und seinen Trotz gebeugt, als der Kayser, von der Landesgefahr gerufen, in eigner Person erschien. Maximilian erlies alsbald ein Aufgebot an alle Stände des Heil. Röm. Reichs, sich aufs stärkste zu rüsten zu Roß und zu Fuß, und Tags und Nachts ihren Zuzug zu beschleunigen. Er schilderte die Eydgenossen als ein Volk von allen Verbrechen befleckt, und sagte: „Sie haben wider Recht und Kriegsbrauch, unabgesagt (welches von Türken „und Heyden unerhört ist) sogar gewagt das „Reich anzugreifen, und einen merklichen un„mittelbaren Theil desselben, den Grauen „Bund (welcher dieses Kriegs erster Ursä„cher ist) in ihre unnatürliche Vereinigung „aufzunehmen. Dessen ungeachtet haben die„se groben Bauern, in denen keine Tu„gend, adelich Geblüt noch Mäßigung, „sondern eitel Grobheit, Ueppigkeit, Un„treu und Haß deutscher Nation ist, viele „des Reichs bisher getreue Städte und Un-

„terthanen auf ihre Seite zu bringen gewußt", u. s. w.

Also lauteten Maximilians, des zürnenden Kaysers, eigene Worte.

Itzt beseelte neuer Muth den Schwabenbund. Rhätien ahndete größere Auftritte, und rüstete sich zum äussersten Kampf; ein gleiches thaten die Eydgenossen, welche zuletzt unter einander über ihren Kriegsplan uneins wurden. So wie in Rhätien der unglückliche Churer-Bischof durch sein Zaudern und Friedepredigen den Haß des muthigen Volkes gewonnen hatte, so ward in Helvetien Bern beargwohnt, daß es dem Kayser wohl wolle, indem männiglich bekannt war, wie ungern diese Stadt in den Krieg eingetreten war. Doch lähmte der Zwist die Kraft des Ganzen nicht; unverdrossen wurde mit abwechselndem Glücke manches Gefecht begonnen: An den Mitternachtsgränzen Helvetiens, in Basels Münsterthal, im Sundgäu neben Solothurn, u. s. w. Aber größer als alles war zu dieser Zeit der unsterbliche Kampf der Rhätier im Vinstgau.

Nachahmer Gebhards Wilhelms. Vom Etschlande daher waren der Kayserlichen 8000. in das untre Engadin verwüstend eingebrochen; zur Einöde ward das schöne Thal umher; schaudernd flohen die Bewohner, und die geringe Zahl der streitbaren Grisonen hier wagte keinen Widerstand. Der feindliche Gewaltshaufe stand bey Remüs, auf dem Felde, wo einst Gebhard Wilhelm fiel. Da sahen drey heldenmüthige Männer aus Ardez, Perzifal Gervedo, Hans Georg und Joh. Mengarda und ein Mann aus Sculs die Einöde, die brennenden Dörfer, des Vaterlands Gefahr. Sie riefen ihren kleinen Haufen zum Kampf an, und fanden kein Gehör. Ihr Herz blutete; sie hofften durch ein großes Beyspiel die Muthlosen zu begeistern; der Geist Gebhard Wilhelms umschwebte sie. Und sie zuckten das Schwerdt, stürzten in der Feinde nächste Schaar, kämpften sich durch
bis

bis zum Panner, zerrissen die Fahne, wie Gebhard sie einst zerriß, und starben, wie er, von den Feinden umringt; aber sechs Leichname der Kayserlichen lagen neben ihnen.

Wüthend rückte nun die Schaar der Etsch-länder vor, brannte zehn Dörfer nieder, und nahm beym Rückzuge drey und dreyßig Geiseln mit sich gen Meran, die ausgeschriebne Brandschatzung zu verbürgen.

Als die Bündner das Elend des Engadins vernahmen, sammelten sie sich bey 800. in ihrem Münsterthal. Aber der Feinde standen 15,000. bey Lavaina, wo sie den Ausgang des Thales mit einer starken Landwehr von Holz und Erde verrammelten. Dort lagerten sie sich hinter der Schanze, an den Quellen der Etsch, auf der Malser-Heide, und lachten des Anzugs der „grauen Hunde" und der Bündner-Weiber, welche im Nothfall ihren Männern folgten, um mit zu streiten, wie ihre Mütter einst stritten gegen Rom, da Rhätien seine Freyheit verlor.

Aber Niklaus von Brandis, der Hauptsleute einer im Heere des Kaysers, salbete am Pfingstsonntag seinen ledernen Beinharnisch eigenhändig, und sprach zu denen, welche ihn der Sabbathsentweihung tadelten: "Wenn „die Bündner kommen, die mit uns den „blutigen Fastnachtstanz am Luzienstei̊g ge„tanzt, so geb' ich dem, der Morgens den „seinen salbet, Schmár und Stiefel sein Le„benlang".

Die Bündner kamen. Am Abend des 21. Mays pflogen sie Kriegsrath im Dorfe Tausfers, entwarfen den Plan zur Schlacht, und schieden. In der Mitternachtsstille zog ein abgeordneter Haufe über den Splügen-Berg, den Kayserlichen jenseits der Linie in den Rücken zu fallen; vor dem Angriff aber verspråchen sie — denn ihre Zahl war klein — dem zurückgebliebnen Bündner-Heere, welches Dietrich Freuler von Schams anführte, ein Zeichen zu geben durch Anzündung eines Heustalls oder Ausbreitung eines weißen Tuches. So giengen sie, und am Morgen standen sie auf der Höhe, empfahlen im Gebete sich und das Vaterland Gott, gaben ihren Brüdern jenseits der feindlichen Verschanzung das Zeichen, und stürzten hinab wider den erschrockenen Feind.

Sieg bey Mals. Es war der Morgen des 22. Mays; da begann die Schlacht in der Malser-Heide. An der Spitze der kleinen Schaar standen Wilhelm Ringg und Lomaren von Lombris aus dem Lugnezer-Thal. Sie warfen beym ersten Angrif die kayserliche Reuterey zurück, schlugen zwey Treffen des Feindes mit wunderbarer Kraft, und harrten der Hülfe von Freulers Heer; aber vergebens. Da erschlaffete schon ihr Muth, und ihr Fähnlein begann zu wanken; doch der Heldenmuth der Menge belebte die Feigen. Benedikt Fontana von Oberhalbstein erstieg des Feindes Schanze, und kämpfte noch sterbend gegen die Vertheidiger derselben. Mit der Rechten focht er, mit der Linken verhielt er sein quellendes Blut und die aus der weiten Wunde vorsinkenden Eingeweide, und sprach, als er erblaßte: Nun, wacker dran, o ihr Bundsgenossen! Laßt euch meinen Fall nichts irren; ist's nur um einen Mann zu thun. Heut möget Ihr, so ihr Euch tapfer haltet, euer freyes Vaterland und freye Bünd' erhalten, oder aber, so Ihr sieglos geleget seyt, werdet Ihr euern Nachkömmlingen ein ewiges Joch auf dem Hals lassen! So sprach Fontana, und starb. Neben ihm sank Conrad von Marmels, Herr zu Rhäzüns, von einer Kugel getroffen.

Nun flogen Eilboten hinüber zu dem zaudernden Freuler, und zeigten ihm die blutigen Hellebarten. Er gab vor, das Zeichen zum Angriff nicht gesehn zu haben, rückte an mit seiner Macht, erstürmte die Landwehr, rettete den kleinen Bündner-Haufen, welcher vier Stunden lang allein gefochten hatte — und entschieden war der große Sieg.

Nie war Graubünden größer gewesen, als an diesem ernsten Tage in der Malser-Heide.

Vier bis fünf tausend Feinde blieben auf

dem Wahlplatz, unzählige ertranken in den Wellen der Etsch; große Beute ward gemacht, kleines und grobes Geschütz erobert. Man sagt, daß von 15000. Mann der Feind nicht mehr als 8000. aus der Ebne von Mals gerettet habe. — Aber Freuler von Schams entfloh; denn er fürchtete den Grimm seines Volks.

Als der fliehende Feind gen Meran kam, foderte er der Stadt 33. Geiseln ab, die dem Engadin entführt waren. Da baten diese nur um Frist, ihre Sünden zu beichten, oder um Waffen, männlich sterben zu können. Beydes verweigernd, ermordete man sie. Doch rissen einige ihren Würgern die Hellebarden aus der Faust, und verkauften theuer das Leben. Die siegenden Grisonen streiften tief ins Tyrol, rächeten das Vaterland, und zogen mit Raub beladen heim.

Maximilian der Kayser, da er die Niederlage der Seinen hörte, ward erbittert, und beschloß, sich mit ganzer Macht wider Graubünden zu wenden. Darum sammelte er sich ne Völker; doch eh' er den Zug unternahm, mahnte er nochmals durch Mandate die Gemeinde Churbündens, ihm und dem Reich zu huldigen, oder er drohe, sie mit Gewalt zu zwingen.

Churbünden schwieg. Maximilian sandte seine Heere gegen das obere Engadin, durch unbekannte Wege und Gebirge; vom Veltlin her sollte Proviant herbeygeführt werden; denn die Gegenden umher waren verwüstet durch den Krieg. Sein Hauptmann, Bilibald Pirkheimer, mußte mit 200. Mann die Säumer decken, welche den Proviant führten.

Landes- Und als er in ein großes, aber ab-
Elend. gebranntes Dorf kam im Münsterthale, traf er am Ende desselben auf zwey alte Weiber, welche an vierzig kleine Kinder wie eine Heerde vor sich hertrieben; sie waren alle vom Hunger hager und abgezehrt; ein entsetzlicher Anblick! Er fragte die Weiber, wo sie dieses Heer von Kindern hinführen wollten? Sie antworteten ihm mit verwirrtem Blick, und konnten vor Mattigkeit und

Schmerz kaum den Mund öffnen: Er werde es bald sehen. Er folgte ihnen. Sobald sie auf die nächste Wiese kamen, fielen die Kinder auf ihre Kniee, weideten das Gras mit den Händen ab, und verzehrten es. Durch die Gewohnheit hatten sie schon gelernt, die unschmackhaften oder ungesunden Kräuter stehn zu lassen, und besonders die säuerlichen auszusuchen. Ob diesem traurigen Anblicke ganz bestürzt, stuhnd Pirkheimer eine Weile da, und konnte kein Wort reden. Endlich sagte eine von den Alten: „Siehst du nun, was „diese Jammerschaar hier thut? Ach! wie viel „besser, wenn sie nie geboren wären! Ihre „Väter sind erschlagen, ihre Mütter vor Hun„ger umgekommen; ihre Habschaft hat der „Feind genommen, und ihre Hütten sind ab„gebrannt. Uns elender Weiber und dieser „Kinder wurde, um unsers Alters willen, „allein geschont. Ach! wir hoffen, der Tod „werde uns und ihnen bald ein Ende ma„chen. Es waren ihrer vor wenigen Tagen „noch einmal so viel"! — Bittre Thränen stie gen bey dieser Erzählung Pirkheimern in die Augen; er verfluchte den Krieg mit seinen schrecklichen Folgen. Mit eigner Feder hat er das Elend desselben beschrieben, und wir haben von ihm die obigen Worte entlehnt.

In drey Haufen vertheilt, zog das Heer des Kaysers über grausenvolle Gebirge ins Ober-Engadin. Hunger und erstarrender Frost quälte die Krieger; bald wälzten die Berge ungeheure Schneelawinen auf sie herab in die tiefen Klüfte, mit gräßlichem Gepraßel; bald stürzten die Bündner von den hohen Gebirgsspitzen losgerissene Felsenblöcke auf die wandernden Schaaren. Ermattet stiegen sie in das Thal des Ober-Engadins hinab; aber die Bündner hatten selbst ihre Ortschaften verbrannt, und statt bewaffneter Reihen stellten sie den fürchterlichen Hunger wider den Feind ins Feld. — Die Noth zu vergrössern, hatten die Grisonen alle Pässe gegen das Veltlin besetzt; und als das kayserliche Heer durchs Engadiner-Tal hinabgezogen war, sahen es die Einwohner von Zerneus schon beschäftigt; auch die Brücke über den Inn-Strom zu zerstören. Einige Stunden später, und Maximilians Macht, würde im Thale eingekerkert, dem Hunger preisgegeben worden seyn. Ueber den hohen Buffalora, welcher mit seinen jähen Felsen das Münsterthal vom Engadin bricht, gieng der Rückzug ins Ober-Innthal, wo Maximilians Hauptquartier zu Pfuns stand.

So abentheuerlich, so eitel war dieser furchtbare Engadiner-Zug. Durch unsägliche Mühseeligkeiten, durch Hungersnoth und Ausreissen entkräftet, kam das Heer zu seinem Herrn zurück. Treffen waren nirgends geliefert; nur in der Ferne hatten die Engadiner den Feind umschwärmt, und durch einzelne Angriffe seine Aufmerksamkeit beschäftigt. Wären damals die Bündner in ihren Kriegen Freunde einer strengern Kriegsordnung gewesen; hätten sie sich nicht fast nach jeder gewonnenen Schlacht allzusicher immer in ihre Heimathen zurückbegeben, um ihre Beute zu theilen, so würden sie damals schon Maximilianen die Friedensbedingungen mit dem Schwerdte vorgezeich‍net haben.

Rhätien rief erst, als schon das Engadin in der Noth lag, die Kantonen zur Hülfe; die Hülfe erschien erst, als, gegen das Ende des Junymonds, der Feind das Vaterland verlassen hatte. Nichts blieb den Verbünde‍ten übrig, als ein Streifzug tief ins Tyrol, bis Castelbell, wo alle Dörfer von ihnen ver‍wüstet wurden.

§. 12.
Anstalten zum Frieden.

Maximilian, von so vielen unglücklichen Ereignissen bewogen, sehnte sich zum Schluß der Fehde; eben so die Union der siegreichen Gebirge. Zwey Friedensvermittler warfen sich auf: Der König Ludwig XII. in Frankreich, und Ludwig der Mohr Herzog von May‍land. Aber noch waren von beyden Seiten der Kriegführenden die Foderungen zu trotzig; die Gemüther zur Versöhnung allzuwenig vor‍bereitet. Ein kayserliches Heer sammelte sich wieder in Constanz, wo Maximilian selbst war; ein andres rückte von der Abendseite in die Schweiz geführt durch Graf Heinrich von Fürstenberg. Als aber Zwietracht und Feigheit die Armee bey Constanz lähmte, und der Eydgenossen Muth den Fürstenberger im Treffen vor dem Schlosse Dornach im Solothurner=Gebiet (22. July) schlug, zog der Kayser seine Völker von den helvetischen Gränzen zurück.

Die Wiederherstellung des Friedens ward in einer Versammlung der Gesandten zu Schaffhausen im Anfang des Augustmonds versucht; aber Maximilian heischte diesen Frieden im Tone des Siegers, foderte von den Eydsgenossen, ihren Bund mit den Grisonen aufzuheben, und es dem deutschen Reiche zu überlassen, Graubünden, als des Krieges Urheber, abzustrafen. Da schwieg Helvetien mit Verachtung, und die Versammlung zog unvereint auseinander.

In Basel ward Ende Augusts ein zweyter Zusammentritt eröffnet, eben so fruchtlos, als der erste.

Noch einmal im September hob man die abgebrochenen Unterhandlungen von Neuem an; und Sonntags am 22. Herbstmonds, St. Morizentag, ward endlich zu Basel der Frieden wirklich geschlossen, und im Bezug auf Graubünden bestimmt: Daß die Hochgerichte im Brettigäu, welche das Erzhaus Oesterreich von den Grafen von Mätsch erkauft, zwar dem Kayser, als Grafen von Tyrol, unterthan seyn sollten, dabey aber ihre Verbindung mit Rhätien unverletzt bewahren können — daß Churbündens Zwist mit dem Erzhause vor dem Bischof von Augsburg entschieden werden soll — daß übrigens Alles im alten Stand der Dinge verbleibe und allgemeine Amnestie verkündet werde.

So endete sich ein Krieg, in welchem die gebirgischen Bundsgenossen, binnen sechs Monden, in acht Feldschlachten achtmal gesiegt hatten. Der Ruhm der schweizerschen und bündnerschen Waffen breitete sich über Europa aus, und Fürsten fiengen an, um die Gunst dieser tapfern Völker zu buhlen.

Ludwig Sforza, genannt der Mohr, ein Mann treulos und ehrgeizig, hatte durch mancherley Ränke und Gewaltthätigkeit die herzogliche Würde von Mayland an sich gerissen; Johannes Galeazzo, dessen Vormund er gewesen, Maylands rechtmäßiger Erbe, starb vergiftet in der Blüthe seines Lebens. Da zog König Ludwig XII. wider den Sforza, indem er seine durch Erb' und Verwandtschaft empfangene Ansprüche auf Mayland geltend machen wollte, und bemächtigte sich des Landes. Sforza aber, von seinem eignen Volk verlassen, floh durchs Veltlin gen Inspruck, und sandte seinen Botschafter Joh. Galeazzo Visconti in Helvetien aus, Truppen bey dem tapfern Volke zu werben, zur Wiedereroberung des verlornen Herzogthums.

Visconti, welcher in Maylands Namen schon Friedensvermittler zu Basel gewesen war, kam (17. Jänner 1500.) gen Chur, streute von dort aus sein Geld durchs Land, und gewann damit in wenigen Tagen bey 5000. Mann zusammen, allerley Volks aus den Schweizer-Cantonen und von den Bünden.

Frankreich aber, welches mit den Helvetiern längst schon in alten Bündnissen lebte, beklagte sich, und ließ ebenfalls werben. Da entstanden unerhörte Verwirrungen; vom Gelde verblendet verliessen viele Männer Hütte, Weib und Kind, um in fremden Krieg zu ziehn; ganze Gemeinden wurden durch vorausbezahlte Dienstgelder und durch Bestechungen unter allerley Namen bald für Frankreich, bald für Mayland gewonnen, und die Sitteneinfalt der Väter und die alte Einmüthigkeit gieng verloren.

Der Pensionen-Brief. Da traten schnell die Freunde des Vaterlandes zusammen, dem drohenden Uebel zu wehren; und ein und vierzig Tage; nach Visconti's Erscheinung, erliessen die Bünde im hohen Rhätien ein Standesgesetz, gegeben zu Chur (27. Febr. 1500.) wider die Pensionen auswärtiger Mächte. Die feyerlich besiegelte Urkunde wird noch auf diesen Tag der Pensionenbrief genannt. Darin verpflichteten sich die Bünde bey heiligen Eyden: Daß keiner von ihnen, auch keine einzelne Gemeinde, Pensionen oder Jahrgelder des Auslands annehmen soll, um in auswärtigen Kriegen zu dienen, und fremden Mächten zu helfen; ausgenommen die Schuld und Pflicht, so man von Billigkeits wegen dem Heil. Röm. Reich zu leisten verbunden ist; doch soll den Bünden nicht verwehret seyn, zur Ehre, Nothdurft und Nutzen des Landes, an diesem Gesetz in Zukunft zu bessern, zu mehren oder zu mindern.

Und wirklich wurde späterhin auch dieses schöne Gesetz (z. B. in dem mit Frankreich 1516. geschloßnen ewigen Frieden, in dem mit dem Hause Oesterreich 1521. gestifteten Bündniß, in dem mit Spanien 1639. errichteten Capitulate u. s. f.) dahin abgeändert: Daß Pensionen, welche von fremder Macht dem ganzen Staate ertheilet würden, (um im Lande offene Werbungen halten zu dürfen) erlaubt seyn sollten. Es schämten sich die Väter, welche am Luzienstelg, bey Fraftenz und an der Malser-Heide für die Freyheit rühmlich gefochten, fremder Mächte Söldner zu heissen, und ihr Blut zu verkaufen um etwas Geringeres, denn das Heil des Vaterlandes war.

Zwar gelang es dem Ludwig Sforza, mit seinen zusammengerafften Völkern, wieder in Mayland einzudringen; aber als sich seine belagerte Veste Novarra, worin er selbst war, den Franzosen übergab, ward er nach Frankreich geführt, wo er in zehnjähriger Gefangenschaft zu Loches schmachtete und freudenlos starb.

Nun schaltete Frankreich in Italien nach Gefallen; wider den Willen ihrer Obrigkeiten traten Schweizer und Bündner unter die Fahnen des siegenden Reichs, wurden geschlagen, und starben auf fremder Erde, fern vom Vaterland.

Im Innern Rhätiens aber herrschte Ruhe; die verödeten Gegenden genasen wieder vom Kriegsleid; was verbannt war, wanderte heim — .

heim — nur Heinrich von Heuwen, der unglückliche Churer-Bischof, wagte nicht zurückzukehren nach Chur. Er trat seine Würde ab an Paul Ziegler von Ziegelberg im J. 1503. und lebte einsam und vom Gram verzehrt auf dem Schlosse Fürstenburg.

Mayenfeld wird von den Bünden gekauft. Das Hochgericht des Zehngerichtenbundes Mayenfeld, wozu auch Malans und Jenins, unter dem Namen der Herrschaft Aspermont gehörten, war noch immer eigenthümlich dem Hause derer von Brandis. Als dasselbe aber unter den Verwüstungen des Schwabenkrieges schier verarmt war, verkaufte Johannes von Brandis, ein Domprobst zu Chur, nebst seinem Genossen Rudolf, Graf von Sulz, seine herrschaftlichen Rechte über die Stadt und fruchtbare Landschaft Mayenfeld um 20,000. Gulden den drey Bünden im J. 1509. am Mittwoch nach Verkündigung Mariä-Geburt, den 26. Märzmonds. Von dieser Zeit an setzten gemeine drey Bünde

I. O

einen Landvogt über Mayenfeld, welches, als ein Mitglied des jüngsten rhätischen Bundes, zugleich ein mitherrschendes Land ist über Rhätiens Unterthanen; auch über sich selbst, indem es, so oft ihm die Reihe trift, sich selbst einen Landvogt setzt. Aber die Herrschaft von Aspermont, Malans und Jenins, zu der Zeit ein Eigenthum der Herren von Rhäzüns, wurde erst im J. 1537. den drey Bünden verkauft für 10,000. Gulden von Johann von Marmels. — Es wurden der Stadt Mayenfeld ihre gesammten Rechte und Freyheiten bestätigt; die Herrschaftsleute zu Jenins und Malans zogen aber die dasigen Güter, mit Ausnahme der Lehen, kaufsweise an sich.

§. 13.

Bünden erhält das Valtelin u. s. f.

Wild tummelten, während Graubünden mit weisem Ernst seinen Frieden hütete, im nachbarlichen Italien sich die Völker. Frankreich meisterte die Staaten dieser schönen Halbinsel; pflanzte einen festern Fuß im Mayländischen; bekriegte bald Neapel bald Genua, und endlich, verbunden mit dem Kayser und Pabst Julius II. die alte Republik Venedig. Seit der Hinwegführung Ludwig des Mohrs in die französische Gefangenschaft, war Joh. Jakob Trivulzi, der Feldherr Ludwigs XII. Gebieter der mayländischen Städte; auch Bormio, Cläven und Veltlin gehorchten, durch ihn, seinem Könige. Aber Frankreichs Uebermuth und Despotenton mißfiel den freyen Völkern im Gebirg. Die Bündner und die Schweizer litten durch den von den Franzosen gestöhrten Handel und Wandel; die Anhänger Ludwig des Mohrs, dessen Söhne Maximilian und Franz nach Deutschland geflohen waren, flehten die Hülfe der Republiken in den Alpen an.

Neuer Versuch zur Eroberung des Valtelins. Darum entschlossen sie sich zu einem Feldzug; im Februar 1503. (noch lag der Schnee auf den Alpen) zogen sie in Italien. Die Gottes haus-Bündner gedachten ihrer unverlornen

Unrechte auf die beyden Grafschaften und das Valtelin; die tapfern und immer streitfertigen Bregeller giengen über den Bach Lover, welcher ihr Gebiet vom Clävnischen scheidet, schlugen bey der Brücke des H. Martinus die anrückenden Franzosen in einem blutigen Gefecht, eroberten Plurs, und machten der Beute und Gefangenen viel. — Die Oberbündner bemächtigen sich des Rheinwalds und Saviens, der Herrschaften welche der fränkische Marschall Joh. Jak. Trivulzi im J. 1493. dem Hause Werdenberg abgekauft hatte. — Die Schweizer aber erstiegen die Landswehr la Murata, unterwarfen sich Luggaris und drangen in das Mayländische ein bis Arona. Hier schlossen die französischen Feldsherren mit den Schweizern Friede (am 11. April); auch Bünden wurde in denselben begriffen, und wegen der Foderungen des Gotteshauses bestimmt, daß denselben Gehör gegeben werden soll, wenn das Bisthum die Rechtmäßigkeit derselben erweisen würde.

Allein vergebens bewies das Bisthum die

Rechtsgültigkeit seiner Ansprachen; Frankreich gebachte nicht den Vertrag von Arona so bald zu erfüllen; es mußte jahrelang die, in den Ränken der Politik unbewanderte Republik auf mancherley Weise hinzuhalten.

Treuer kam Graubünden seinen Verträgen noch im J. 1508. mit Frankreich errichtet, nach. Pabst Julius II. hatte (am 4. März J. 1510.) mit den Grisonen und Eydsgenossen ein Bündniß geschlossen. Als er aber 6000. Mann, welche er aus den Gebirgen empfangen hatte, um sich, seinem Vorwand nach, wider den unruhigen Herzog von Ferrara zu schirmen, gegen die Franzosen ins Feld führen wollte, kehrten die Helvetier, auf ihrer Obern Befehl, wieder um. Erzürnt verweigerte ihnen der Pabst deßwegen den verdienten Sold; aber die Krieger traten meistens in Frankreichs Dienste, und zogen mit in die berühmte Schlacht von Ravenna, wo das päbstliche Heer am Ostertage 1512. den Sieg verlor.

Aber Julius in Rom söhnte sich bald wie

her aus mit den Gebirgsrepubliken; Frankreichs verwegne Schritte in Italien lehrten ihn und diese, auf ihrer Hut zu seyn. Der Cardinal Matthäus Schiner von Sitten, des Pabstes Legat, munterte unermüdet die Alpenvölker zum Bruch mit Frankreich auf; der Bischof Paulus Ziegler von Chur und Ulrich der mächtige Freyherr von Hohensax stimmten ihm bey; Cläven und Veltlin flehten der Grisonen Hülfe an, als sie unter Frankreichs Druck erlagen. Die Franzosen selbst beleidigten das bündnersche Volk, entzogen ihm die verheissenen Subsidien, besetzten die Gränzen, und hoben allen Handel und Wandel auf.

Dies alles war fähig genug, den Grisonen eine Kriegserklärung abzulocken; doch schwiegen sie noch. Aber als die VII. Kantonen der Eydgenossenschaft, nicht minder wie Rhätien von den Franzosen beleydigt, zum Aufbruch riefen, gestützt auf den alten ewigen Bund, welcher ausdrücklich von den Bündnern im Vertrage mit Frankreich vom J.

1508. vorbehalten war, da entschieden sie sich für den Krieg. Man erwartete nur die Gelegenheit, des großen Nachbars Uebermuth zu bändigen.

Sie erschien. Pabst Julius, ausgesöhnt mit Venedig, verband sich mit dieser Beherrscherin des adriatischen Meers gegen Frankreich, und bat um Hülfe bey den Cantonen der Schweiz und bey Graubündens Gerichten. Die Republiken in den Gebirgen bewilligten sogleich 20,000. Mann. Bünden aber entwarf für sich selbst einen größern Plan; es beschloß die Wiedereroberung der Grafschaft Cläven und des Valtelins, die seit undenklichen Zeiten von Rhätien gerissen, und ihm wieder gegeben waren durch die Urkunde des Mastino, welche seit mehr als hundert Jahren unberührt im Archive des Bisthums gelegen hatte.

Wie auf einen Wink erstand ein Heer streitlustiger Grisonen, und am 8. May des J. 1512. sagte die Republik den Franzosen feyerlich ab.

Es zogen die Krieger über den wilden Bernina, dessen ewige, ungeheure Gletscher an Puschiavo, Bormio und Valtelin stoßen. Herkules von Capol aus Flims war Anführer der Männer des Oberbunds, Conrad von Planta aus Zuz war der Churbündner Feldherr, an der Spitze der Zehngerichtsbündner stand Conrad Beeli von Davos.

In drey verschiednen Schaaren fielen sie Bormio, Cläven und Valtelin zu gleicher Zeit an. Fast ohne Schwerdtstreich ergaben sich (am Ende des Brachmonds) diese Lande, und schworen Huld den Grisonen, welche ihnen die alten Privilegien zusicherten, (schon am 27. Brachmonds) zu Teglio. Die französischen Besatzungen aber flohen in die Schlösser; von hier aus machten sie sich in einzelnen Ausfällen furchtbar, durch welche sie die Landschaft umher veröden und die Straßen unsicher setzten. Aber die Nachricht von der Vertreibung der Franzosen aus dem Mayländischen entmannte die Besatzungen; die Schlösser ergaben sich; auch die feste Burg Clävens (18.

Jänner 1513.), welche Jacques Fayet sechs Monden lang wider Herkules von Capol vertheidigt hatte.

So war beym Anbruch des J. 1513. Rhätien wieder bis zu seinen uralten, mittäglichen Gränzen ausgedehnt; das traubenreiche Valtelin, die fruchtbare Grafschaft Cläven, Bormio, dies krause Thal-Labyrinth, von ewigen Eishöhn umgürtet, und die drey Pleven am Comer-See, wurden Graubündens Unterthanenlande, und zu mehrerer Sicherung derselben die Schlösser Platta mala, an den Gränzen Puschiavo's, zu Tiran und Trisiv, auch der See-Thurm Olonia (Oblogno) zerstöhrt.

Bünden erhält das Valtelin u. s. w. Auch Mayland war wieder erobert durch die Tapferkeit der Gebirgsvölker. Der Sohn Ludwigs des Mohrs hatte bisher in Deutschland gelebt; er kam, von Helvetiens Großmuth gerufen; sein Name war Maximilian Sforza. Zürich überreichte ihm die Schlüssel der Stadt Mayland unter den Thoren derselben; Sforza nannte die Helvetier seine Väter, die Wiederhersteller seines Vaterlandes, und trat ihnen feyerlich in seiner Verbindung mit ihnen (1. Jan. 1513.) die vier Landschaften Lugano, Locarno, Mendris und Val Maggia (Meynthal), den tapfern Grisonen aber das Valtelin, Cläven, Bormio und die drey obersten Pfarrdörfer am Comer-See (oder die drey Pleven) eigenthümlich und auf ewig ab.

Doch diese schönen Eroberungen, deren Verlust Frankreich nicht so leicht verschmerzen konnte, sollten noch blutiger bezahlt werden. Nach einer fruchtlosen Unterhandlung mit Helvetien sandte der König Ludwig XII. im Anfang des April des J. 1513. ein Heer von 24,000. Mann über die Alpen bey Susa, in die Lombardie, von Trimouille und Trivulzi angeführt. Sforza sah sich plötzlich wieder von seiner Macht entblößt, und von seinen Städten verlassen. Er warf sich mit einigen tausend Eydgenossen und Bündnern in die feste Stadt Novarra; auch dahin verfolgte ihn der Feldherr Trivulzi. Novarra wurde belagert und bestürmt; doch der Muth der Republikaner machte sie selbst bey offnen Thoren und zerschoßnen Mauern unüberwindlich.

Ueber den Gotthard eilten den Belagerten einige tausend Mann Hülfstruppen zu; mehrere waren noch unterwegs: Die von Zürich, Glarus, Schaffhausen und aus dem Thurgäu, welche mit den Grisonen über den Bernina stiegen, vom tapfern Freyherrn von Hohensax geführt.

Sieg bey No-varra. Doch noch vor der Ankunft der letztern drangen die Belagerten, nach ihrer Verstärkung, aus den Stadtthoren und durch die zerschossenen Gemäuer; der Morgen graute, es war der sechste Juny. Der Kampf ward lebhaft. Noch eh' die Republikaner (ihrer nur 9000.) ohne Reuterey und schweres Geschütz, zum wirklichen Angrif gelangten, wurden schon Hunderte derselben durch die feindlichen Kanonen niedergestreckt. Die französische Reuterey durchbrach die Linien der Schweizer. Tod und Unordnung herrschten auf dem Schlachtfelde; aber auch der Eydsgenossen altes Kriegsglück. Sie siegten. Die Abendsonne beleuchtete Trivulzis fliehendes Heer, 10000. Leichen der Feinde. Aber auch die Ueberwinder klagten um 2000 der Ihrigen. — Sforza, in Novarra, weinte Freudenthränen dem Siege, dessen sich Griechenland und Rom gerühmt haben würden, und der ihm sein verlornes Herzogthum wiedergab. Der Kayser Maximilian fühlte sich durch ihn beherzter, mit Frankreich zu brechen, und an der Seite der Republikaner einen Staat zu lähmen, dessen Gewalt immer furchtbarer wurde.

Schon stand ein Heer von 16,000. Schweizern und Bündnern, mit Maximilians Macht vereint, vor den Wällen von Dijon, der Hauptstadt von Burgund; schon war Mayland der Herrschaft Ludwigs XII. zum andernmal gänzlich entrissen, als er sich, überall von Feinden umringt, zu einem Frieden bequemte. Bald nach diesem starb er am 1. Jänner 1515. Seinen Thron erbte Franz I.

Auch Franz ließ die Hofnungen auf May,
lands Besitz nicht sinken. Seine großen
Kriegsrüstungen und seine Bewegungen gegen
Italien erregten den Argwohn der Gebirgs,
republiken; sie verstärkten ihre Besatzungen in
der Lombardie, so daß die Zahl ihrer Trup,
pen daselbst beynahe an 50000. Mann lief.

Franzens Absichten blieben nicht lange räth,
selhaft. Sein Heer zeigte sich in der Marg,
graffschaft Saluzzo, und rückte gegen May,
lands Gränzen vor. Die Eyd-genossen weh,
reten es ihm nicht; denn Zwietracht hatte ihr
Heer zerrissen.

Der Herzog von Mayland, für welchen
Helvetiens Fahnen in Italien wehten, be,
wies sich seiner edeln Bundsgenossen unwür,
dig. Er schwelgte und lebte in Herrlichkeit
und Freuden, ohne sich um die gute Verwal,
tung seines Landes, noch um die Verthei,
digung desselben zu kümmern. Des zürnete
Bern. König Franz aber benutzte die Gele,
genheit; er ließ durch den Herzog von Sa,
voyen um den Frieden werben, und Bern

neigte sich zu ihm über. Als aber, geleitet von der Beredsamkeit des schlauen Kardinals Matthäus Schiners, ein andrer Theil der Helvetier dem Worte getreu zu bleiben gedachte, welches dem unwürdigen Sforza, dem Pabste, dem Kayser und dem Könige von Spanien gegeben worden war in den Artikeln des heiligen Bundes (Luzern 17. Jul. 1515.), zog Bern mißvergnügt gen Arona, gefolgt von den Fahnen Solothurns, Freyburgs und Biels. — Allein die von Zürich, Basel, Schaffhausen, Appenzell, Graubünden, und etliche freye Fahnen, zogen zu dem Kardinal und den Waldstätten in das Herzogthum Mayland.

Die Trennung der Republikaner beschleunigte den Frieden. Zu Gallerata (Galerano) wurde er vom größten Theil des Heers am 9. Herbstmonds geschlossen. Frankreich erhielt durch denselben Mayland; Sforza zur Entschädigung das Herzogthum Nemours in Frankreich; die Eydsgenossenschaft aber reichen Ersatz ihrer Unkosten.

Niederlage bey Marignan. Aber Matthäus Schiner und Sforza trugen Leid; ein verwegner Streich sollte den Frieden wieder brechen. Sie wiegelten einige Regimenter, welche noch bey Mayland dem französischen Heer überstanden, zum Angrif auf, und hofften dadurch das schon zum Abzug rüstige Schweizer-Heer zurückzulocken. So hob sich unbesonnen und verwegen die blutige Schlacht bey Marignan, am Abend des 13. Septembers an. Das Schweizer-Heer vernahm's in der Ferne; glaubte, Frankreich sey der Friedensstöhrer, eilte seinen kämpfenden Brüdern zur Hülfe, und focht unter Matthäus Schiners Fahnen. Man schlug, bis die Finsterniß der Nacht die Heere schied. König Franz selbst wurde verwundet; 5—6000. seiner Leute und viele seiner Edeln wurden erschlagen. Aber der folgende Morgen erneuerte die Schlacht. Die Schweizer ermattet, verworren, und an Zahl zu klein, wurden vom Wahlplatz getrieben in eine sieglose Flucht.

Die Helvetier hatten zwar das Schlachtfeld, aber die Franzosen den Kern ihrer Mannschaft verloren. Trivulzi selbst nannte seine Feinde Riesen im Kampfe. Der Verlust bey Marignan zog einen Aufstand des unruhigen, stolzen Adels im Valtelin nach sich. Die Wappen der Republik wurden abgerissen, Vereinigung mit Frankreich ausgerufen, und die von den Grisonen geforderten Abgaben verworfen. Aber die Erscheinung einer Bündner-Schaar aus Italien dämpfte mit Kraft die Empörung (Dez. 1515). Franz hielt, ungeachtet des blutigen Bruches, an dem Frieden fest.

Dieser wurde — wiewohl er schon in einer zu Genf (24. Dez. 1515.) ausgestellten Urkunde von VI. Kantonen der Schweiz bestätigt worden war, welche zugleich für 300,000. Goldkronen alle eroberte Länder zurückgegeben versprochen hatten — dennoch erst am 5. Nov. 1516. zu Freyburg in der Schweiz feyerlich und gemeinsam bestimmt. Die Schweizer behielten ihre eroberten Lande: Lugano, Locarno, no, Mendris und Meyenthal; die Bündner aber das Valtelin, Cláven, Bormio und die fruchtbaren Pleven, statt der Goldsummen, welche ihnen Franz dafür geboten hatte. Sforza empfieng im Königreiche seines Siegers Schadloshaltungen. Der Friede ward ein ewiger genannt, und darum mit wirklichen Bündnißartikeln ausgestattet, worin jener Monarch den Grisonen das zu leisten gelobte, was ihnen Ludwig XII. sein Vorfahr schon einmal zugestanden hatte, und jährlich eine Pension von 2000. Gulden an das Land zu zahlen.

Nicht nur Franz mußte der rhätischen Republik den Besitz der eroberten Provinzen zusichern; auch Kayser Maximilian that, aufgefodert, ein gleiches am 16. Weinmonds 1516.

Inzwischen hatte der Staat schon, während er noch für die Erhaltung der neuen Unterthanenlande Krieg führte, dieselben den verwandelten Verhältnissen gemäß geordnet. Conrad

I.   -   P

Planta von Zuz, einer der Eroberer des Valtelins, war in dem Thale Oberbefehlshaber, bis auch die Burg von Cläven, die letzte, welche Widerstand that, überwunden die Thore öffnete. Da ernannte der Bundestag zu Jlanz (Febr. 1513.) den tapfern Bartholomäus Stampa, einen der Helden aus dem Schwaben-Kriege, zum Obristen dieser Provinzen. Die Zölle, Auflagen und andre nothwendige Einrichtungen wurden, unbeschadet den alten Gerechtsamen der Thäler angeordnet, und endlich auch über die Vertheilung der Einkünfte unter den Bünden ein Vergleich getroffen.

Vertrag mit dem Bisthum Chur wegen Valtelins. — Paulus Ziegler, der Bischof, foderte seinen Antheil für das Gotteshaus, da die ganze Eroberung und ihre Rechtmäßigkeit sich allein auf die Schenkung des Mastino an das Bisthum lehnte. Die drey Freystände erkannten daher dem Hochstifte, am Samstag nach St. Andreas im J. 1514. in einem förmlichen Vertrag, den vierten Theil der Obrigkeit, als ler Nutzungen und alles Einkommens von jenen Landen zu, und traten mithin, durch Einstimmung des Hochstifts, in die demselben ehemals allein ertheilten Rechte der mastinischen Schenkung.

Nach folgenden Verträgen wurde das Regiment der Unterthanenlande geordnet:

Landesordnung bey den Unterthanen. Unter dem Namen eines Landeshauptmanns hatte ehmals ein Statthalter von Mayland über das ganze Valtelin geherrscht; ihm waren die übrigen Amtleute untergeordnet gewesen. Bünden, um den Veltlinern die Veränderung ihrer Regierung so wenig als möglich empfindbar zu machen, behielt diese Einrichtung bey. Der Amtmann zu Sondrio (Sonders) ward, als Gubernator dieser Provinz, ihr oberster Richter; als Landeshauptmann, dem das ganze Kriegswesen daselbst unterworfen war, wurde er mit zureichender Macht bekleidet, die Gesetze ehrwürdig zu erhalten; als Commissar hatte er die Aufsicht über alle Regalien und Einkünfte aus den Unterthanenlanden. Von ihm hieng die Besetzung aller übrigen untern Aemter in seinem weitläufigen Geschäftskreise ab. Seine Würde hatte aber nur die Dauer zweyer Jahre; dann sollte er abtreten, und einem besondern Tribunal bündnerscher Commissarien Rechenschaft seiner Handlungen liefern. Vier ihm untergeordnete Amtleute (Podesta) verwalteten die übrigen Gerichtsbezirke zu Tell, Morbenn, Trahona und Tiran.

Aber die Gemeinden des Thales behielten ausserdem ihre alten Freyheiten und Gerechtsame; sie erwählten sich, aus eigner Mitte, Gemeindsvorsteher, welche die ökonomischen Angelegenheiten ihrer Bezirke verwalteten, unter den Augen des Podesta; auch einen Thalrath, gesammelt aus den Boten des ganzen Thals, welcher, soweit seine Rechte sich erstrecken, des Landes Angelegenheiten bestellt. Der Thalkanzler, dieses Rathes Haupt, berief die Versammlungen, denen der bündnersche Landeshauptmann beywohnte, und verwahrte das Thalarchiv.

Nicht minder reich an Freyheiten war die

Grafschaft Bormio; die fünf Gemeinden dieses Thals wählten ihre eigne Obrigkeit, von deren Ausspruch an Bündens Bundestage appellirt werden konnte. Ein Podesta ward auch hier Bündens Repräsentant.

Zwen Amtleute regierten die Grafschaft Cläven, deren einer, unter dem Namen eines bündnerschen Commissars zu Cläven wohnte, der andre aber, als Podesta, dem eigentlichen Bezirk von Plurs vorstand.

So ordnete die Republik das Regiment ihrer Unterthanen, und behielt es künftigen Tagen vor, durch eine weise Gesetzgebung diese Provinzen zu beglücken.

§. 14.

Rhätien stärkt sich durch Bündnisse.

Noch fünf kriegerschen Jahren erwachte unter Siegeslorbeern der Friede wieder für Rhätien. Der Waffenruhm der Grisonen verbreitete sich gemeinschaftlich mit dem kriegerschen Glanze der Schweizer über Europa, und erwarb dem Staate die Achtung der Zeitgenossen. Der Kayser Maximilian, einst Graubündens furchtbarster Widersächer, reichte freundschaftlich der Republik die Hand zum Bund. Schon im J. 1500. hatte er, da kaum der blutige Schwabenkrieg geschlossen war, ein Bündniß für zwanzig Jahre errichtet, mit Paul Ziegler, dem Fürstbischof von Chur. Einzeln trat damals, einer nach dem andern, von den rhätischen Freyständen ihm bey. Itzt war das J. 1518. und die Zeit des Bündnisses ihrem Ablauf nahe; da trug Maximilian schon die Erneuerung und Weiterung desselben an.

Graubünden, eben so besorgt, seine nun schier seit einem Jahrhundert grünende Freyheit überall und für ewige Zeiten zu sichern, als auch starken Arms seine Eroberungen zu decken, eilte dem Wunsch des Monarchen mit Bereitwilligkeit entgegen. Und also ward der Erbverein des Hauses Oesterreich mit dem Freystaat der Grisonen errichtet, und die Urkunde ausgestellt für alle künftige Geschlechter am 15. Dezember als man zählte 1518.

In dies Bündniß waren begriffen von den Herrschaften des Hauses Oesterreich: Die Grafschaft Tyrol und die vier Herrschaften jenseits des Arlberg bis zum Bodensee; von Bünden der ganze Freystaat mit allem Gerichtszwang und Unterthanen nebst dem Bischof von Chur. — Beyde Theile verhiessen sich treue Nachbarschaft — und so sich Span und Stöß erhöben zwischen ihnen oder ihren einzelnen Theilen, soll der Zwist gütlich vermittelt werden durch einen gemeinsam erwählten Obmann. — Freyer Kauf des Nöthigen soll beyderseits offen stehn, unbeschwert von neuen Abgaben. — Freye Werbung im Kriege. — Wenn beyde Theile zugleich im Kriege begriffen sind, soll keiner Frieden schliessen, ohne des andern Rath und Vorwissen. — Um die Freundschaft der Republik fester an sich zu ziehn, will Kayserl. Majestät jedem der drey Bünde alljährlich 200. Gulden auszahlen lassen. — Da ferner der Bischof von Chur, der Gotteshaus- und Ober-Bund bisher durch die kayserlichen Staaten die Freyheit des halben Zoll genossen, wollen sie von nun an denselben entrichten wie andre; doch ausgenommen davon sind die acht Gerichte unter kayserlicher Hoheit.

Aehnliche Bündnisse hatte Rhätien in Gesellschaft der tapfern Eydsgenossen mit dem Pabste Leo X. (am 8. Nov. 1516.) und mit Frankreich. Der König Franz I. erneuerte auch im J. 1521. (5. May zu Luzern) seinen Bund mit den sämtlichen Republiken im Gebirg, und suchte dieselben noch fester an sich zu ziehn, von der Wichtigkeit ihrer Freundschaft für seine Krone überzeugt. Dies Bündniß aber hatte meistens nur zum Gegenstand die Freyheit Frankreichs, zu Kriegszeiten in den Gebirgen werben zu dürfen. Es ward darin die erlaubte Zahl der anzuwerbenden Krieger, ihre Bestimmung, ihr Sold u. dgl. mehr festgestellt, wie auch für jeden Kanton die jährliche Pension von 1000. Franken. Dieser Werbvertrag sollte dauern bis in das dritte Jahr nach des Königes Tode. Er ward späterhin vom König Heinrich II. (Solothurn

6. Jun. 1549.), von Carl IX. (Freyburg 7. Dezember 1564.) und endlich auch von Heinrich IV. (im J. 1602.) verjüngt und bestätigt.

So stand Rhätien am Ende dieses Zeitraums, furchtbar durch seine Siege, mächtig durch die Tugend und Eintracht seiner Bürger, geschirmt durch seine Verbindungen mit Helvetien, Oesterreich, Frankreich und Rom.

Seit einem Jahrhundert wehte nun die Fahne der Freyheit in diesen Gebirgen, und die unter ihr versammelten Völker waren stark und ehrwürdig worden. Nur allmählig, und nach dem Wink der Gelegenheit, hatten sich die Grisonen des tausendjährigen Sklavenjochs entladen. Die Macht der churischen Bischöfe war fast eben so tief wieder gesunken, und plötzlicher, als sie ehmals emporgestiegen war. Sie, die sonst die Stadt Chur, das ganze Oberhalbstein, den größten Theil der Vier-Dörfer, Marmels, Stalla, Avers, Fürstenau, Hohenjuvalta, einige Rechte im Ge-

richte Ortenstein, Landvogtey und Vicedoms
amt im Domleschg, die Kastenvogtey zu Ra-
zis nebst den Lehen in Savien und den Zehnten zu Sarn, Ober- und Unter-Engadin,
das Münsterthal, manche Rechte im Bregell,
die Schlösser Greifenstein, Bergün, Filisur
und die Gotteshausleute im Bellforter-Ge-
richte besaßen, sahen ihre Gewalt in eben dem
Augenblick ersterben, als sie dem Volke das
Recht, Bündnisse zu schliessen, übertrugen. —
Die Baronen, welche einst mit namenloser
Grausamkeit durch die Thäler herrschten, waren gelähmt; Despotismus, Thorheit und
Verschwendung stürzten sie in die Vergessenheit zurück; und wo nach einzelne von ihnen
sich festgehalten hatten, war der Kreis ihrer
Gerechtsame auf das Blutgericht, Confiscatio-
nen, Ernennung eines Ammanns in den Gemeinen, und einzelne unbedeutende Gefälle
eingeschränkt. Ihren Händen war der Civil-
stab genommen; die Leibeigenschaft zerstöhrt.
Jeder Bund beschirmte die Freyheit seiner
Gemeinden, und wurde durch den Arm der

andern Bunde unterstützt und vertheidigt. — Selbst das Haus Oesterreich, welches durch den Besitz seiner Rechte in den acht Gerichten des jüngsten Bundes, und durch seine Hoheit in peinlichen Sachen des untern Engadins (welche in dem Vertrage der Unterengadiner mit der tyrolischen Herrschaft am 5. Aug. 1519. genauer bestimmt worden waren) den meisten, unmittelbaren Einfluß auf die Republik besitzen konnte, durfte es nicht wagen, diesen über die angewiesenen Gränzen gegen Bündens Freyheit zu erweitern.

Der Staatsklugheit der Höfe von Wien und Paris blieb nicht verborgen, daß bey jedem Angrif auf die Freyheit der Gebirge immer der Verlust größer, als jeder mögliche Gewinn stand. Frankreichs und Oesterreichs anschwellende Monarchien, welche, seit dem sie beyde geschiedne Staaten waren, sich mit unbestechlicher Eifersucht gegenseitig bewachten, deren scheinbare Versöhnung nur immer ein arglistiges Lächeln, deren Friede eine neue Kriegesrüstung war, fanden die Gränzstreife der neutralen Gebirge ihrem Intreſſe gemäßer, als deren Vernichtung.

Schwer und gefahrvoll aber war die Rolle, welche durch die Eiferſucht der mächtigen Nachbaren dem Staate der Griſonen gegeben wurde. Beyde Monarchien buhlten um Rhätiens Gunſt in ihren ewigen Fehden; beyde drohten mit ihrem Zorn.

Nur die einfache, ſtrenge Tugend der Republikaner in den hohen Alpen, nur ihre unbeſtechliche Treue, ihre unbezwingliche Tapferkeit, konnte ſie den drohenden Gefahren entziehn, oder ſie über dieſelben ſiegend machen.

Vaterlandsliebe, der Freyheit Schooskind, beſeelte die Griſonen, führte ſie in den Kreis ihrer Bundesverſammlungen, und zu den Schlachtfeldern. Weisheit und Gemeinſinn, mit einander vermählt, regierten das Ganze, vergebens durch Felſenmauern und fremde Sprachen von einander geſondert. Die Geſetze der Nation waren nicht in dicken Bänden aufgezeichnet oder in Erzt gegraben; dauerhafter, als dort, lagen ſie im Herzen der

Bürger verwahrt, von der einfachen Natur gegeben. Das Land war reich; denn seine Bewohner, ein friedliches Hirtenvolk, lebten genügsam in ihren Thälern und auf den fruchtbaren Alpen, in Einfalt und Demuth. Fremd waren die Laster des entnervenden Luxus; fremd die Erfindungen des prahlerischen Stolzes. Noch zeiget man den Enkeln den Brunnquell von Tawanosa, wo ihre Väter, wenn sie zum Trunser-Bundestage zogen, ihre Reisesäcke öffneten, und gesellschaftlich die mitgenommenen Speisen verzehrten; noch den Pfeiler zu Vazerol, an welchen die Boten der Bünde ihre Ränzel aufhängten, da sie den Eyd der rhätischen Einheit schworen. Ihren glänzendsten Thaten erbauten sie kein Denkmal; sie sahen in ihnen nur die Vollstreckung natürlicher Pflichten. Unbescholtene Redlichkeit und unsterbliche Liebe fürs Vaterland waren ihre Politik.

Es lag ihnen nicht so sehr daran, unter den Staaten zu glänzen, sondern Frieden und Freyheit zu geniessen in ihren ländlichen Hütten. Darum stand ihre Sorge für die öffentliche Ordnung des Staats und für die Gewaltigerschaffung desselben, selten allen andern voran. Im Kriege strömten sie haufenweis zusammen, für den Wunsch des Vaterlandes zu fechten; aber oft schon, am Tage nach der gewonnenen Schlacht, sah man sie wieder dahineilen.

Weinbau und Viehzucht waren die vorzüglichsten Erwerbsquellen der Bündner; der Bergbau ward meistens von Ausländern getrieben, und, wie die Sage lautet, nicht ohne glücklichen Erfolg. Denn Graubündens Gebirge tragen Gold und Silber in ihren Eingeweiden, auch Kupfer, Eisen und Bleyerz; nicht minder werden gefunden Marmor, Gips, Alabaster, Schwefelkies, Mergel, Spiesglas, grüne Seifenkreide, schwarze und weiße Kreide, Krystallen und Topfstein, und häufig Vitriol, Schwefel und Salpeter. Aber Armuth leidet das Land an Salz.

Dies waren die Schicksale Rhätiens, vom

Beginn seiner ewigen Bunde bis zur Wiedereroberung seiner alten Gränzen im Mittag.

Eilender und reicher rinnt von nun an der Strom der Begebenheiten; fremde Leidenschaften bemeistern sich der Gemüther, und ringen der ruhigen Ueberlegung den Zepter ab. Sturm auf Sturm erschüttert Rhätien, und stöhrt die Blüten seiner Freyheit ab. Bürgerblut fließt in den Thälern; Religionswuth und politischer Partheygeist zerrütten die Ordnung der Dinge; ausländische Kriegsheere gehen siegend über den vaterländischen Boden; Künste und Wissenschaften meiden das Land, diese Tummelplätze der Ehrsucht und des Geldgeizes. Noch standen die ewigen Felsenwälle; noch hatte Rhätia Söhne, groß an Geist und Herzen; aber Eins fehlte: Das heilige Brüderband war zerrissen, welches die Weisheit der Väter in Vazerol vergebens geknüpft hatte.

Doch auch in jenen traurigen Zeitaltern der Republik erhob sich nicht selten mitten aus der Verwirrung und dem Getümmel die Stimme des Vaterlands. Von daher stammet eine Reihe weiser Gesetze, welche noch itzt die Grundsäulen des rhätischen Staates sind, der endlich im gegenwärtigen Jahrhundert die verlornen Kräfte in einer glücklichen Ruhe wieder einsammelte. Geheilt sind die Wunden, so die Vergangenheit schlug; doch entgehn dem Auge des Beobachters nicht die Narben, welche Rhätien aus jenen Tagen der Zwietracht davon trug.

Innhalt.

Innhalt.

Erster Zeitraum.

Urgeschichte des Landes; oder vom Rhätus und Augustus dem römischen Kayser, bis auf Victor den Tyrannen Rhätiens und Karl den Grossen. Vom J. vor Christi Geburt 587. bis nach Christi Geburt 800.

          Seite.

§. 1. Europa, 600. Jahre vor Christi
  Geburt.   1 — 4.
— 2. Die Gallier bemächtigen sich Oberitaliens.   4 — 6.
— 3. Rhätus und die Tuscier fliehn
  in die Gebirge.   7 — 9.
— 4. Sprachen und Sitten der alten
  Rhätier.   9 — 13.
— 5. Rhätien wird von den Römern
  bekriegt.   13 — 18.
— 6. Rhätien wird zur römischen Provinz.   18 — 22.

	Seite.
§. 7. Die ersten Christen in Rhätien.	22—25.
— 8. Die Allemannen bekriegen das Land.	25—27.
— 9. Das Land wird von den Gothen erobert.	27—31.
— 10. Rhätien das Eigenthum der Franken.	31—33.
— 11. Das Christenthum in Rhätien.	33—35.
— 12. Dunkelheit der Geschichte dieser Zeiten.	35—39.
— 13. Das Klosterleben nimmt in Rhätien den Anfang.	39—42.
— 14. Pipin in Rhätien.	42—44.

Zweyter Zeitraum.

Geschichte der Sklaverey Rhätiens; d. i. von Victor dem Tyrannen und Karl dem Großen, bis zum Ursprung der drey ewigen, freyen Bünde und Abwerfung des zwingherrlichen Joches. Vom J. 800. bis zum Jr 1424.

	Seite.
§. 1. Karls Sorge in Rhätien.	47—54.
— 2. Rhätien wird von den Söhnen Karls des Großen vernachläßigt.	54—59.

Seite.
§. 3. Rhätien unter den sächsisch-fränkischen Kaysern. 60 — 68.
— 4. Rhätien leidet durch Faktionen. 69—73.
— 5. Rhätien leidet Gewalt von seinen Geistlichen und Rittern. 73—78.
— 6. Kayser Friedrich der Rothbart wird Rhätiens Wohlthäter. 78—82.
— 7. Anarchie in Rhätien. 82—90.
— 8. Donatus der Grausame verwüstet Rhätien. 90—96.
— 9. Morgenröthe rhätischer Freyheit. 98—107.
— 10. Fortsetzung. 107—120.

Dritter Zeitraum.

Geschichte vom Aufblühn des neuen Freystaats und seiner drey ewigen Bünde, d. i. von der Abwerfung des zwingherrlichen Joches bis zur Wiedereroberung des Veltlins und der Schlacht bey Novarra. V. J. 1424. bis zum J. 1516.

Seite.
§. 1. Der Oberbund entsteht. 123—134.
— 2. Auch der Gotteshausbund und der Zehngerichtenbund. 135—142.

Seite.

§. 3. Politische Sonderung Rhätiens. 142—146.
— 4. Der Schamserkrieg, oder Fehde
 des schwarzen Bundes. 146—150.
— 5. Untergang mächtiger Geschlechter befördert das Wachsthum
 rhätischer Freyheit. 150—155.
— 6. Der Bünde Verein. 155—161.
— 7. Die ersten Kriege der freyen
 Grisonen. 161—166.
— 8. Der Bund der elf Gerichte kömmt
 unter Oesterreich. 166—171.
— 9. Versuch zur Eroberung des Valtelins. 171—177.
— 10. Der Bündner Zwiste mit Tyrol. 177—181.
— 11. Ausbruchs des Schwabenkriegs. 181—202.
— 12. Anstalten zum Frieden. 202—210.
— 13. Bünden erhält das Valtelin
 u. s. f. 210—229.
— 14. Rhätien stärkt sich durch Bündnisse. 229—240.

Die drey ewigen Bünde
im hohen Rhätien.

Historische Skizze

von

Heinrich Zschokke,

Doctor der Philosophie, Miteigenthümer des Seminariums zu
Reichenau in Graubünden, Mitglied der königlichen
Societät der Wissenschaften und Künste zu
Frankfurt an der Oder.

Zweyter Theil.

Zürich,
bey Orell, Geßner, Füßli und Comp. 1798.

Vierter Zeitraum.

Geschichte von der Zerrüttung der Republik durch Faktionen; d. i. von der Wiedereroberung des Veltlins bis zur Landesreform von 1694. und den Zeiten der Ruhe. (Vom J. 1520. bis zum J. 1694. u. ff.

Geschichte von der Zerrüttung der Republik durch Faktionen.

---

§. 1.

Anfang der Reformation in Deutschland u. Schweiz. Zwey große Erscheinungen in der Geschichte, welche sich mit ihrem unabsehbaren öffentlichen und geheimen Gefolge über die kommenden Jahrhunderte ausdehnten, bezeichnen durch ihre Wichtigkeit den Antritt dieses neuen Zeitraums: Eine blutige Scheidung in der moralischen und politischen Welt. Jene, durch alle Völker Europens verbreitet, erschütterte Rhätien, als ein Glied seines Welttheils; diese, durch die Laster einzelner Bürger und die grausame Herrscherlaune des Auslands gezeugt, führte das Vaterland an den schwindelnden Abgrund seines Verderbens.

Zwar wurde Rhätien gerettet; aber mehr durch das große Spiel der Vorsehung, als durch die Tugend seiner Bürger und die Kraft seiner Verfassung.

Rom, welches ehemals die Gebieterin des Erdkreises gewesen, und von seiner furchtbaren Höhe durch die Empörungen der Welttheile und durch die wilden Wanderungen der Völker herabgestürzt worden war — Rom hatte sich zum andernmale zur Alleinherrschaft über Europa emporgeschwungen; nicht durch die Größe seiner Feldherren, nicht durch die Tapferkeit seiner Heere, sondern durch die Schlauheit seines Bischofes und durch die furchtsame Unwissenheit der europäischen Staaten. Könige und Kayser hatten den Aussprüchen des Pabstes gehorchen müssen; die Völker, geleitet von ihren Geistlichen, waren diesem unterthäniger, als ihren weltlichen Beherrschern. Heere von Mönchen standen in allen Ländern, als Vollstrecker des päbstlichen Willens; Altäre waren ihre Schanzen, Bann und Interdikt ihre Waffen, mit welchen sie den Feind bis in die unbekannten Gegenden des künftigen Lebens verfolgen zu können vorgaben.

Aber schon war wieder das längst erloschene Licht der Wissenschaften angezündet worden; der Glanz desselben erleuchtete die Ketten, in welchen durch die Herrschsucht schlauer Priester die Völker lagen. Die Menschheit erkannte nur mit Schaudern, sich und ihre verlorne Würde.

Bald ward der Wunsch allgemein in Europa, die christliche Kirche zu ihrer alten Einfalt zurückzuführen, und die Gewalt der Geistlichen in die geziemenden Gränzen einzuschließen. Im nördlichen Deutschland erhob sich mit Kraft und Muth ein Augustinermönch, Martin Luther (seit 1516.), und predigte die Wahrheit. Unterstützt von den gelehrten Männern jener Gegenden, unterstützt von den Fürsten, gelang es ihm, den europäischen Norden von der Fessel des Priesterregiments abzureissen.

Mit gleichem Muthe und gleicher Weisheit

stand in Helvetien zu derselben Zeit ein Mann auf, der, wie in einem Bunde mit jenem, allem Pabstthume den Krieg ankündigte — Ulrich Zwingli. Bern, Zürich, Basel, und andre Eydsgenossen mehr, folgten ihm nach.

Und in Bünden. Schon vor Zwingli's Erscheinung hatten die sämtlichen Stände der Schweiz, durch ihren Pfaffenbrief (abgefaßt 1370. bestätigt von allen acht alten Orten 1481.) und durch ihre Verordnungen (vom J. 1450. 1484. 1491. 1520.) wider die Absenten und Courtisanen, oder Geistliche, welche sich am römischen Hofe aufhielten, und dennoch ihre Pfründen in den Cantonen genossen, manchen Mißbrauch in kirchlichen Angelegenheiten gerügt und verbannt. Auch die Grisonen waren schon, vor dem Ausbruche der Glaubensverbesserung ihrer Thäler, dem erhabnen Beyspiele ihrer Bundesbrüder gefolgt.

In der Versammlung der Staatsboten zu Ilanz am 4. April (Montags nach Quasimodogeniti.) 1524. wurden siebenzehn Artikel, mit gesetzlicher Kraft, für die rhätische Geistlichkeit aufgestellt; es wurde den abwesenden Geistlichen der Genuß der Pfründen, den Anwesenden alle Erbschleicherey, üppige Kleidertracht u. dgl. versagt; auch feyerlich bestimmt, daß fernerhin keine Klage vor das geistliche Gericht gebracht werden soll, es sey denn in Ehesachen, oder ökonomischen Dingen der Kirche.

Dieser Schritt des Staats gegen die Verwilderung der Kirchenzucht war, so gering er auch seyn mogte, doch bedeutend und kräftig für jene Tage, und Zeuge von dem Bedürfniß einer allgemeinen Verbesserung geistlicher Angelegenheiten.

Heinrich Spreiter, erster rhätischer Reformator. In einem der wildern Thäler des Prättigäu's, zu St. Antonien, wagte es zuerst ein wackrer Pfarrer, Heinrich Spreiter ist des Edeln Name, ein reineres Christenthum zu lehren, unmittelbar aus den heiligen Erkenntnißquellen geschöpft. Es geschah ums J. 1524. Wie er, that auch sein Bruder, Jakob Spreiter, in

Davos. Bald ward die Zahl ihrer Anhänger groß in weitem Bunde der elf Gerichte. Man fieng an die Messen aus den Kirchen, und bald einen Mißbrauch nach dem andern zu verstoßen. Die Freunde des Pabstes und der hergebrachten Gewohnheit donnerten umsonst ihren schwersten Fluch wider die bündnerschen Reformatoren. — Die Wahrheit griff siegend um sich; Tausende versammelten sich unter ihr aufgepflanztes Panier.

Selbst in der Nähe des bischöflichen Stuhls, unter den Augen des Oberhauptes rhätischer Geistlichkeit, zitterten die Männer der Wahrheit nicht, Gottes Wort lauter zu verkünden. Johannes Dorfmann, welcher sich, nach der Sitte seines Jahrhunderts, lieber griechisch Comander nannte, war beseelt von Zwingli's Geiste. Er, als Pfarrer der Stadt Chur, und Joh. Blasius zu Malans, der die Bibel in ihren Ursprachen las, eiferten wider des Pabstthums Macht und Verderben, und für die Unabhängigkeit des Glaubens von menschlicher Gewalt. In allen Gegenden

Graubündens erstanden Lehrer und Freunde des reinern Christenthums, sonder Zahl.

Grade itzt war ein Jahrhundert verlaufen seit dem Freyheitsschwur in den Wäldern von Truns; durch eine zweyte Revolution, durch Erklärung der Gewissensfreyheit, feyerten die Grisonen das hundertjährige Gedächtnißfest ihres ersten Schrittes zur Zerbrechung des Tyrannenjoches.

<small>Gallicius, und Martin Adamo v. Camogask.</small> Ein zwanzigjähriger Jüngling, Philippus Gallicius (Saluzz), Priester im Engadin, ward durch seine Gelehrsamkeit, Mäßigung und Rednerkraft der vorzügliche Reformator seines Thales. Verfolgt von den altgläubigen Meßpriestern, sollte er sein Vaterland verlieren. Vergebens bot er sich dar, im Angesicht von mehr denn tausend Menschen, daß er seine Lehre aus der heiligen Schrift gegen jeden der eifernden Priester vertheidigen wolle. Die Obrigkeit (zu Zuz 7. März 1526.) verbannte ihn, als einen Ketzer, aus dem ganzen Hochgericht, und drohte demjenigen mit hundert Gulden

Strafe, welcher ihn auch nur mit einem Heller unterstützen würde. Da trat vor das Volk hin, ohne Scheu, ein Mann aus Camogask, genannt Martin Adamo, und sprach mit zürnender Stimme folgende Worte, würdig von einem der Enkel des alten Tyrannenmörders Adamo gesprochen zu seyn: Grisonen, ich habe sechs Kreuzer; dem Küster will ich sie geben, daß er für die abgeschiedene arme Seele der Gerechtigkeit läute. — Als dies das Volk hörte, besann es sich, und hob die Strafe auf.

Toleranz-Dekret. Aber die Gährungen in allen Thälern wurden gewaltiger. Der Vicar des Fürstbischofs klagte Comandern, den Vertrauten Zwingli's, an vor der Standesversammlung der Bündner zu Chur (Dez. 1525.) als einen Aufrührer und Sakramentenstürmer. Diese Versammlung aber, ohne sich in die Fehden der Gottesgelehrten zu mischen, trug beyden Theilen auf, in einer öffentlichen Disputation ihre Sache auszukämpfen — und der Sieger möge dann Sieger seyn. Allein die Väter Bündens gedachten nicht der Vergeblichkeit solcher Streite, welche gewöhnlich von beyden Theilen triumphirend verlassen wurden, und die gegenseitige Erbitterung, statt sie zu löschen, nur zu verdoppeln pflegten. Darum zogen die Gottesgelehrten alle zum Kampftage gen Hanz (7. Jan. 1526). Die Disputation entschied nichts; aber das Volk ward aufmerksamer, und gewann Liebe für die Sache der Reformation; der nächste Bundestag ward die Stimme der öffentlichen Meynung, und verewigte sich durch das merkwürdige Dekret: Es soll in Zukunft allen Einwohnern Graubündens freystehen, sich zur römisch-katholischen, oder zur reformirten Kirche zu bekennen; kein Theil soll den andern seines Glaubens wegen beleidigen; die christliche Lehre soll unverfälscht aus der Heil. Schrift vorgetragen werden; Wiedertäufer und andre unruhige Sekten werden nicht geduldet.

Die Wiedertäufer, dies Unkraut unter dem schönen Waizen der Reformation, hatten, wie überall, auch in Bünden, durch ihre schwärmerischen und abentheuerlichen Vorstellungen, Verwirrungen angerichtet. Sie predigten in allen Winkeln und Gassen, schalten die Zwingli's und Luthers so heftig, als den Pabst; tauften erwachsne Männer und Weiber zum andernmale, predigten Gleichheit und Freyheit, Abwerfung obrigkeitlicher Gewalt, und die Ankunft des tausendjährigen Reichs Christi. Von Zürich vertrieben kamen zwey Schwärmer dieser Gattung, Felix Manz und Jörgen Blaurok, gen Chur; aber kaum hatten sie dort ihr wunderliches Wesen begonnen, als die Obrigkeit sie schon aus dem Lande wies.

Nicht lange blieb die Reformation nur Sache der streitbaren Gottesgelehrten; auch die Staatsführer schöpften aus ihr neue Vortheile für die Befestigung der Freyheit und Ablösung des Vaterlands vom Einfluß geistlicher Gewalt. Inzwischen schüchtern die Fürsten des nördlichen Deutschlands die Ketten brachen, mit welchen sie seit manchem Jahr hundert an den römischen Stuhl geschmiedet waren, trennten die gebirgischen Republikaner durch einen einzigen kühnen Streich den Arm der Geistlichkeit von der Leitung des gemeinen Wesens, und erhoben sie die weltliche Obrigkeit über den Ausspruch der Clerisey.

Mehr, als einmal, war Rhätiens Ruhe schon das Opfer herrschsüchtiger, kriegrischer Prälaten geworden; mehr als einmal schon hatte die eigennützige Schlauheit derselben der Wohlfahrt des Ganzen Gefahr gedroht und gegeben. Itzt schien die Stunde geschlagen zu haben, in welcher die Geistlichen wieder zu ihrer ursprünglichen Würde und Bestimmung zurückgedrängt werden sollten, Priester des Friedens und der Liebe zu seyn.

Der Artikel- Und am 1. Julius des J. 1526.
Brief. erschienen fünfzehn Artikel über das Verhältniß der Geistlichkeit zum Staat, als graubündnersche Grundgesetze. Merkwürdig und den Geist der damaligen Gesetzgeber ehrend, ist der Innhalt der feyerlich ausgestellten Urkunde (genannt der Artikel-

brief). — Kein Bischof und kein Geistlicher soll weltliche Aemter zu besetzen haben; kein Beamter eines Bischofs soll fürder in den Standesversammlungen der Bündner sitzen; das Domkapitel soll nur mit dem ganzen Gotteshause einen Bischof wählen dürfen; die Klöster sollen nun keine Mönche und Nonnen mehr annehmen; die Gemeinden haben allein die Freyheit, ihre Lehrer zu ernennen, oder abzusetzen und zu besolden; an den Bischof gilt keine Appellation mehr.

Mit solcher Kraft entschied hier das souveraine Volk den alten Haber der geistlichen und weltlichen Obrigkeit, welche so lange schon um den Vorrang gebuhlt und gestritten hatten — entschied es mitten in einem Wirbel andrer gefährlichen Unruhen, welche das Vaterland zu derselben Zeit zu zerrütten begannen.

§. 2.

<small>Ursprung der Faktionen in Graubünden.</small> Kayser Maximilian war schon gestorben (seit 1519.); Würde und Reich fielen an seinen Enkel, den

Herrn der reichen spanischen Monarchie, welcher unter dem Namen Carls V. durch Macht, rastlose Thätigkeit und Arglist, vor allen Fürsten seiner Zeit glänzte. Er erneuerte die alten Ansprüche auf Mayland, als auf ein erledigtes Lehen des römischen Reichs, und mischte diese zu der andern Summe von Ursachen, dem Könige von Frankreich, Franz I. den Krieg zu erklären.

Schweiz und Bünden, angeflochten durch ihre Verträge an das Interesse beyder Staaten, sah sich nun von beyden um Unterstützung bedrängt. Die Geschäftsträger Frankreichs und Oesterreichs durchzogen die Cantone und Bünden, streuten Geldsummen aus, und schmeichelnde Worte für ihre Herren. Der Legat des Pabstes mischte sich zu ihnen; Leo X. aber war wider Frankreich. — Da spalteten die Intriguen der Ausländer die Eydsgenossenschaft. Wider das Verbot der Obrigkeit traten aus den Kantonen fast 8000. Mann in französischen Sold, fast eben so viele folgten dem Kardinal von Sitten unter die Fahnen des Pabstes, der sein Heer zu Chur musterte (1521.), und den Sold auch des gemeinsten Knechtes um noch einmal so viel, als gewöhnlich war, erhöhte. Mit ihrer Hülfe ward Mayland den Franzosen entrissen, und dem Franz Sforza, einem Verwandten des alten Viscontischen Hauses, zum Herzogthum gegeben.

Von dieser Zeit an gieng die Stimme des Vaterlandes verloren im Geschrey der Faktionen; Oesterreichs und Frankreichs Gelder verdarben den alten treuen Sinn der Bündner, hielten beyden Staaten besoldete Redner und Führer der Gemeinden, und schlachteten das Wohl des ganzen Vaterlandes auf den Opferaltären des schwarzen Eigennutzes. Flori Tagg in Chur stand an der Spitze der französischen Parthey; Pauletus Schuler von Castelmur und sein Bruder Gubert, aus dem Bregell, führten die österreichisch-mayländische Parthey: Diese sind die Patriarchen der unglückseligen Faktionen zu nennen, welche
zwar

zwar zuweilen Namen, Schild und Farbe veränderten, aber niemals ihr Wesen. Von dieser Zeit an sank Graubünden aus seiner Höhe herab, vergebens durch die Tapferkeit und den Biedersinn der Väter emporgehoben; von dieser Zeit an ward Rhätia die Freye eine verkaufte Magd der reichen, kriegessüchtigen Ausländer. Der Glanz und sauerworbne Ruhm des neuen Freystaats erlischt.

Nicht lange siegte die päbstlich-kayserliche Faktion; schon im folgenden Jahre (1522.) zogen Schweizer und Bündner schaarenweis den Franzosen zu, um eben das Mayland wieder zu erobern, was durch ihre Hülfe verloren gegangen war. Es gelang ihnen nicht; Tausende der feilen Völker büßten in mehreren Kriegsjahren ihr Leben ein, und eroberten Mayland doch nicht zurück. Als Franz Sforza im J. 1535. kinderlos starb, nahm Karl V. das Herzogthum in seinen Besitz.

Aber eine neue Noth gesellte sich zu diesen

Uebeln. Das Vaterland trug des Elendes noch nicht genug.

Joh. Jakob Medigin. Ein Abentheurer von dunkler Herkunft, dessen Ehrgeitz so gränzenlos als seine Verwegenheit war, dessen Muth nirgends Gefahren, dessen Schlauheit nirgends Bedenklichkeiten sah, an dessen Seite Glück, Laster und Tugend, als Diener giengen, dem nichts furchtbar, nichts heilig galt, verspann Jahre lang die Republik in einen blutigen Krieg. Sein Name war Johann Jakob Medices, oder, wie ihn die Zeitgenossenschaft nannte, Medigin. Eines Mordes wegen war er ehmals aus Mayland verbannt worden; ein zweyter Meuchelmord, durch welchen er dem Herzog Franz Sforza nützliche Briefschaften einer französischen Post auffieng, brachte ihn nach Mayland zurück. Er diente dem Herzog, und ward der Vertraute von den schwärzesten Plänen desselben; so brachte er den Hector Visconti um, der durch seine Achtung beym Volke dem Herzoge verdächtig geworden war. Seine That zu belohnen, ward er von diesem zum Castellan des Schlosses Müß (Musso) ernannt.

Dieses Schloß ruhte auf einem Felsen, wo sich das Gebirg an der rechten Seite des Comer-Sees, neben den fruchtbaren drey Pleven, zum Ufer niedersenkt. Drey Vesten, stufenweis eine über der andern am Berge gebaut, machten Müß jedem Heere furchtbar.

Der Castellan, Sforza's Geschöpf, ward ein Glied der kayserlichen Faktion; er erklärte sich wider Frankreich, und wollte die Bündner von demselben abziehn. Vergebens waren seine Drohungen. Bey Pavia standen 6000. Grisonen unter Franz I. Fahnen. Es war im J. 1524.

Beunruhigt Rhätien. Itzt versuchte er, unterstützt vom Franz Sforza, Gewalt. Er bemeisterte sich mit List des vesten Schlosses von Cläven (9. Jänner 1525.) und der Stadt, samt den drey Pleven, schlug darauf eine Brücke über den Comer-See, wo derselbe am schmalsten war, fiel in das sichre Valtelin ein, und drang bis gen Morbenn, welches seine Mannschaft besetzte.

Anfang des Müsserkriegs. Johannes Travers, einer der ruhmvollsten unter den Grisonen seiner Zeit, im Krieg' und Frieden groß und thätig, war des Thales Landeshauptmann. Von Fürstenburg, wohin ihn Staatsgeschäfte berufen hatten, eilte er zur Rettung des Valtelins herbey, befreyte das Thal, und die zusammeilenden Bündner-Schaaren rückten vor Cläven, nachdem sie vorher einen spanischen Heerhaufen (21. Jänner) geschlagen hatten, welcher zu Clävens Schirm zog.

Erzherzog Ferdinand von Oesterreich, Kayser Karls V. Bruder, mahnte die Bündner, ihre Truppen von Pavia abzuziehn. Es geschah; Franz I. ließ sie los; der Wunsch der kayserlichen Faktion war erfüllt. Zum zweytenmale drangen unterdessen Medigins Haufen, geführt vom Grafen Gerhard von Arco, in das Valtelin mit verheerender Faust; aber zum zweytenmale wurden sie wieder zurückgeworfen, als sich die Bündner bey Tra-

hona, wo der tapfre Obrist des Zehngerichs
ten-Bundes Johannes Guler ab Davos
mit seinen Leuten stand, versammelt, und in
einem Treffen obgesiegt hatten.

Langsamer wurde die Belagerung von Cläven betrieben; Waffenstillstände und Friedens-
unterhandlungen dehnten sie fruchtlos aus.
Der Erzherzog Ferdinand, welcher den Grisonen Cläven und die drey Pleven zurückzu-
liefern verheissen hatte, sobald sie die Truppen
aus Frankreichs Solde genommen hätten,
wußte sich hinter mancherley Vorwand der
Erfüllung seines Versprechens zu entziehen.

Der tückische Herzog von Mayland, der
Erzherzog und der Kayser, hatten nur die Absicht, Bünden von der Unterstützung Frankreichs in Italien abzuhalten. Zögern und
Verspätern war daher Gewinn für sie; Medigins Wagstücke wurden von ihnen mit heim-
lichem Wohlgefallen bemerkt.

Die Grisonen aber, schlicht und redlich,
ungeläufig in den Künsten dieser mörderschen
Politik, wollten nur den Frieden und ihr Ei-

genthum. Sie sandten an Franz Sforza, um zu unterhandeln; unter den Gesandten waren auch Johannes Travers und Jakob von Castelmur, des schwebenden Krieges Feldherren. Umsonst; sie erhielten nichts, als eine Verlängerung des Waffenstillstandes. Mißmuthig kehrten sie heim; als sie, unterm sichern Geleit des Herzogs in der Nachbarschaft von Muß ihres Weges zogen, fieng sie Medigin auf. So treulos wurde wider die Republik Krieg und Frieden geführt.

An demselben Tage bot Bologna, der Commandant der Veste Cläven, Capitulation an. Er trat in Unterredung mit dem bündnerschen Heerführer Peter Simon Travers, und machte diesen nebst seinen Begleitern zu Gefangnen, durch schändliche Hinterlist.

Erbitterter führten nun die Bündner ihren Krieg fort. Sie standen im Lager bey Trasbona; Medigin rückte mit 1500. Mann heran sie zu überfallen, und wurde geschlagen. Marco Grasso, der nach Medigins Plan mit 800. Musketirern zu gleicher Zeit ins Val de Bitto einfallen sollte, wurde mit Kraft zurückgeworfen. — Das Cläoner-Schloß ergab sich, nach manchem bestandnen Sturm, aus Mangel an Proviant; Bologna mit seinen Leuten erhielt freyen Abzug.

So hat der Zorn der Grisonen in weniger Zeit Medigins Hinterlist gestraft; er nahm den Frieden (Ende J. 1526). Claude Guise, Herzog von Lothringen, ward der Vermittler, der damals ganz Italien zur Verschwörung wider Karl V. führte. Denn Karls Waffenglück war damals glänzend; Franz I. sein geborner Feind, saß ohnmächtig seit dem Tage vor Pavia (24. Febr. 1525.) in seiner Gefangenschaft; Italiens Schicksal lag zu des erstern Füssen.

Furchtsam neigten sich die Fürsten Welschlands zur Verbindung mit Frankreich, um Karln zu widerstreben. Auch Medigin, der Schlaue, ließ los vom Kayser und Maysland, um leichter so die Kette des Gehorsams gegen dieses Herzogthum zu brechen. Er suchte unabhängige Fürstengewalt. Sein

Name war nicht mehr dunkel. Venedig und Rom, welche durch ihre Verträge mehrere Tausend Grisonen und Eydsgenossen in Sold genommen hatten, vertrauten sie seinem Commando an (J. 1527.), aber mit Unbedacht. Medigins Meinende kannte jeder Graubündner; jeder seine Begierde, sich gegen Rhätien zu erheben; darum sahn die bündnerschen Soldaten in allen Plänen des Feldherrn nur die Pläne ihres Untergangs; darum machte ihr verzeihlicher Argwohn das Treffen verlieren, welches Medigin den spanischen Truppen des Kaysers (im July 1527.) bey Caratto lieferte.

Der schlaue Herr von Müß, überzeugt von des Kaysers unbezwinglicher Uebermacht, wandte sich eben so schnell wieder zu ihm, als er ihn einst verlassen hatte. Diese neue Treulosigkeit gewann ihm Karls Gunst, und beynahe die Herrschaft über den ganzen Comer-See. Er schrieb sich fortan Marggraf zu Müß und Graf zu Lecco, und machte Entwürfe, durch Schmälerung Rhätiens sein

Gebiet zu erweitern, sich selbst das reizende Veltlin, und seinem Bruder die bischöfliche Inful zu Chur zu gewinnen.

Medigins Verschwörung. Theodor Schlegel. Sein Bruder Johannes Angelus war damals Erzpriester in einem Flecken des Veltlins; ein Mann, verschlagen und kühn, wie jener, aber geübter noch in den Künsten der Verstellung. Späterhin rang er sich mit Gewalt und List durch alle Hindernisse empor, bis die päbstliche Krone seinen Scheitel schmückte; dann bekannt unter dem Namen Pius IV. — Er hatte seit einigen Jahren schon vertraute Freundschaft gepflogen mit Theodor Schlegeln, dem Abte des churischen Klosters St. Luzi. Mit ihm nun, und dem Bischof Paul Ziegler, dem die rhätische Reformation das Leben nicht versüßte, traten die beyden Medigine in geheime Unterhandlungen.

Schon war es dahin gekommen, daß der Bischof seine Würde für eine jährliche Pension von vier bis fünfhundert Gulden an Angelo Medigin abtreten wollte, als die Sache entdeckt wurde. Ein Bote des Abts eilte mit Briefen über den Splügner-Berg; die Wege waren verschneyt; seine Angst, seine Versprechungen, wenn man ihm Wege bahnen würde, machten ihn verdächtig. Seine Briefschaften kamen vor Gericht. Der Abt und Gubert von Castelmur wurden hier als Unterhändler mit den Feinden des Vaterlandes entdeckt. Der Bischof entfloh. Theodor Schlegel enthüllte, unter den Qualen der Folter, eine schreckliche Verschwörung wider Graubündens Freyheit; bekannte, daß der Castellan von Müß, welcher vom Kayser, vom Pabst und den Schweizern unterstützt zu seyn vorgab, Bünden überwältigen, und vom Graf Wolfgang von Hohenems mit 3 — 4000. Landsknechten, die durch den Luzisteig einbrechen sollten, bedient werden würde; man erfuhr, daß es im Werke sey, alle Protestanten zu Chur in einer einzigen Nacht zu erwürgen, um das Pabstthum in Rhätien wieder aufzurichten, u. s. w.

Diese Verschwörung, über deren einzelne

Theile noch manches Dunkel ruht, wurde vor einem Tribunal (Strafgericht) zu Chur so weit es möglich war, entfaltet; Abt Theodor ward am 22. Jan. 1529. enthauptet; der entwichene Bischof kehrte nie wieder zu seiner Kirche heim.

Die unerwartete Entschleyerung des Hochverraths zerrüttete Medigins Pläne nur zur Hälfte. Er rüstete sich wider das Veltlin, welches ihm nicht so leicht, als seinem Bruder die bischöfliche Mütze, entrissen werden zu können schien. Er sammelte italiänische und spanische Kriegsknechte; Ausreisser, wildes Gesindel aller Art. Bündnersche Mißvergnügte und Verbannte schlugen sich zu ihm, und so brach er in das schöne Thal. In der Nacht des 12. Mays (1531.) eroberte er Morbenn. Er hatte geheuchelt, sich im Namen des mayländischen Herzogs gerüstet zu haben; die Grisonen, um hierüber Auskunft zu erhalten, hatten ihren Gesandten Martin Buol zu Franz Sforza geschickt; aber vier Mörder, von Medigin ausgestellt, brachten ihn auf dem Rückweg um, in einem Gebüsch ohnweit Müß.

Dies schändliche Verfahren des mächtigen Räubers empörte jeden Bündner. Die Grisonen eilten ohne Ordnung ins Veltlin; ihrer mehr denn 4000. bestürmten Morbenn, worin Gabriel Medigin, ebenfalls ein Bruder des Castellans, das Commando führte. Aber vergebens; sie wurden geschlagen, mit schwerem Verlust zogen sie wieder zurück; sie waren mehr durch ihre Furie, als durch Bedachtsamkeit angeleitet worden. Ohne Belagerungs- und Sturmgeräth hatten sie sich gegen die Wälle von Morbenn gewagt. Der Mangel einer strengen Kriegsordnung bey den Graubündnern unterwarf dies Volk der Schande, sich von dem kühnen Abentheurer in seinem Felsenneste verspotten zu lassen, und Hülfe von den Eydsgenossen erflehn zu müssen.

Johannes Travers sprach im Namen der Grisonen zu Baden (8. April 1531.) die Kantonen an, welche sogleich einen Heerhausen von beynahe 5000. Mann auserlesenen Volkes gen Chur sandten. Nur Uri, Schwyz, Unterwalden, Luzern und Zug, wollten nicht wider Medigin ziehn, theils von der kayserlichen Faktion verführt, theils weil sie mit Zürich und andern Cantonen im schweren Religionszwist lagen.

Als das Heer der Verbündeten gegen Morsbenn rückte, ward den Mediginern bange; sie machten sich in der Stille auf, und verliessen (16. April) die Stadt. Sie wurden aber entdeckt, verfolgt und aus einander gesprengt; ihrer viele erschlagen; andre ertranken im Comer-See, die meisten flohn über die Gebirge. Sie befestigten sich in den drey Pleven zu Grävedona. Medigin aber versuchte es, die Eydsgenossen von den Bündnern zu trennen; er sandte an sie, um mit ihnen, gegen welche er keinen Krieg führe, zu unterhandeln. Aber Franz Nägeli, der Feldhauptmann von Bern, welcher späterhin seinem Vaterland das schöne Waadtland eroberte, sprach zu Medigins Boten: „Wir kommen

"alsbald, deinem Herrn die Antwort selbst
"zu bringen".

Also rückten sie vor, vertheilt; beyde Gestade des Sees wurden von ihren Schaaren beherrscht; im Anfang des Maymonds eröffneten sie schon die Belagerung der vesten Burg Müß.

Der Herzog Franz Sforza, welcher die Hoffnung verloren sah, das Valtelin, vermittelst der mediginischen Eroberung, besitzen zu können, näherte sich nun mit staatskluger Freundlichkeit den Grisonen, und schalt den habsüchtigen Kastellan einen Rebellen. Er sandte zu den Verbündeten ins Lager von Menasso, am rechten Ufer des Comasker Sees, und schloß darauf (zu Mayland) mit ihnen einen Vertrag (7. May), dem zufolge Medigin von beyden Partheyen geächtet wurde, und der Krieg nicht früher geendet werden sollte, bevor nicht der Kastellan vertrieben, und seine usurpirte Besitzung an den rechtmäßigen Herrn zurückgestellt seyn würde.

Medigin beschloß, sich bis zur letzten Kraft

zu wehren. Er foderte den Kayser, Karl V. und den römischen König Ferdinand, endlich die Republik Venedig auf, zur Vermittlung; allein umsonst. Da ließ er Münzen schlagen, mit der Ueberschrift: Gebrochner Treue, und bezüchtigte den Herzog des Meineyds; er beherrschte den ganzen See mit 22. wohl» gerüsteten Schiffen, und schleppte Raub von allen Gestaden in seine Burgen Müß und Lecco.

Ende des Müſ-ſerkriegs. Fahrläßig aber betrieben inzwi= schen die Verbündeten den Krieg, als wär' ihnen der Feind zu gering. Daher geschah es, daß Medizin nach zehn mühe= vollen Monden noch immer unüberwunden stand, und endlich sogar einen ehrenvollen Frieden gewann. Zwar mußte er alle seine bisherigen Besitzungen meiden; aber er em= pfieng mit den Seinigen Pardon, erhielt sei= ne Mobilien, 35,000. Fl. und die Graffschaft Marignan mit tausend Gulden jährlichen Einkommens, zum Ersatz. Müß, das Raub= schloß, wurde zerstöhrt bis auf den Grund.

Soviel vermogte die Schlauheit und Standhaftigkeit eines einzigen Mannes wider ein ganzes Volk, das durch seine Sorglosigkeit und Spaltung die Lorbern einzubüssen anfieng, welche noch vor kurzem erst so glänzend im Schwabenkrieg und in der Eroberung des Valtelins gepflückt worden waren.

§. 3.

Schweizer Religionskrieg. Zu derselben Zeit hatte der Religionszwist die Kantone der Eydsgenossen von einander gerissen. Luzern, Uri, Schwyz, Unterwalden und Zug, eben die welche sich geweigert hatten den Bündnern Hülfe zu senden wider Medigin, lupften ihre Fahnen gegen Zürich, Bern, Basel, Solothurn, Schafhausen und deren Anhänger, die Genossen der neuen Lehre Zwinglis. Lange schon gährte im Herzen der Groll der Altgläubigen gegen die reformirten Schweizer; auch diese waren jenen nicht hold; öffentlich schmähte man wider einander von Kanzeln und in Schriften; politische

Miß-

Mißhelligkeiten ketteten sich an die Reihe der Glaubenshändel. — Schon einmal drohte die heimliche Glut in hellen Kriegsflammen auszubrechen, schon waren die Schwerdte gezückt; aber ein früher Friede (1529.) ließ sie blutlos, doch nicht lange. Der Friede hatte die gegenseitigen Beschwerden nicht gemildert; die Klagen erschollen abermals; man schlug sich einander feilen Kauf und Handel ab.

Da traten die Boten der fünf katholischen Orte zusammen in Brunnen, einem Flecken des Landes Schwyz, am Ufer des Vierwaldstätter-Sees, und erklärten den Krieg in einem Manifest vom 9. October des J. 1531. — Wenige Tage darauf stießen schon die Heere beyder Partheyen gegen einander; da ward bey Schönenberg, nahe bey Cappel, das blutige Treffen geliefert, in welchem die V. katholischen Orte obsiegten; es war am 11. October.

Zwinglis Tod. Auch Ulrich Zwingli, Helvetiens Reformator, lag unter den Erschlagnen. Als die Sieger die Wahlstatt untersuchten, lebte er noch. Er lag auf dem Angesicht, im Schenkel durch zwey Stiche verwundet. Ein Kriegsknecht, welcher ihn umkehrte, erkannte ihn; da lief fluchend ein andrer herbey, und stieß dem Halbtodten die Hellebarde durch den Leib. — Am Morgen des 12. Octobers hielten die V. Orte Gericht über seinen Leichnam, und mit einhelligem Urtheil ward erkannt, daß man ihn erstlich viertheilen sollte, „als einen Verräther ge„meiner Eydsgenossenschaft"; daß man darnach die vier Theile verbrennen sollte, „als einen ärgsten gottlosen Erzketzer". Der Nachrichter von Luzern vollstreckte das Urtheil.

Da sandte Zürich Eilboten zu den drey Bünden im hohen Rhätien, und bat flehentlich um Hülfe. Aber dieses Land, welches selbst an den Gährungen der Glaubensverschiedenheit krankte, wünschte lieber seine Neutralität zu bewahren. Doch eingedenk der heiligen Verträge, eingedenk des Beystands, welchen die bekriegten Kantone dem Staate gegen Medizin geleistet hatten, zogen 1000. Grisonen hinab ins Gaster mit der Bedingung, nicht mehr, als nur die Landschaft Zürich schirmen zu helfen. Aus dem Gaster rückten sie bis gen Horgen; da verblieben sie, bis zum Schluß des Kriegs der Eydsgenossen (22. Nov. 1531.) ohne eine nennenswerthe That.

Aufblühn rhätischer Reformation. Zwar heftig, doch minder grausam, ward unterdessen in den bündnerschen Thälern der frische Kampf über die Verwerfung oder Erhaltung der Messe und andrer Ordnungen und Meynungen der katholischen Kirche geführt. Bibel, Decretalen und Concilienschlüsse waren die Waffen der Streiter, und Disputirsäle ihre Schlachtfelder. Es ward nichts gewonnen mit all' den Gezänken, als daß die Wahrheit laut und öffentlich vor den Ohren des horchenden Volks gepredigt wurde; und dies war selbst schon ein Sieg. Von den Vorfechtern der Protestanten erwarb sich Philipp Gallicius den glänzendsten Ruhm durch seine gründlichen Kenntnisse und seine siegende Beredsamkeit, welchem Petrus Bardus Petronius von Pontalta von allen Katholiken am eifrigsten, wenn gleich nicht mit der meisten Geschicklichkeit, widerstand.

Als endlich Paulus Ziegler, der entwichne Bischof gestorben war, trat Lucius Iter an seinen Platz; aber seines Vorgängers Verbrechen, und der dadurch belebte Geist der Freyheit, schränkten seine Macht ein. Er mußte, bevor er sein Haupt mit der goldnen Insul schmückte, schwören, alle Bündner bey ihrer Religion, ihrem Stande, ihren Gesetzen ungehindert zu lassen — alle während der Abwesenheit des Bischofs von den Bündnern gemachte Käufe und Verkäufe zu genehmigen — die Rechte und Besitzungen des Bisthumes nicht ohne Rath und Willen des Domkapitels und ganzen Gotteshausbundes zu veräussern — auf Verlangen des Kapitels und Bundes jedesmal Rechenschaft von seiner Verwaltung zu geben — bischöfliche Aemter nur mit Gotteshausleuten zu besetzen —

ohne Willen des ganzen Gotteshausbundes niemandem seine Würde abzutreten. Unter diesen Bedingungen (5. Octob. 1541.), bestieg er den bischöflichen Stuhl; und so mußten es auch seine Nachfolger thun.

Also wickelte sich Graubünden los aus den morschen Ketten der Hierarchie; der Bischöfe Macht war itzt nur kaum noch ein Schatten ihrer ehemaligen Größe. Lucius Iter, der neue Fürst, besaß auch nicht einmal mehr den Antheil am Besitz des Valtelins, welcher seinem Vorfahr zuerkannt, und wieder genommen war.

Hans Ebles Spruch. Denn da die Grisonen in den Kriegen mit Medigin Mannschaften und Gelder aufgeopfert hatten zur Beschirmung ihrer Unterthanen, inzwischen Paulus Ziegler entflohn war, und das Bisthum nichts für die Erhaltung der Unterthanenlande gethan hatte, sahn der Ober- und der Gerichtenbund den alten Vertrag mit dem Bisthum als gebrochen an; der Gotteshausbund aber übernahm die Rechtfertigung des Bisthums. Beyde erwählten die freundliche Eydsgenossenschaft zur Schiedsrichterin. Da geschah endlich der Spruch zu Chur (am Montag vor Lichtmeß im J. 1530.) von Hans Eble, der Zeit Landammann zu Glarus; Entweder sollte der alte Vertragsbrief seine Gültigkeit behalten, oder dem Bisthume jährlich von den Bündnern die Pension von 1000. Pfund maylándisch ausgezahlt werden. Es erwählten die Bünde das letzte; sie entrichteten die Pension, und schlossen das Bisthum von aller Mitherrschaft über das Valtelin und die beyden Graffschaften aus.

So gelangte das Volk Graubündens zur Regierung und zum Besitz jener Provinzen, welche durch Mastino's Schenkung ehmals allein nur des churischen Bisthums Eigenthum waren.

Verbesserte Gesetzgebung in Unterthanenlanden. Sobald der Staat die Fehden mit Medizin und den Prozeß mit dem Hochstift durch Eble's Schiedsspruch geschlossen hatte, warf er sein Augenmerk auf die Verbesserung der Gesetzgebung in den unterthänigen Provinzen. Die Gesetze und Statuten des Valtelins, welche es noch aus den Zeiten der mayländischen Oberherrlichkeit besaß, waren nicht angemessen dem Geiste des itzigen Landesfürsten. Es ward also ihre Umwandlung beschlossen, und beschäftigte man sich mit diesem Gegenstande vom J. 1531. bis 1549.

Drey Rechtsgelehrte des Valtelins, Lamberthengi, Quadrio und Marlianico, lieferten einen Entwurf zur Reform der Statuten und Gesetze; die Republik ließ diesen Entwurf von einer bevollmächtigten Commißion von neuem bearbeiten, und, nachdem das Werk vollendet war, feyerlich besiegeln. Am 15. April des J. 1549. wurde das neue Gesetzbuch im Thalrath des Valtelins publiziert.

§. 4.

Faktionen-kampf.
Indessen führten Kayser Karl V. und Franz I. ihre Kriege mit unermüdlicher Hartnäckigkeit fort. Karls Ueber-

macht in Italien war entschieden, und das Herzogthum Mayland seit dem Tode des letzten Herzogs Franz Sforza (i. J. 1535.) eine Provinz seiner ungeheuern Monarchie worden, welche ihre Flügel über alle Welttheile ausstreckte. Auch die Republik der Grisonen empfand den Einfluß des gewaltigen, siegreichen Nachbars.

Beyde von den streitenden Mächten kannten hier ihre Freunde; beyde liessen es nicht an Geschenken und Pensionen mangeln, um sich gegenseitigen Abbruch zu thun. Doch ungeachtet aller Siege Karls V. war in Graubünden immer die französische Faktion die vorschreibende und mächtige gewesen, weil Frankreich, mehr als der glückliche Kayser, jede Hülfsquelle zu benutzen, und die Gunst der Grisonen zu gewinnen gezwungen war. Die Häupter der Faktionen, kleine, golddürstige Menschen, nicht werth die Söhne eines freyen Landes zu heissen, verkauften dem meistbietenden Ausländer ihre Stimme; Gerechtigkeit und Vaterland, die heiligen Wörter voll bei ligen Sinns, waren nicht ihrem Herzen, sondern nur ihrer Klugheit bekannt, um ihre Gewinnsucht damit vor der gutmüthigen Nation zu verstecken.

Der gegenseitige Haß der Faktionen erschien itzt zum erstenmal mit offenem Banner. Das Volk im Engadin richtete sich auf wider die französischen Pensionärs, am Ende des J. 1541. Die Unruhen verbreiteten sich von dort aus über das ganze Rhätien. Aber dieser Aufstand, dieser edle Unwille der Nation wider Frankreichs Söldner, war selbst nur das Werk einer andern Faktion, der kayserlichen, an deren Spitze ein Bartholomäus Stampa stand. So wußten sich die feilen Diener fremder Könige selbst des Vertrauens der Nation zu ihren widrigen Plänen zu bemeistern, und das Volk zu beherrschen, dem sie gehorchen sollten. Doch die Urheber des rächenden Aufstandes verbargen sich in ein geheimnißvolles Dunkel; zu Chur ward ein Strafgericht wider die Uebertreter des Pensionenbriefs von 1500. eröffnet, und es wurden vor dasselbe gezogen (20. April 1542.) alle die, welche überwiesen wurden von Frankreich Pensionen genommen, oder durch unerlaubte Mittel Aemter des Staates erschwungen zu haben. Das Gericht urtheilte gelinder, als die Gesetzgebung von 1500. Fünf und zwanzig Personen wurden auf fünf Jahre aller öffentlichen Aemter verlustig erklärt, doch sonder Nachtheil ihrer Ehre. — Die sanftmüthige Nation wollte diesmal nur warnen, nicht strafen.

Aber vermöge seiner Verträge überließ der Staat, nicht minder als vorher, Truppen an Frankreich, die meistens immer, nach Beendigung der blutigen Kriege, krank und vom Hunger verzehrt heimkehrten, oder unterwegs starben und ihr Vaterland nicht wiedersahn, (wie z. B. 1544.); nur wenige von den höhern Offizieren bereicherten sich. Ein doppeltes Verderben erwuchs daraus dem Lande. Rhätien wurde entvölkert und blieb in vielen Gegenden nur schlecht angebaut, inzwischen in andern Ländern mit der Zahl des Volkes auch die Zahl der Nahrungsquellen, des

Reichthums und der Macht vergrößert wurde. Einzelne Vornehme wurden reicher, aber eben dadurch die Massen des Volkes ärmer; denn so lange ein gewisses Gleichgewicht des Vermögens herrscht, sind Armuth und Reichthum unbekannt. Reichthum der Einzelnen verführt aber zur Beherrschung und Unterdrückung des armen Ganzen; der Staat verliert in sich das Ebenmaas; die Freyheit wird das Eigenthum der Begüterten, und das leicht zu täuschende Volk muß sich begnügen, in ihrem, von der Höhe herabfallenden Schatten ruhn zu können.

Als Franz I. gestorben war, säumte Heinrich II. sein Thronfolger nicht, das Bündniß mit der Republik zu erneu'n. Es geschah im Heumond 1549. zu Solothurn, aller Gegenkämpfe der kayserlichen Faktion ungeachtet. Rachsüchtig griff diese nun die Freunde Frankreichs an, indem sie durch allerley Beschuldigungen derselben das leitsame Volk aufwiegelte. Man gab vor, daß die Deputirten der Republik die Traktaten mit Frankreich ganz aus ders geschlossen hätten, als sie vom Willen der Nation bestimmt worden wären. Im Bunde der Gerichten entwickelte sich ein furchtbarer Aufstand, besonders durch die Kunst Peter Finers (Landvogts zu Castels) welcher in seinen Gegenden der Führer sel̈ ner Faktion war. Umsonst zog sich (Jänner 1550.) ein Bundstag in Davos zusammen; das bewaffnete Volk folgte dahin, setzte ein Strafgericht aus seiner eignen Mitte, warf Joh. Gulern und Valentin Fatscherin, vors her beyde Staatsboten nach Solothurn, in Ketten, und strafte sie und viele andre mit unverdienten Geldsummen. Der ganze Prozeß dieser Männer war eine Kette von schnöden Ungerechtigkeiten, angezettelt von der heimlis chen Faktion Oesterreichs, ausgeführt von der leidenschaftlichen Wildheit des betrognen Volkes.

Der Sturm dauerte noch lange fort, bis endlich die VIII. alte Cantonen der Schweiz, die beyden ruhigen Bünde Rhätiens, und Ulrich Philipp Freyherr von Hohensax, ins

Mittel traten. Da rechtfertigten sich die Verurtheilten; sie bewiesen, was ihnen vorher versagt war, durch Zeugen ihre Unschuld, und setzten die Grausamkeit ihrer Richter in ein zweifelloses Licht. Da erkannte endlich das getäuschte Volk die Unschuld seiner Mitbürger; die Verdammten wurden freygesprochen und geehrt; Schande fiel auf die Insurgenten.

Standesgesetz wegen der Volksinsurrektionen. Aber nicht ohne Werth sollte diese Begebenheit für die Nachwelt bleiben; der Staat ergrif hier mit ehrwürdiger Vorsicht die Gelegenheit, durch ein allgemeines Standesgesetz (Jlanz 24. Jänner 1551.) beyden Faktionen den Dolch des Volksaufruhrs aus den Händen zu winden, um ähnlichen, vielleicht schrecklichern Auftritten solcher Art vorzubeugen. Alle heimliche Aufwieglungen (Practiken) und gewaltsame Aufstände wurden bey schwerer Ahndung verboten, und jeder ermahnt dieselben, bey seinen geschwornen Eyden, wo er dergleichen in der Geburt erblicke, den Obrigkeiten zu entdecken.

So war durch dies Gesetz die Axt an den tödtlichen Giftbaum der Faktionssucht gelegt; aber die fruchtbare Wurzel desselben blieb verschont, wenn gleich seine Zweige herabgeschlagen wurden. Die Macht der Söldner Frankreichs in der Republik zeigte sich wenige Jahre nachher hell genug. Der Pabst und der Herzog von Florenz belagerten 1554. Siena; der König von Frankreich ließ die Stadt durch seine Truppen vertheidigen, und verlangte 3000. Krieger von Graubünden. Die Foderung war dem Bündnisse nicht gemäß; die Räthe der Republik schlugen an einem Tage die Bitte ab, aber bestürmt und überredet von der französischen Parthey bewilligten sie dieselbe feyerlich am andern Tage. Die Tausende zogen nach Italien, und wurden in demselbigen Jahre von den Völkern des Kaysers geschlagen. Johann Jakob Medigin hatte die Kayserlichen angeführt; aber er behandelte mit der Würde eines edeln Siegers die gefangnen Grisonen. Dies hatte keiner der Grisonen von Medigin erwartet; auch lebte er nachher friedlich in ihrer Nähe, da ihm der Kayser die drey Pleven geschenkt hatte.' Zu Mayland starb dieser merkwürdige Mann i. J. 1555. hohen Alters.

Auch nachmals, da die blutigen Religions- und Bürgerkriege in Frankreich geführt wurden; als Catharina von Medicis, dies schreckliche Weib, in jenem Königreiche Zwietracht aussäete, um in der allgemeinen Verwirrung des Staats sichrer zu herrschen; als die schreckliche Bluthochzeit in Paris gefeyert wurde, und die Könige der Franzosen wider ihre eignen Unterthanen zu Feld lagen, deren Verbrechen ihr reformirter Glaube war — auch da schämten sich nicht, vom Golde geblendet, Bündner, evangelische Bündner, in die Dienste des französischen Throns zu treten, und gegen ihre eignen Glaubensgenossen in fremden Landen das Schwerdt zu führen. Doch nicht das bündnersche Volk entehrte sich hier, sondern wurde entehrt durch die Vorsteher der Gemeinden, welche meistens, ohne bey diesen anzufragen, den fodernden Königen Truppen bewilligten. Nicht des Volks verderbte Sittlichkeit, sondern die Schwäche seiner Regierung, beförderte dies unedle Werk.

Als das Bündniß mit Frankreich, welches fünf Jahre nach des Königes Tode dauern sollte, ablief, und Karl IX. den Thron bestieg, erhob sich im Lande abermals der alte, traurige Kampf der Faktionen über die Erneurung des Bündnisses.

Kayser Karl V. hatte sein Regiment niedergelegt, und war schon gestorben (1558.) in seinem spanischen Kloster. Ferdinand I. besaß den Kayserthron, und Philipp II. Karls Sohn, die spanische Monarchie.

Mehr, als Ferdinand der neue Kayser, hatte Philipp Ursache, um die Gunst Rhätiens zu werben; denn ihm waren in der Theilung des väterlichen Reichs Mayland, das streitige Herzogthum, und das Königreich Neapolis zugefallen. Er sandte an Graubünden den Commendanten von Como, Anguisciola (im J. 1564.), um einen Bund

zu

zu schliessen. Auch Karl IX. säumte nicht mit der Gesandtschaft; für ihn erschien Pomponius Bellievre.

Der Spectrieg. Stürmisch kämpften in Rhätien die Partheyen untereinander; die Bewegung theilte sich dem ganzen Volke mit. Zu einem Schauspiele von den zehn Altern der Welt, welches zu Steinsberg im obern Engadin aufgeführt wurde, hatte Caspar Campell, des berühmten rhätischen Geschichtschreibers Vater, ein Vorspiel verfertigt im Geschmack damaliger Zeit. Er selbst, ein achtzigjähriger Greis, übernahm darin die Rolle des Methusalem, und als er, von Söhnen und Enkeln umringt, sein Testament machte, wandte er sich ans Volk und warnte es vor dem Bündnisse mit Philipp dem Spanier. Da jauchzte das Volk dem Methusalem Beyfall; Philipps Bündniß ward verworfen in diesen Gegenden — bald auch in den andern Theilen Graubündens. Der Bundestag von Davos (1565.) erklärte sich für die Erneuerung der Tractaten mit dem Hause Valois.

II.   D

Da ergrimmte die Faktion Spaniens, der Anguisciola umsonst manches Tausend Kronen gespendet hatte, die er itzt klein genug war, zurückzufordern. Sie unternahm ihre Rechtfertigung, indem sie sich zur Rache entschloß. Die Majestät des Volkswillens, die Stille des Vaterlandes, ward verletzt, aufgeopfert dem verwundeten Ehrgeiz Einzelner. Alsbald sandte die spanische Parthey ihre Redner unter das Volk; diese wandten sich vor Allen an die Engadiner, deren lebendiger, reizbarer Sinn ihnen den glücklichern Erfolg verhieß. „Nicht die Nation", riefen Cativot und Thônet, der Spanier Emissarien, „sondern Valois Sklaven schlossen die Trakta-
„ten mit Frankreich; nicht die Gemeinden,
„sondern die bestochenen Boten derselben, wel-
„che die Stimmen derer, von denen sie ge-
„sandt wurden, verfälschten! Nun sind uns
„Mayland und Oesterreich feind; nun ist
„unsre Freyheit verrathen, und das Kind
„schon im Mutterleibe an Frankreich ver-
„kauft!"

So sprachen sie, nicht ohne Wirkung. Die Gemeinden von Steinsberg, Guarda und Lavin, erhoben sich unter den Waffen; sie sandten Boten durch die Gebirge, und mahnten die ruhenden Gemeinden, ihre Fahnen zu lüpfen. Die Einwohner von Remüs brannten das remüsische Schloß nieder, und vertrieben den Kastellan, weil er, wie sein Herr, an Frankreich hieng. Mehrere Gemeinden zogen ihnen zu. Das Heer lagerte sich bey Zuz im obern Engadin, und beschwor eine strenge Kriegszucht und Vernichtung der französischen Traktaten.

Das Staatsgewitter drohte einen schrecklichen Ausbruch. Friedrich von Salis ab Samada, das Haupt der valesischen Faktion, floh mit seinem Sohn aus dem Lande; der Obrist Rudolf von Salis aber wurde von einer Schaar in Cläven zu Nacht überfallen, auf ein Pferd gebunden, und über den Bernina vor das Strafgericht der Insurgenten nach Zuz geschleppt. Viele andre, welche einst für das französische Bündniß sprachen, wurden ebenfalls dahin geführt; auch Caspar Campell, der Methusalem seines Thales.

Da ermannten sich die wenigen Patrioten, welche nicht an Spanien, nicht an Frankreich, sondern am Vaterlande hiengen. Ein Ritter Hartmann von Hartmannis stand unter ihnen oben an, welcher längst gerufen hatte: "Kein Bündniß mit Philipp, kein "Bündniß mit Karl IX. Der Bund des "Schwachen mit dem Gewaltigen ist kein "Bund, ist Sklaventhum"! — Es ward ein Landestribunal eröffnet zu Davos (Anfang Märzens 1565.), welches sich mit Kraft und Klugheit den drohenden Stürmen entgegenlehnte. Kläger und Beklagte unterwarfen sich ihm, und das Wort an Frankreich einmal gegeben, blieb in Ehren. Die durch den Aufstand schwer mit Geld Gestraften und Beschädigten wurden losgesprochen, und empfiengen das Ihre zurück. So lösete sich die Verwirrung auf, nicht ohne Mitwirkung eydsgenößischer Gesandten. Die Fahnen der Insurgenten zogen ruhig aus einander, ehe Blut vergossen worden. Scherzweise und spottend nannte das Volk diesen Aufstand den Speck-krieg, weil die Insurgenten bey Zuz allen seit langen Jahren aufgesammelten Speck der Nachbarschaften verzehrt hatten, worin sich der Luxus und Reichthum dasiger Gegenden zu zeigen pflegte.

Aber der schwarze Faktionsgeist ruhte nicht; er spann sein Gewebe eifrig fort, worin er das Vaterland verstricken und verketten woll-te; die fruchtbare Gelegenheit lieferte ihm Stoff zu den schändlichsten Gespinnsten.

Es starb nämlich in eben jenem Jahre (May 1565.) der Fürstbischof Thomas Planta. An die Wahl seines Nachfolgers hiengen beyde Partheyen ihr Intresse. Bartholomäus von Salis, ein gewesener Erzpriester von Son-drio, welcher sich schon zweymal um das Bis-thum bemüht hatte, warb itzt von neuem. Das ganze, gewaltige Geschlecht der Salis sprach für ihn; und dadurch des Gotteshausbundes meiste Gemeinden und die französische Faktion.

Allein die meisten Stimmen des Domkapitels fielen auf Beatus a Porta ab Davos, einen gelehrten Mann seiner Zeit. Die Planta's und die kayserliche Parthey traten für ihn auf; und nun begann das Ringen von neuem. Die Reichern theilten Gelder und Pensionen aus, um Stimmen zu werben — dadurch schlich ein neues, bisher unbekanntes Uebel in den Staat ein. Was sich sonst nur die Politik ausländischer Fürsten vermaß, erlaubten sich nun die Ehrgeizigen und Begüterten im Lande selbst. Das Volk wurde verführt, Wort, Recht und Freyheit für Geld dahin zu geben. Nicht das Heil des Vaterlandes, sondern die Goldsummen der Herrschlustigen lenkten den Sinn der Gemeinen. Untergegangen waren die Zeiten, als die Bündner noch die Ketten der gewaltigen Zwingherren schleppten; die Väter waren stark genug, jene eisernen Fesseln zu brechen; aber itzt liessen sich die Söhne goldene Fesseln anlegen; und diese zu zerreissen, waren sie zu schwach. Den Reichen war der Weg gezeigt, sich der Herrschaft zu bemeistern.

Beyde Partheyen, als nichts ihren Streit enden konnte, wendeten sich endlich an den schiedsrichterlichen Ausspruch des Pabstes. Pius IV. ertheilte das Bisthum dem Beatus, und die Stimme der XIII. Kantonen Helvetiens gebot diesen Ausspruch zu ehren.

So schloß sich der Zwist. Aber alle diese Aufstände und Getümmel waren nur die Vorläufer größerer Verwirrungen in Rhätien. Die Faktionen rüsteten sich zu blutigern Kämpfen in der Zukunft, die höchstens der Nachwelt zur schrecklichen Warnung dienen konnten, und zur Lehre, an ihrem Beyspiele sich zu spiegeln.

Alle Republiken zählen ihre Faktionen. Sie sind nothwendig, um den aufkeimenden Despotismus einzelner Machthaber zu verhindern. Eine Republik ohne Partheyen ist selten frey. Aber nicht Familienzwist und grober Eigennutz, sondern die Verschiedenheit der Grundsätze und Gesichtspunkte, aus welchen das Beßte des gemeinen Wesens erblickt werden kann, soll den Geist der Partheyen bestimmen; sie sollen ein Mittel seyn für das Heil der Republik, die Republik soll nie ein Mittel ihrer Absichten werden.

§. 5.

<small>Die Kirchenreformation hat guten Gang.</small> Während dieser politischen Unruhen dauerten mit gleicher Lebhaftigkeit die theologischen Fehden der Evangelischen und Katholiken fort. Die Reformation der Kirche erweiterte sich mit jedem Jahre. Die evangelischen Geistlichen hielten, seit jenem merkwürdigen Dekret des Staats für die freye Religionsübung der Protestanten, besondere Synoden, in welchen sie die Angelegenheiten ihrer streitenden Kirche verwalteten. Es stand eine Gemeinde nach der andern auf, und stellten sich zu der reformirten Zahl.

<small>Johannes Travers.</small> Aber vor allen andern, welche sich für das Ausbreiten der Kirchenverbesserung Verdienste erwarben, glänzt Johann

nes Travers. Er, der einst in den bedrängtesten Zeiten des Staats, bald als Gesandter der Republik, bald als der Verwalter ihrer wichtigsten Aemter, mit bewundernswürdiger Thätigkeit für Graubünden gewirkt, und den Ruhm eines großen Staatsmannes allgemein erworben hatte, der als Feldherr an der Spitze bündnerscher Legionen gefochten hatte, da das Valtelin der Feinde Beute zu werden drohte — er widmete nun den Rest seines thatenreichen Daseyns dem Wohl der Kirche. Er stand mit seiner Kraft den Evangelischen bey, und führte auch die Reformation in Zuz ein, wo er lebte. Um sie aufrecht zu halten, erbat er sich die Erlaubniß, predigen und andre kirchliche Geschäfte verrichten zu dürfen. Und so betrat dieser rhätische Held im hohen Alter die Kanzel, und lehrte das Volk, welches zahlreich herbey strömte und den Greis mit Beyfall hörte (im J. 1554). Neun Jahre lang arbeitete er noch für die Reformation; dann legte er sein achtzigjähriges müdes Haupt, und starb (20. Aug. 1563). Das Leben dieses großen Grisonen ist sein Lobgesang, und der noch dauernde Nachruhm desselben seine Ehrensäule.

Reformation im Valtelin. Auch ins Valtelin zog die Kirchenverbesserung ein; der Bundestag von 1544. hatte den Unterthanen evangelische Lehrer erlaubt. — Aber die Katholiken, welche von allen Seiten verloren, wandten sich gen Rom, und blieben nicht ohne Erhörung. Es sandte der Pabst Pius IV. im J. 1561. den mayländischen Probst Bernardinus Plantius nach Chur, welcher unter andern Foderungen des H. Vaters auch folgende vortrug: Die Bündner sollten alle, welche um der Religion willen aus Italien ins Valtelin geflüchtet wären, oder flüchten würden, aus demselben verweisen; sie sollten es auch erlauben, daß päbstliche Bullen und andre Verordnungen überall in ihren Landen bekannt gemacht und vollstreckt würden; daß endlich die Buchdruckerey zu Puschiavo aufgehoben werde.

Aber die Standesversammlung zu Ilanz

antwortete (23. October 1561.) auf alle diese Säze entweder nicht, oder sehr unbestimmt. Die Buchdruckerey von Puschiavo sollte aufgehoben werden, wenn sie etwas wider Gottes Wort, oder seine Päbstliche Heiligkeit drucken würde; die aus Italien verbannten Protestanten könnten aber nicht vertrieben werden, bevor sie nicht eines Verbrechens überwiesen wären.

Rhätische Confession. Unter diesen italiänischen Flüchtlingen befanden sich auch verschiedne Geistliche; besonders zwey calabrische, Franziskus und Hieronymus, welche, durch die Verschiedenheit ihrer Lehre von jener der bündnerschen Protestanten, unter den Reformirten selbst Spaltungen veranlaßt hatten. Diese zu heilen, war eine Disputation zu Süs (1544.) angeordnet; aber mehr als die Disputation fruchtete das Werk, welches einem der thätigsten und gelehrtesten Reformatoren Bündens, dem Philippus Gallicus übertragen worden war. Er mußte, um eine gewisse Gleichförmigkeit im Lehrvortrage der reformirten Kirche herzustellen, ein Glaubensbekenntniß aufsetzen, welches hernach sowohl von der evangelischen Geistlichkeit als auch von der Standesversammlung zu Chur (1553.) angenommen wurde.

Helvetische Confeßion. Zu einer ähnlichen Absicht hatte um diese Zeit (1562.) Heinrich Bullinger, Antistes zu Zürich, die bekannte helvetische Confeßion, als ein symbolisches Buch der reformirten Kirche, verfaßt. Sie wurde von allen evangelischen Cantonen feyerlich angenommen; endlich im J. 1566. unterschrieb sich ihr auch die rhätische Kirche in der Synodalversammlung zu Chur. Damals sah man noch alle Synoden zu Chur gehalten, unter dem Vorsitz des churischen Antistes. Erst im J. 1568. wurde der Synodus zu Zuz, und im folgenden Jahre zu Ilanz versammelt, und seitdem abwechselnd in den drey Bünden, ohne einen gewissen Ort für denselben zu bestimmen, eröffnet.

Die neue Lehre aber, welche aus Italien hervorscholl, war keine andre, als die der

Soccini's, welche damals in den Hochgebirgen zwar der Anhänger manche, aber ungleich mehrere Verfolger fand, und endlich in Polen und Siebenbürgen, am Fuße der Carpathen, die stille Freystätte suchte, welche ihr in den Apenninen und Alpen versagt war. — Von den Reformatoren der Kirche und des christlichen Lehrbegriffs, war weder der sächsische noch der helvetische so weit gegangen, als der italiänische, eben der, welcher dem päbstlichen Donner am nächsten stand. — Er wagte es, die Vernunft zur hohen Richterin in Glaubenssachen zu machen, der absoluten Vorherbestimmung des Menschen zu widersprechen, das Geheimniß göttlicher Dreyeinigkeit, die Gottheit Jesu zu bezweifeln, und die Erlösung der Menschheit allein der Barmherzigkeit Gottes zuzueignen.

Schon pflichteten dieser Lehre heimlich die meisten Prediger des Valtelins, der beyden Graffschaften, und des Bregells bey; aber ein Dekret des Bundstags (27. Jun. 1570.) verwies alle Neugläubigen aus dem Lande, welche nicht der helvetischen Confeßion gemäß lehreten.

Nicht ohne heimliches Vergnügen bemerkten die Katholiken die mannigfachen Spaltungen der evangelischen Kirche; aber im Ganzen genossen sie davon nur zu geringe Siege. Was sie wider das Ganze nicht vermogten, versuchten sie in ihrer Rache am Einzelnen. So fiengen sie z. B. den evangelischen Pfarrer von Morbenn Franz Cellarius auf, schickten ihn nach Rom (1568.), wo er, als ein gewöhnlicher Ketzer, ohne ein andres Verbrechen geübt zu haben, verbrannt worden ist.

Doch ein wichtigerer Auftritt, in welchem die theologischen und politischen Partheyen zum offenen Kampfe zusammentraten, erwartet unsere Erzählung.

§. 6.

Nur die öffentliche Tugend ist die Säule der Republiken; nur die Einfalt, Treue und Vaterlandsliebe in den Herzen der Bürger ist ihre beßte Schutzwehr. — Aber schon war im

Staate der Grisonen ein Theil dieser heiligen Schutzwehre durch den zügellosen Ehrgeiz einiger Bürger niedergerissen; schon liebte man das Gold mehr, als den Ruhm des Vaterlandes. Bestechungen waren gewöhnlich worden; die Gemeinden verkauften ihr Urtheil den Meistbietenden. Wer um die hohen Aemter des Staates warb, durfte sie nur durch Geld zu gewinnen hoffen, statt seine Tugenden für sich reden zu lassen.

Am meisten waren die einträglichen Aemter im Valtelin der Habsucht und des Ehrgeizes Ziel. Die Vornehmen streuten Geld aus, und richteten große Gastmahle an, um sich die Gunst des Volks zu gewinnen. Man nannte ihr Werben daher Keßlerey, vielleicht weil sie mehr durch den Innhalt und die Größe ihrer Kessel bey den Gastmahlen, als durch die Größe ihres Geistes und Herzens im Volke zu gewinnen trachteten.

Keßlerbrief. Trauernd sahn die Patrioten das einbrechende Verderben der Republik. Durch ihr Betreiben erklärte sich laut der Bundestag zu Davos (1570.) gegen das Unheil, und stellte ein feyerliches Staatsgesetz (25. Octobr.) aus, bekannt unter dem Namen des Kesselbriefs, des wesentlichen Innhalts: Wer durch Bestechung und Intrigue Bote der Gemeinden auf den Standsversammlungen worden wäre, soll daraus verstoßen seyn. — Wer sich durch Keßlerey und Schenkungen in die Würden und Aemter des Staats erhöbe, soll ehrlos erklärt und an Ehr' und Gut gestraft werden, damit fürder nicht das reiche Laster, sondern Verdienst und Rechtschaffenheit über die Republik walte.

Der Bullenkrieg. Doch bald zog eine Begebenheit, welche unmittelbarer die Wohlfahrt des Staates angriff, die allgemeine Aufmerksamkeit herbey.

Johann Planta von Rhäzüns. Der Pabst Pius V. versuchte es durch einen gewagten Schritt, seiner sinkenden Kirche in Rhätien beyzuspringen. Er ermannte den Herrn von Rhäzüns, Johann von Planta, zu seinem Proku-

Prokurator im Lande der drey Bünde, und ertheilte ihm, kraft einer Bulle (März 1570.) die Gewalt, alle von den evangelischen Geistlichen in Besitz genommene Pfründen nach seiner Willkühr an Katholiken zu geben. — Das Volk vernahm's; selbst die katholischen Gemeinden sahen hier die Freyheit ihres Vaterlandes verletzt; noch mehr, als sie, erzürnten aber die evangelischen Bündner. Ein dumpfes Mißvergnügen bemeisterte sich aller Gemüther; der Unwille wuchs zur lauten Gährung. Planta entwich den Ungewittern des Volksgrimmes; er wirkte sich vom Pabste ein milderes Breve aus, worin nur der Pfründen in den Unterthanenlanden allein Erwähnung geschah; so hoffte er leichter zu siegen.

Allein die Gährungen schwiegen nicht; er erschien daher (2. Jänner 1572.) vor dem in Chur versammelten Congreße der drey Häupter des Landes, übergab die päbstlichen Breven, und that auf ihren Innhalt Verzicht. — Um das Volk zu besänftigen, legte man ihm die

II. E

gelinde Strafe von 200. Kronen auf, weil er wider die Landessatzungen gehandelt habe.

Planta aber weigerte sich die Strafe zu zahlen; das mißtrauische Volk, welches ängstlich für seine Freyheit und Religion sorgte, verlangte die Bulle des Pabstes selbst zu lesen; sie wurde den Gemeinden in treuen Uebersetzungen zugesandt.

<small>Strafgericht zu Chur.</small> Da erhob sich das Volk, und verordnete ein Strafgericht durch ein allgemeines Mehren; man zog nach Chur, setzte ein Tribunal von sechs und sechszig Richtern, sechs öffentlichen Anklägern und sechs Schreibern, deren Haupt war Barnabas Graß, ein Rathsherr zu Chur, von 600. Bewaffneten unterstützt. Der Oberbund lieferte den unglücklichen Planta dahin aus (24. April 1572.); alle seine Freunde flohen über die Gränzen, oder verbargen sich. Und wiewohl man ihm nichts zur Schuld beweisen konnte, als das Geschäft mit der päbstlichen Bulle, auf welche er selbst Verzicht gethan hatte, ließ dennoch das Volk nicht ab von

seinem Grimm. Es foderte, zur Warnung aller künftigen Verwegnen, Planta's Blut. — Vergebens war für ihn die Bitte Oesterreichs und der Eydsgenossenschaft. Die Mehrheit verdammte ihn zum Tode. Er ward am 29. April enthauptet.

Das Tribunal lösete sich nach dieser That auf, dem Befehl der Gemeinden gemäß (Juny); aber noch hatte man auf die Confiscation der Güter des Enthaupteten, und auf die Bestrafung aller päbstlichen Ritter angetragen; die tobenden Wellen des Volks legten sich nach diesem Sturme sobald nicht.

Die Parisische Bluthochzeit im August des J. 1572. vor welcher das ganze protestantische Europa schauderte, regte neue Sorgen in der Brust der evangelischen Grisonen auf. Die Enthauptung Planta's schien den bekümmerten Freunden der Freyheit und der Religion itzt rechtmäßiger, als jemals, und der Vertrag, welcher mit den Erben Planta's geschlossen war, die statt der Confiscation seiner Güter 7000. Fl. zahlten, schien viel zu milde. Von neuem brachen die Gährungen aus; von neuem wehten die Fahnen des Aufstandes gen Thusis zusammen.

Zu Thu-sis. Ein Strafgericht (Märtz 1573.) ward abermals errichtet, welches, zwar ohne Blut zu vergiessen, aber mit gewaltthätiger Strenge an Ehre, Gut und Vaterland strafte, ohne hinlänglich von den Verbrechen der Angeklagten Ueberzeugung zu haben und zu geben. Einige wurden gestraft wegen ihrer Freundschaft mit Planta und dem Pabste, andre weil sie sich durch falsche Wege zu Aemtern geschwungen hatten. Die Gesandten Helvetiens vermogten wider den wilden Ungestüm der Richter nichts; aber die Entflohenen und Verbannten wandten sich demüthig an die Eydsgenossenschaft.

Zu Ilanz. Nachdem sich das Getümmel gelegt hatte, und an die Stelle des blinden Zorns wieder die Ueberlegung getreten war, beschloß man, das Verfahren des Thusners Strafgerichtes zu untersuchen. Darum ward zu Chur im July ein hohes Tribunal eröffnet, dem die Gesandten der XIII. Cantonen beywohnten; die meisten Aussprüche der Thusner Richter wurden wieder entkräftet, den Erben des Herrn von Rhäzüns statt der Confiscation nur 3000. Fl. Strafe zuerkannt, und **Nikolas Noll**, der Präsident der Strafherren zu Thusis, weil er im Gericht zu geldgierig gewesen, mit harter Busse belegt und aller Ehren unwürdig erklärt.

<small>Der Dreysigler-Brief.</small> So endigten diese Unruhen, welche in der Geschichte den Namen des Bullenkrieges führen, weil Planta's päbstliche Bulle ihre erste Veranlaßung war. — Die Nation erkannte nun erst, nach verflognem Rausche ihres Zorns, wie schrecklich solch' ein bewaffneter Aufstand der Respublik hätte ausarten können; man bebte vor dem Abgrund, an dessen Rande man vorübergetaumelt war, und beschloß daher, durch ein großes Staatsgesetz dergleichen Ereignissen vorzubauen. Es verordnete demnach das Volk der Grisonen: Daß fürderhin jeder Auflauf unter Waffen und Fahnen, ohne Vorwissen

der Obern, verboten und strafbar sey; daß jeder Schuldige vor seiner Gemeinde, oder, wenn diese schwiege, vor seinem Bunde, und wenn auch ein ganzer Bund seiner Pflicht nicht folgete, vor allen drey Bünden gerichtet werden sollte. Die Urkunde dieses weisen Gesetzes (6. Febr. 1574.) wurde mit dem Siegel jedes Bundes feyerlich ausgestattet, und trägt daher noch den Namen des Dreysieglerbriefs.

§. 7.

Immer neue und größere Drangsale zogen sich gegen den erschütterten Freystaat zusammen. Hier sah man ein Volk, eifersüchtig auf seine Freyheit, immer stark und entschlossen sie zu verfechten, und doch zu schwach, um dem Golde der Reichen zu widerstreben; hier eine Regierung, deren weiser Geist die vortreflichsten Gesetze schuf, aber deren Arm gewaltlos und gebunden war, und das Heiligthum des Staats — das Gesetz — nicht schirmen konnte; hier eine ewige Verschwörung des Reichthums, Ehrgeizes und Familienstolz jes wider die Ruhe der Nation, erzeuget und genährt von der nebenbuhlerischen Politik machtvoller Staaten; hier zweyer Religionspartheyen Kampf auf Tod und Leben, im Verein mit den politischen Faktionen — — Welches Schicksal durfte der Staat der Grisonen hoffen?

<small>Kardinal Borromäus für den katholischen Glauben in Helvetien.</small> In Mayland zeichnete sich seit mehreren Jahren durch seine Klugheit, seine Kenntnisse und seinen schwärmerschen Eifer für die katholische Kirche der Erzbischof und Kardinal Karl Borromäus aus, welcher bald nach seinem Tode dieser Tugenden wegen unter die Zahl der Heiligen versetzt worden ist. Seine Jugend, seine Thätigkeit, sein strenger Lebenswandel, erhoben ihn zur Bewunderung der Freunde und Gegner. Besonders nahm er's auf sich, Italien vor dem Geist der neuen Lehre frey zu halten und zu schirmen; die Fortschritte des Protestantismus in den Alpen machten ihn unruhig. Er unternahm verschiedene Reisen in die Gebirge, theils um mit

den katholischen Prälaten daselbst die zweckvollsten Maasregeln zu verabreden, theils die Klöster zu besuchen und zu reformiren, und die Obrigkeiten gegen den Protestantismus zu begeistern.

Genauer mit den eifrigen Bemühungen und Wünschen dieses Heiligen, als ihm vielleicht selbst ahndete, waren die Wünsche Spaniens verkettet, welches seine italiänischen Staaten vor Frankreichs alter Habsucht hütete. Durch den Einfluß des frommen Kardinals auf die Republiken hoffte es, seinen eignen Einfluß zu erleichtern. Auch Savoyen drängte sich an den Kardinal und an Spaniens Absichten, um müheloser die in den vorigen Kriegen an Bern verlornen Güter wieder zu gewinnen. Aber die Wachsamkeit des Königlich-Französischen Abgesandten in Bünden, Pierre Grangiers, und seiner Parthey, vereitelte Alles. — Borromäus wurde in Rhätien nicht mit allgemeiner Wärme empfangen; minder noch, als er, wirkten die Agenten Savoyens mit ihren verführerischen Anträgen (1583.);

jedes Bündniß mit Spanien ward verworfen, das alte Französische hingegen (1582.) erneuert.

Borromäus, tief gekränkt, widmete seinen Glaubenseifer itzt nur dem Valtelin, welches, als die Pforte zu Italien, den Fürsten jenseits der Alpen so wichtig war. — Heftiger, als irgendwo, kämpften dort daher die Katholiken gegen jeden Schritt des Protestantismus. Am wildesten wurde ihr Getümmel, als der Davoser-Bundstag (1582.) zu Sondrio auf der Tell ein Seminarium für die bündnersche Jugend von beyderley Religion gründen wollte, und (1584.) zur Ausführung schritt. Ein Erzpriester Pusterla, und ein andrer Mönch, Franz von Balerna, predigten Empörung; schon waren dem rebellischen Veltlin, durch Borromäus Verwenden, 400. Krieger von Mayland bewilligt. Noch zeitig genug dämpfte der Landeshauptmann des Thals den Aufruhr; Pusterla, gefangen und auf der Folter, bekannte, daß die Ermordung aller Evangelischen im Valtelin entworfen gewesen sey. Er entwischte, und kam nach Rom; Graubün, den sah die anrückenden Stürme in trüber Ferne, es ließ von der Anlegung des Seminariums im Valtelin los, und wandte sich an Helvetien (Jul. 1584.), um dem Bunde der Eydsgenossenschaft einverleibt zu werden, in der Hoffnung, also gesicherter zu stehen. Aber der Wunsch der Grisonen blieb unerfüllt in Helvetien, welches nicht weniger als Rhätien von politischen und religiösen Partheyen zerrissen war.

Unruhen im Valtelin. Mitten in seinen Arbeiten starb Borromäus (Nov. 1584.), aber nicht sein Plan. Eine neue Verschwörung brütete jenseits der Gebirge, das Valtelin von den Evangelischen und vielleicht von Bünden selbst abzulösen; ein verwegner Abentheurer, Rinald Tecton, mit einigen andern Waghälsen, Rubbiata, Abdua und Balcon, standen an der Spitze derselben; sie wurd' entdeckt, und durch das Gerücht vom Anzuge unbekannter Kriegsvölker gegen die Valteliner-Gränzen bestätigt. Sogleich rückte ein bündnerscher Gewaltshaufe in die Untertha‍nen-Provinzen — doch begegnete ihm kein feindliches Heer. Der Gubernator von Mays‍land sprach sich von allem Verdachte rein, und ließ sogar Balcons und Rubbiata's Köpfe fallen, die um andre Verbrechen büssen mußten. Der Gewaltshaufe Bündens aber errichtete unter sich (Febr. 1585.) verschiedne Artikel, in Bezug auf die Freyheit beyder Re‍ligionen, auf Regimentsordnung und Justitz‍pflege bey den Unterthanen (die Clävner Artikel geheissen), und setzte ein Gericht, um die Treue oder Untreue des Veltelins zu erforschen. Die Strafgelder, welche den Un‍terthanen durch dies militärische Tribunal auf‍gelegt wurden, und die Unkosten, welche der vergebliche Zug ins Veltlin den Gemeinden machte, waren nicht fähig die allgemeine Zu‍friedenheit für den Heerzug zu erwecken. Man verschlimmerte, wo man bessern wollte; Arg‍wohn und Mißtrauen waren unvermeidlich; ängstlich sah sich das Volk von allen Seiten mit Verräthereyen und Verschwörungen umringt. Es erkannte sein Elend, war aber zu ohnmächtig demselben zu entrinnen. Von allen Seiten wurde vielmehr jede Maasregel aufgegriffen, das Unheil zu verdoppeln. Die Reichen arbeiteten rastlos an den Umsturz der Gesetze, und an der Gründung einer Aristokratie durch die Gewalt ihres Geldes; die Faktionen warben umher, sich zu verstärken; die Religionspartheyen vernichteten durch staatswidrige Verbindungen alle Hoffnungen zur Außsöhnung.

Der goldne Bund. Gleich lebhaft war in Helvetien der Zwist. Dort keimten itzt die Saaten empor, welche der Kardinal Borromäus ausgeworfen hatte. Es verbanden sich feyerlich (Luzern 1586.) die Katholiken, ihrer Religion treu zu bleiben, und, wenn einer von ihnen durch Evangelische angegriffen würde, allesamt hülflich herbeyzueilen, und auszuharren bis an das Ende des Kampfes. Dieser Bund, der Goldne geheissen, empfieng auch zu Ehren seines eigentlichen Urhebers den Namen des Borromäischen.

Diese Absonderungen, diese Verbindungen, diese Kabalen der Herrschsucht und des Geldgeizes, zerstückelten und lähmten den Staatskörper. Gränzenlose Selbstsucht trat an die Stelle der verstoßenen Vaterlandsliebe; Anarchie oder Gesetzlosigkeit ward nun für Freyheit gehalten. Der Reichthum und Stolz einzelner Familien, und die Habsucht und Blindheit des gemeinen Mannes, zertraten ist die weisen Verordnungen der Väter — die Verwirrung war allgemein.

Nicht weniger, als die verfallne Republik, mußten auch die Unterthanen von diesen Unordnungen leiden. Die Gerechtigkeit wurde dort so abscheulich verwaltet, daß selbst die Bündner es einsahen, selbst sie es nicht entschuldigen konnten. Die Aemter in den unterthänigen Provinzen wurden bisher in den Bundsversammlungen besetzt. Hier war also in der Mitte der Volksrepräsentation und der Regenten der Sammelplatz aller Intriguen. Der reiche Mann warb um das Amt, nicht der geschickte. Wer den Wahlherren das meiste bot, empfieng die Stelle. Diese Praktiken waren kein Geheimniß; sie wurden öffentlich getrieben, im Angesicht und mit Beystand derer, welche das Gesetz handhaben sollten. So sehr hatte man alles Gefühl der Ehre, Schaam und Pflicht verloren. — Wer aber endlich das erwünschte Amt für seine baaren Geldsummen gewonnen hatte, gieng hin, um dieselben mit Wucher von den Unterthanen wieder zu erpressen. Der Spruch der Richter ward den Meistbietenden verkauft; die arme Unschuld weinte, das Verbrechen siegte mit seinen goldnen Waffen.

Landesreforma von 1603. Da erhoben sich die Stimmen der Geistlichen in Rhätien gegen das Verderben dieser Zeiten; und da es dem evangelischen Kapitel nicht gelungen war, durch seine rührenden Vorstellungen die Bundesversammlungen zur Staatsverbesserung zu leiten, so versuchten es die Prediger einzeln in ihren Gemeinden. Zuerst standen bewegt die rüstigen Männer des Ober-Engadins auf, und foderten laut eine Landesreform. Es war im J. 1602. Verbunden mit einigen nachbarlichen Gemeinden sandten sie ihre Boten durch alle Thäler, und riefen das rhätische Volk an, vom langen Schlummer zu erwachen. Es gelang. Mit dem Anfang des J. 1603. versammelten sich die Delegirten der Hochgerichte Graubündens in der Stadt Chur, um die Wiederherstellung der untergegangnen Ordnung zu besorgen. Auch setzten sie wirklich einige Artikel als landesgesetzlich auf, die den Namen der Reforma von 1603. empfiengen, aber dem gemeinen Wesen so geringe Frucht brachten, als wären sie gar nicht verfaßt worden. Der wichtigste Theil dieser Reform bestand darin, daß man den Bundesversammlungen das Recht entriß, die Staatsämter in den Unterthanenlanden zu besetzen, und dasselbe den Gemeinden übertrug, welche nun nach einer gewissen Ordnung und Reihe die Verwalter jener Provinzen ernennen sollten. Auch wiederholte die Reform das alte Verbot der Praktiken und Bestechungen aufs schärfste; allein ihm wurde so wenig, als vorhin,

Folge geleistet. Man erkaufte nun von den Gemeinden, was ehmals bey den Bundesversammlungen feil war; Herrschsucht und Geldgier trieben ihr freyes Spiel; Menschen ohne Einsichten und Fähigkeiten erhoben sich durch den Zauber ihres Goldes in die wichtigsten Aemter, und hielten sich durch allerley Ungerechtigkeiten in denselben, für ihre Ausgaben an die Gemeinden, schadlos.

§. 8.

Bey alle diesem war die Nation der Grisonen noch immer edel, tapfer, gerecht und weise; die Versündigungen einzelner Theile dürfen nicht zum Verbrechen des Ganzen erhoben werden. Selbst in jenen Tagen, da die Gesetze sonder Kraft standen, und die Freyheit zur schrankenlosen Wildheit auszuarten drohte, verhütete bey diesem Volke das feine Gefühl des Rechts und Unrechts, das einfache ungeschriebne Naturgesetz, alle gröbere Ausschweifungen, deren sich andre Republiken

publiken in ähnlichen Verhältnissen schuldig gemacht haben. Es waltete unter den Bündnern eine gewisse Sittlichkeit, ohne des Gesetzes Zwang, und ein gesunder Menschenverstand, der seinen Gegenstand richtig aber kunstlos zu behandeln weiß, ohne Bildung aus Schulen. Was hätte, bey solchen unverläugbaren Anlagen zur Herzens- und Geistesgröße, aus einer Nation werden müssen, wenn sie durch eine kräftige, erleuchtete Regierung und wohlgeordnete Erziehung wäre ausgebildet worden, da sie schon, ohne diese, so viel geleistet hat!

Mangel der Schulen in Rhätien. Aller guten Regierungen Sorge waren darum von jeher: Die Schulen und Erziehungsanstalten im Staate. Aus diesen allein gehen Licht, Wahrheit, Freyheit und Selbstständigkeit der Nation hervor. Wissenschaften und Künste machen ein Volk reich, berühmt, stark, und dauerhaft edel; die schönen Handlungen verwilderter Völker sind nur vorüberschwindende

Erscheinungen, welche, bald nachdem sie aufglänzten, wieder erloschen. Vernachläßigung oder Mangel des Schulwesens sind die Kennzeichen einer gebrechlichen Staatsverwaltung.

In Rhätien aber fehlten leider in jenen Tagen wohleingerichtete Anstalten zur Erziehung der Jugend, zur Aufklärung des Bürgers, zur Beförderung der Wissenschaften. Daher verharreten, vielleicht nicht ohne Zuthun der unglückseligen Politik der Großen, die guten Bündner in ihrer alten Unwissenheit, inzwischen von allen Seiten ihre Nachbaren vorschritten in der Erlernung nützlicher Kenntnisse; daher wurden dieselben verachtet bey ihren Nachbaren, wie rohe, bildungslose Naturmenschen; daher gelang es den einzelnen reichen Familien, sich zur Herrschaft in der Republik emporzuschwingen, und das Volk an ihrem Seil zu leiten, weil die Nation zu unwissend war, es besser einzusehn, folglich auch zu kraftlos, es besser zu machen.

Die Schulen auf den Dörfern waren am übelsten bestellt; eben die, welche des Staates zärtlichste Sorgfalt verdient hätten. Kaum daß die Jugend in denselben einige Anweisung zum Lesen, Schreiben, Rechnen und zu dem was man Religion nannte, empfieng. Sie dauerten nur in den drey strengern Wintermonden; im größten Theil des Jahrs ward das Kind sich selbst überlassen, oder zur Feldarbeit geführt.

Bemitteltere Leute sandten ihre Kinder in die Schulen des Auslandes, und auf fremde Universitäten. Dort betrieben sie ihre Studien einige Zeitlang und kehrten dann in den Schoos ihrer Thäler zurück, ohne Hülfsmittel zu erblicken, mit den Wissenschaften in vertrauterer Verbindung bleiben zu können. Am meisten von allen aber widmeten sich, und vielleicht auch anhaltender, die Geistlichen der Gelehrsamkeit. Die Jünglinge studierten gewöhnlich bey ihren Pfarrern im Dorfe, und begaben sich nachher auf die höhern Schulen Helvetiens oder Deutschlandes, um dort ihre Laufbahn fortzusetzen. Doch waren sie im Vaterlande selbst zu ohnmächtig, für die

Erhebung der Wissenschaften zu arbeiten; theils weil sie von allem Einfluß auf das Staatswesen abgeschnitten blieben, um hier zu wirken, oder weil ihnen von den Gemeinden viel zu geringe Einkünfte bewilligt wurden, um für sich selbst etwas Großes und Gemeinnütziges zu unternehmen.

Gelehrsamkeit. Nichts desto weniger fehlte es den Bündnern dieser Zeiten nicht an einzelnen gelehrten Männern; viele ihre größten Staatsmänner und Feldherren waren Doktoren der Rechte, und von den Geistlichen, besonders der evangelischen Kirche, zeichneten sich noch mehrere durch ihre gründlichen theologischen und philologischen Kenntnisse aus.

Comander. Unter ihnen glänzte besonders der Name Joh. Comanders, der ersten einer, welche die Reformation in Rhätien einführten, und der in den stürmischen Tagen der Kirche und des Staats mit unüberwindlichem Eifer, strenger Gottesfurcht und nicht gemeiner Gelehrsamkeit der Schirm und Held seiner Glaubensgenossen wurde. Die Pest,

welche i. J. 1550. in diesen Gebirgen wü¬
thete, raubte auch ihn der Welt.

Phil. Galli- Feuriger als Comander, wettei-
cius. fernd mit ihm in der Laufbahn der
Reformatoren und Gelehrten, erhob sich neben ihm der nicht minder berühmte Phil.
Gallicius (Sallutius), zu Puntvilla einem
elenden Dorf, im rhätischen Münsterthale
1504. geboren. Seine Kenntniſſe, ſeine Be-
redtſamkeit und ſeine Rechtgläubigkeit, erwar-
ben ihm das Vertrauen der Synoden. Er
ſchrieb die rhätiſche Confeßion. Eine Peſt,
deren giftiger Hauch durch die ganze Eydsgenoſſenſchaft und Graubünden zog, raffte
ihn, als er Prediger der churiſchen Kirche
zu St. Regula war, i. J. 1566. dahin.

Joh. Bla- Eben der ſchrecklichen Seuche, in
sius. welcher Comander nebſt tauſen-
den ſeiner Brüder ſtarb, erlag auch (1550.)
der Vorfahr des Gallicius an der Regula-
kirche, Johannes Blaſius, ein Münſter-
thaler, ein erbaulicher Kanzelredner, und oft
nur allzueifriger Vorfechter ſeiner Glaubens-

genossen. Er schrieb in deutscher Sprache satyrische Dialogen, in welchen er mit erasmischer Laune die Gebrechen seines Zeitalters geisselte. Auch des bischöflichen Hofs zu Chur hatte er nicht geschont; die Rache desselben schwieg daher nicht, bevor nicht der Schriftsteller im Angesicht des Volks und fußfällig vom Bischofe Verzeihung erbeten hatte.

<small>Sim. Lemnius.</small> Dem Auslande bekannter, denn er, war Simon Lemnius, der Dichter. Das Münsterthal war ebenfalls sein Vaterland, und das schreckliche Pestilenzjahr 1550. auch sein Todesjahr. Sein Vater, ein Kaufmann, hat unter den Helden gefochten, welche sich auf der Malser-Heide durch ihren Sieg verewigten. Simon Lemnius studierte auf der hohen Schule zu Wittenberg; er hörte Luther und Melanchthon; ward aber von dort (1538.) mit Schanden und auf ewig verwiesen, als er durch die Herausgabe seiner Epigrammen sowohl die ganze Akademie, als auch verschiedne sächsische Fürsten bitter angegriffen hatte. Er besang in

einem historischen Gedichte von neun Büchern den für sein Vaterland so ruhmvollen Schwabenkrieg in lateinischen Versen, übersetzte den Homer und die Periegesis des Dionysius, und hinterließ in vielen andern Gedichten der Nachwelt Beweise von der Fruchtbarkeit seines Geistes, und von der Fülle seines Witzes, welchen er aber oft allzuverwegen in Gebiete überstreifen ließ, die zu betreten Schaam und Sitte verbieten. Er starb zu Chur.

Ulrich Campell. Nennen müssen wir noch den vor allen Nennenswürdigen, den Vater rhätischer Geschichte, Ulrich Campell. Süß im untern Engadin war sein Geburtsort; hier lebte er auch mehrere Jahre, als Pfarrer, wie vorher zu Klosters. Er stand nämlich in den Stürmen der rhätischen Reformation, und ward in seinem Vaterlande eine Säule der evangelischen Kirche. Er schrieb ein Werklein über die göttliche Providenz und Prädestination in zwey Büchern, über welche Dinge zu seiner Zeit des Streites viel war. Aber einen größern Namen erwarb er sich durch seine Ortsbeschreibung und Geschichte Rhätiens, in lateinischer Sprache verfaßt. Sie umfaßt die Erzählung von den Schicksalen seines Vaterlandes, seit der Bekanntwerdung desselben, bis zum J. 1580. Er war ein treuer, wenn gleich nicht immer kritischstrenger Sammler aller Nachrichten zur rhätischen Geschichte; sein Werk ward die Quellen für spätere Geschichtschreiber. Er starb ums J. 1582. Unbekannt ist sein Grab.

Mehrere gelehrte Männer noch lebten zu dieser Zeit in Rhätien; aber wir begnügen uns die merkwürdigsten aus ihrer Zahl genannt zu haben, und eilen in der Geschichte des zerrütteten Staates fort.

§. 9.

Hartmann von Hartmannis der Patriot. Die Reform von 1603, war vollendet; noch immer haderten die Partheyen um ihren Werth. Sie ward eine Quelle neuen Mißtrauens beym Volke, neuer Feindschaft bey den Großen; vom trauernden Patriotismus war sie angefangen, von der Intrigue beendet worden. Ihrer ersten Beförderer einer war der Obrist und Ritter Hartmann von Hartmannis gewesen. Der Name dieses edeln Patrioten wird ewig in den Annalen seines Vaterlandes glänzen. Er war der Gegner aller Faktionen, einsichtsvoll, kühn, unbestechlich. Er hatte Spaniens Anträge um ein Bündniß mit der Republik mit eiserner Standhaftigkeit vereitelt; er hatte, als Venedig um ein gleiches durch den Ritter Alessandro Hiardo (1599.) warb, und ihm 7000. Dukaten zum Geschenk angeboten, verächtlich die Goldsumme zurückgeworfen; er hatte, um das Elend und die Schmach seines zärtlich geliebten Vaterlandes zu enden, unermüdet für die Verbesserung der Verfassung gearbeitet, und die berüchtigte Reform mit veranlaßt. — Aber nun zog sich der Edle hoffnungslos und in tiefem Gram zurück; er sah sein Vaterland verloren, seine Arbeiten vergeblich. Er starb (3. März 1603.) aus Kummer, von Patrioten beweint, von seinen und des Landes Feinden bewundert. Und bald nach dem Tode dieses Mannes sank Rhätien unter in den Stürmen.

Frankreichs Faktion, an deren Spitze zu dieser Zeit der französische Gesandte de Vic stand, hatte noch immer das Uebergewicht in Graubünden. Darum wurde jenem Königreiche die Freyheit bewilligt (1602.), im Fall des Krieges, Völker durch die rhätischen Pässe wider Mayland führen zu dürfen. Spanien, noch immer mit dem Hause Oesterreich enge verbunden, zitterte vor dem Besitz seiner in Italien bedrohten Staaten. Darum erschien Battista Sacco, von der mayländischen Regierung gesandt, vor den Bündneen; erklärte die Beschwerden und Besorgnisse seines Staates, und drohte, daß Spanien, zum Schirm seiner Provinzen, eine Vestung dem Valtelin entgegen bauen würde, welche künftig den Eintritt in Italien erschweren sollte.

<small>Zehnjähriges Bündniß mit Benedig.</small> Er sprach vergebens. Glücklicher war der Bote Venedigs, Joh. Batt. Padavin, welcher nochmals die Verbindung mit seiner Republik an-

trug. Venedig stand in Freundschaft mit Frankreich, in Zwist mit Oesterreich. Die französische Parthey glaubte sich darum durch den Verein mit Venedig zu stärken, wiewohl de Vic selbst öffentlich gegen einen Vertrag mit Venedig sprach; aber die Patrioten warnten vor dem Bunde, warnten vor dem vereinten Zorn Spaniens und Oesterreichs, deren Gebiet Bünden an zwey Seiten umfieng, deren Gunst für die Nahrung und den Handel der Bündner so wichtig war. Umsonst! Venedigs ausgestreutes Geld siegte, und es wurde mit ihm ein Bündniß von zehnjähriger Dauer geschlossen (1603).

Vestung Fuentes wird gebaut. Kaum vernahm dies Peter Alvazedo, Graf von Fuentes, Spaniens Gouverneur in Mayland, als er noch in demselben Jahre (Octbr. 1603.) die Drohung Saccos erfüllte. Am linken Ufer des Comer-Sees erbaute er die Vestung, welche seinen Namen Fuentes empfieng; sie ward auf den Hügel Montecchio an den Gränzen des Valtelins errichtet. Da stiegen schwere

Sorgen auf im Herzen der Graubündner; dreymal sandten sie an Mayland, um den Bau von Fuentes zu verhindern; doch dreymal vergeblich. Durch der Eydgenossen freundliche Vermittelung erbot sich Mayland endlich, unter gewissen Bedingungen den Bau einzustellen. Die wichtigste von diesen vorgeschlagnen Capitulationen war: „Daß „Bünden dem Gouverneur in Mayland „Nachrichten geben sollte, wenn fremde „Heere durch die Gebirge ziehen wollten, „und daß dieselben nur, wenn er's zufrieden seyn würde, den freyen Paß erhalten „könnten".

Allein diese Bedingungen, durch welche in der That der Vertrag mit Frankreich aufgehoben wurde, fanden in Rhätien überall den lautesten Widerwillen. De Vic und die ganze französisch-venetianische Faktion wiegelten alle Gemüther auf. Fuentes aber, kalt und stolz, ließ die Mauern seiner drohenden Veste aufführen, an den Gränzen des Misoxer Thals Anstalten zur Erbauung einer zweyten eröffnen, und ungestraft einzelne Gewaltthätigkeiten wider die Grisonen üben.

<small>Carl Paschal.</small> Graubünden wandte sich nun an Venedig und an Frankreich — Carl Paschal war seit 1604. der Gesandte Ludwigs XIII. in Rhätien — um Schutz wider Spaniens Zorn zu erlangen, und daß die furchtbare Veste geschleift würde. Auch zur Eydsgenossenschaft, die damals den Spaniern holder war, wandten sich (1605.) die Grisonen; umsonst, die Burg auf Montecchio blieb. Erbittert wollte itzt das Volk mit den Waffen gen Fuentes aufbrechen; nur mit Mühe wurd' es zurückgehalten.

Mit rastloser Thätigkeit rangen nun die Faktionen der Franzosen, Spanier und Venetianer in Bünden um die Oberhand, inzwischen weder Frankreich, noch Spanien, noch Venedig die Bekümmernisse Rhätiens milderten. Jede Parthey sprach mit lockenden Worten für ihre Sache, und begnügte sich, statt den Graubündnern etwas Großes zu leisten, die Pläne der Nebenfaktionen zu zerstöhren.

So sank die Republik, durch die Ehrsucht und den Geldgeiz seiner Großen und deren nichtswürdigen Anhänger, in unaufhörliche Verwirrungen und zur Verachtung bey seinen Nachbaren.

Das gute Volk der Gebirge bekümmerte sich mehr um seine häuslichen Angelegenheiten, als um die des Staats. Diese blieben den rüstigen Ränkeschmieden überlassen, welche die Republik als ein heerloses Feld betrachteten, und es nach Gutdünken bestellten und beerndteten. Die Geldwuth und Treulosigkeit war so groß, daß man es öffentlich zu gestehn wagte: Man gehöre nicht nur einer, sondern zweyen Partheyen an; man könne nie mit Zuverläßigkeit von der Macht einer oder der andern Faktion reden, weil sich schon Morgen durch den Zauber des Geldes alle Abhänger losziehn, alle Dinge umgestalten könnten.

Nicht nur das Volk wurde von den Demagogen jener Tage durch mancherley entehrende Künste und Gleisnereyen in die Irre geführt und in lähmender Unwissenheit erhalten, damit es nie einer guten Regierung fähig sey; damit das Staatsruder immer in den Händen der schlauen Herrscherlinge verbliebe — sondern auch die Bundesgenossen Rhätiens wurden durch ihre Arglist hintergangen. Was man anfangs nur dem Könige von Frankreich im Bunde bewilligt hatte, freyen Paß und freye Werbung in den Gebirgen, gestand man nachher auch den Venetianern zu, und bald darauf ebenfalls den Spaniern in den mayländischen Verhandlungen. Indem nun jeder der Bundsgenossen die Bewahrung seiner vertragsmäßigen Rechte mit Ernst aufrecht hielt, mußte die Ruhe der Republik unter den feindseligen Widersprüchen seiner Bündnisse erliegen; Graubünden kam in den entehrenden Ruf der Arglist, Treulosigkeit, und der niedrigsten Habsucht; jeder der Bundsgenossen, selbst die Eydsgenossenschaft, fürchtete sich, seine Hand in die verwickelten Angelegenheiten des unbeständigen Rhätiens zu strecken.

<small>Der geheime Rath der Rhätier.</small> In dieser Lage der Dinge geschah es, daß Graubünden

einen Schritt that, welcher die Republik aus allen Drangsalen mit der Zeit zu retten versprach. Das Land hatte bisher keine eigentliche, bleibende und mit Kraft versehne Regierung gehabt, wie andre größere und kleinere Staaten, welche sich dadurch in blühendem Wohlstand befanden; denn die Bundsversammlungen und die Beytäge waren nur vorübergehende Erscheinungen, allzueingeschränkt in ihren Vollmachten, um immer und überall das Wohl des Staats sichern zu können. Ihre Beschlüsse waren daher nicht selten den vorhergehnden widersprechend, weil in den verschiednen Gegenständen des Staats und ihrer Behandlung keine Ordnung und Einheit herrschte. — Jede Bundesversammlung nahm andre Grundsätze an, und vernichtete, was denselben widersprach; die traurigste Zerrüttung des Ganzen konnte nicht länger ausbleiben; Widersprüche mußten sich auf Widersprüche häufen.

Jeder Staat hat, so wie jeder einzelne Mensch,

Mensch, seine Geheimnisse; Gegenstände, welche, zum Beßten des Ganzen, eine Zeitlang verschleyert bleiben müssen. Kein Hausvater läßt jeden Frembling in das Innre seiner Angelegenheiten blicken: Aber in dieser Republik konnten keine Staatsgeheimnisse stattfinden; sie waren eben sobald verrathen, als anvertraut. Kein auswärtiger Staat wagte es daher, sich mit der rhätischen Republik in engere Vertraulichkeit einzulassen, und begnügte sich höchstens, dem Volke die junge Mannschaft und den Gebirgen die engen Pässe abzupachten.

Ein dritter Fehler der bisherigen Staatsverwaltung in Rhätien war, daß weder die Bundsversammlungen, noch die drey Häupter jedes Bundes mit hinlänglicher Macht bekleidet waren, um die gegebnen Gesetze ausführbar zu machen. Diese Gesetze, und wenn es auch die weisesten waren, blieben folglich ohne Kraft und Wirkung, ohne Ausübung.

Man fühlte das Bedürfniß einer Regierung,

welche Einheit und Macht mit einander verbände; Paſhal, der franzöſiſche Geſandte, betrieb die Organiſation derſelben mit Feuer; das Volk ließ ſich daher gern bewegen, eine ſolche zu erſchaffen. — Noch im J. 1606. wurde ſie ernannt, unter dem Namen eines geheimen Rathes eingeſetzt, und ihr die Verwaltung des gemeinen Weſens anvertraut, mit der Einſchränkung, daß Krieg, Frieden und Bündniſſe zu ſchlieſſen, oder gemeine Güter zu verkaufen, nicht ohne den Rath der Gemeinen erlaubt ſeyn ſollte. Der geheime Rath, aus fünfzehn Gliedern beſtehend, begann ſeine Sitzungen in Thuſis.

Volksaufruhr. Doch die Unruhen und der Zank im Innern dauerten fort; allerley drohende Gerüchte von den Abſichten des Fuentes wider Valtelin verbreiteten ſich durch die Thäler; die Venetianer, welche ſich gegen den Pabſt rüſteten, lieſſen ihre Trommeln in Bünden rühren, Truppen werben, und um den Durchpaß für ein in Sold genommenes lotharingiſches Heer anhalten; der geheime Rath der Grisonen machte Kriegsanstalten (1607.), und beorderte Wachten an die mittäglichen Gränzen; Venedig wurde ersucht, zur Sicherung derselben, seinem Versprechen gemäß, hinreichende Unterstützung zu geben.

Aber als diese Unterstützung so kärglich ausfiel (Venedig erbot sich monatlich 3200. venetianische Dukaten für die Besatzungssoldaten zu zahlen), daß kaum ein Fünftel der nothwendigen Hülfe damit ertheilt war; als man wegen des Durchmarsches eines lotharingischen Heers schreckliche Warnungen aussprengte, so ergrimmte das Volk; es sah sich verlassen; es zürnte Allen, welche zum Bunde mit Venedig gerathen hatten. Diese Gährung unterhielt die Schlauheit der spanischen Faktionärs; sie wiegelten die Gemeinden auf. Man schrie Rache wider die Großen im Lande, welche aller Unordnungen Stifter seyn sollten. Es lüpften die Churwalder ihre Fahnen; und bald folgten ihnen die Fahnen der meisten andern Gemeinen gen Chur. Der Aufruhr war in wenigen Tagen allgemein; die Wuth des Volks übersprang alle Schranken. Die Rechtschaffnen bebten, die Patrioten trauerten; nur die Heerführer der Partheyen, immer bereit im Trüben zu angeln, arbeiteten, sich den Aufstand des Volks zum Vortheil zu lenken.

Am thätigsten war die spanische Parthey; sie drang darauf, das venetianische und französische Bündniß zu vernichten, niemanden den Paß der Gebirge zu erlauben, und den geheimen Rath, als Geschöpf der französischen Faktion aufzuheben. Sie verfaßte ihre Wünsche schriftlich, welche unter dem Namen der Moderations-Artikel durchs Volk fliegen mußten.

Es gelang ihr anfangs. Das bewaffnete Volk lagerte sich mit seinen Fahnen zwischen Chur und Ems auf der Ebne des Roßbodens; der Dreysieglerbrief, dies ehrwürdige Gesetz, welches jeden Aufruhr des Volks verbot, wurde in Stücken gehauen, und itzt ein Schelmenschirm geheissen; der Republik Venedig und dem Könige von Frankreich der

Durchpaß aufgekündet, und der Vertrag gebrochen; der geheime Rath aufgehoben, und verordnet, daß nie dergleichen wieder in Rhätien eingeführt werden sollte. Dies und mehreres wurde in Form eines Landesgesetzes mit dem Siegel aller drey Bünde ausgestellt, und in den Artikeln desselben ausserdem noch bestimmt: Daß niemand künftig sich unterfange, von auswärtigen Fürsten Pensionen anzunehmen, noch daß die Priester beyder Religionen künftig es wagen sollten, sich in politische Sachen zu mengen; zu dem Ende sollten sie auch nicht mehr den Gemeindsversammlungen beywohnen dürfen.

<small>Strafgericht zu Chur.</small> Das zusammengeströmte Volk hatte sich bald in ein Strafgericht verwandelt; von diesem waren die Artikel ausgegangen, und wurden nun alle, welche den Franzosen oder Venetianern zugethan waren, verfolgt. Zu den Verfolgten gehörte auch der Ritter Johann Guler von Winek, welcher als Obrist 1800. Mann bündnerscher Truppen im Valtelin anführte. Er

floh vor der Wuth seiner leidenschaftlichen Richter, und wurde von ihnen geächtet, wie auch andre.

Beeli und Ba- Georg Beeli, der erzherzoglich
selga. österreichische Landvogt zu Castels, und Caspar Baselga, ehmaliger bischöflicher Hauptmann zu Fürstenburg, standen in Rhätien an der Spitze der spanischen Parthey. Sie besonders waren es, welche die Gemeinden aufgewiegelt, und Graubündens verdienstvolle Männer angeschwärzt hatten. Schlau verbargen sie sich hinter dem Vorhang — wenige ahndeten ihre Verbrechen. Ihre Parthey war mächtig, ohne zahlreich zu seyn; der Bischof von Chur, Johannes Fluggi von Rauh-Aspermont, unterstützte sie mit politischreligiösem Eifer; Fuentes in Mayland lenkte ihre Pläne.

Aber Beeli und Baselga wurden entlarvt; Klagen erschollen wider sie plötzlich von allen Gegenden; leicht war's auch, sie bey dem erbitzten Volk in Verdacht zu stürzen; sie wurden von einem Haufen rüstiger Prättigäuer ergriffen und in Chur verhaftet. So sah man nun hinwieder auch sie vor das strenge Gericht geschleppt, welches sie zum Verderben ihrer Feinde organisirt hatten.

Bey allem Ehrgeiz der Faktionärs wagte es doch keiner derselben jemals, sich öffentlich als Führer und Haupt der Parthey aufzustellen. Sie arbeiteten im Dunkeln, und hüllten sich, wie jeder andre, in den Mantel des Patriotismus. Das Volk selbst kannte sie nicht immer, wenn ihm gleich der Zweck der Faktionen nicht dunkel war. Das Volk schätzte seine Freyheit, und sah daher sogar den Kampf der Vornehmen lieber, als ihre Vereinigung; es begünstigte jedesmal die Parthey, welche in gegenwärtigem Augenblick ihm die sichersten Vortheile gab; es strafte dieselben, oft um eben dieser empfangnen Vortheile willen, sobald sie zu Gefahren zu leiten drohten. Faktionen und Volk bedienten sich einander gegenseitig als eines Mittels, und beyde verloren durch ihre gegenseitige Untreu und Wankelmüthigkeit.

Ungewiſſer, denn jemals, war itzt der Dinge Ausgang. Die Fahnen der Gemeinden zogen zurück; das Strafgericht, bevollmächtigt durch die Nation, fuhr in seinen Verhandlungen fort. Die Faktionen fochten auf Leben und Tod, indem sie sich gegenseitig des Hochverraths anklagten; die zerbrochnen Bündniſſe mit Frankreich und Venedig, und die Beleidigung welche den helvetiſchen Geſandten, die als Vermittler erſchienen, vom Volke widerfahren war, umringten die Gränzen des Staats mit einer Kette von Ungewittern.

Eine erzherzogliche Geſandtſchaft verwandte ſich für Bceli's Befreyung — aber vergebens. Auch die Eydsgenoſſenſchaft erhob ihre Stimme, und ſprach durch ein Schreiben von Baden (14. Jun. 1607.) zu den Griſonen: „Euer Aufruhr ſtöhret den Frieden der Gebirge, vernichtet die Geſetze eures eignen Staats, und die Bündniſſe eurer Väter. Ihr habet das Völkerrecht gebrochen, durch ein Betragen, welches ſelbſt bey barbariſchen Völkern unerhört iſt; ihr habt königliche, fürſtliche und eydgenößische Gesandten beschimpft; wider Gottesfurcht und Gewissen gebt ihr schändliche Verordnungen, und allen Völkern Beyspiele und Ermunterungen zum Aufruhr. Aber wir sind müde, dies alles länger anzusehn und zu ertragen; zum letztenmal erinnern wir euch, zur Ruhe und Gerechtigkeit zurückzukehren; oder wir werden alle Zwangsmittel anwenden, euch zur Ordnung zu führen. Ihr sollt erfahren, daß wir nicht wenigern Muth besitzen, als unsre Vorfahren, welche öfters zum Beystand der Unterdrückten und zur Bezwingung vermeßner Aufrührer auszogen sind".

Also sprach Helvetien stolz und gebieterisch; aber mit edelm Unwillen vernahm Rhätiens Volk diese Worte, welche dem Munde eines Oberherrn, aber nicht eines Nachbarn und Bundsgenossen geziemten.

Inzwischen hatte sich die französische Faktion gestärkt; sie sandte eine Danksagung an Zürch durch die ihr anhängigen Gemeinden, welche zugleich nach Chur aufbrachen, um den Gang des Strafgerichts zu ändern. Dies ser Schritt war entscheidend; Beeli und Baselga wurden auf die Folter geworfen, um ihre Verhältnisse mit Fuentes zu entdecken. Beyde gestanden unter den Qualen der Tortur, daß sie von Mayland Geld empfangen und unter die Gemeinden ausgestreut hätten, um nach der Zerstöhrung der ältern Bündnisse einen mayländischen Bund zu errichten; daß die katholische Religion in Bünden wieder durch Mayland eingeführt, und der Bischof von Chur samt allen seinen Besitzungen, als Schutzgenosse, sich unter die Botmäßigkeit der Lombardie begeben sollte.

Werden enthauptet. Dies Geständniß beschleunigte ihr Todesurtheil. Am 14. Julius wurde Baselga bey Chur enthauptet; zwey Tage darauf auch Beeli. — Itzt war der Sieg der französischen Faktion zweifellos. Paschal reisete selbst durch alle Gemeinden, und ließ feyerlich jenes durch das Strafgericht gestöhrte Bündniß mit Frankreich erneuern.

Strafgericht zu Ilanz. Das Strafgericht wurde nach Ilanz verlegt, und die Zahl seiner Glieder vermindert (im Julius). Allen Entflohenen und Verbannten wurde sicheres Geleit versprochen, wenn sie in ihre Heimath zurückkehrten. Sie wurden alle in ihre Güter und Ehren wieder eingesetzt, Verbrecher und Patrioten, ohne Unterschied, und ohne strengere Untersuchung ihrer Thaten. Der Unruhen müde, verlangte das Volk mehr nach der vorigen Stille, als nach einer Gerechtigkeit, die es selbst nur so schwer zu geben verstand. Man begnügte sich, den Zurückberufnen ansehnliche Geldbussen aufzulegen; nicht um sie nach Verdienst zu bestrafen, denn Schuldige und Unschuldige mußten sie entrichten; sondern um die aufgelaufnen Unkosten bestreiten zu können.

So legte sich der Sturm eben so plötzlich als er aufgestiegen war. Er hatte nichts gefruchtet dem gemeinen Wesen, und vergebens Rhätien erschüttert viele Monden hindurch. Er diente etwa den Enkeln zur Warnung, ähnliche Wege zu meiden. Umsonst waren Bündnisse und Gesetze zerrissen worden, umsonst Völkerrechte zertreten, fruchtlos war Beeli's und Baselga's Blut geflossen — Alles trat nun wieder in die vorigen Lagen ein. Das ganze Trauerspiel endete sich in eine Faktionsfehde, bey welcher sich das Volk ein Richteramt anzumaassen wagte, welches zu führen es zu unwissend und leidenschaftlich war. Es that daher freywillig Verzicht, die Republik von ihren Uebeln zu heilen, und überließ sich ohnmächtig dem alten Lauf der Dinge.

Nur Paschal und seine Parthey zogen mit staatskluger Vorsicht die möglichgrößten Vortheile aus der Verwirrung. Sie wußten den Gotteshausbund dahin zu gewinnen, daß er in einer Vereinigung (zu Zuz 10. Juny 1612.) mit der Krone Frankreich gelobte, binnen vierzig Jahren keiner andern Macht, ausser der französischen, seine wichtigen Gebirgspässe zu öffnen. Zwar murreten die beyden andern Bünde ob dieses Separatvertrags, welcher Rhätiens Verfassung verletze, und foderten eine Abschrift desselben; allein sie wurde ihnen nicht gereicht.

Um aber Graubünden ganz ungetheilt an den Vortheil Frankreichs zu knüpfen, bemühete sich Paschal ebenfalls, die Republik noch von ihren Pflichten gegen Venedig zu ledigen. Auch dies gelang ihm, der damals Rhätiens Gemeinden beherrschte, wie noch kein Gesandter vor ihm. Es nahte sich nämlich der Ausgang des zehnjährigen Bündnisses der Grisonen mit Venedig. Paschals Gold, Beredsamkeit und Ansehn, in Eintracht mit dem alten Groll der Bündner gegen den venetianischen Vertrag, wirkten so mächtig, daß noch ein Jahr vor dem Ablaufe des Bündnisses (1612.) dasselbe von Seiten der Grisonen aufgekündet wurde.

Niemals war den Venetianern Bündens Gunst wichtiger gewesen, denn in diesen Zeiten, als sie im schweren Kriege mit dem Erzherzoge Ferdinand von Oesterreich begriffen waren, da sie nämlich aus dem Norden allein auf Hülfe harrten, und für dieselbe keinen andern Weg in ihr Gebiet anzeigen konnten, als den Weg durch die rhätischen Gebirge.

Vergebens schickten sie im J. 1613. den Gregorio Barbadigo an Bünden, um die Päsfe offen zu halten, und Mannschaft werben zu dürfen in den Thälern der Alpen; umsonst mußten Bern und Zürich (1614.) für sie sprechen; umsonst kam Joh. Battista Padavin, der glückliche Stifter des ersten Vereins, zum andernmal in Rhätien, und bat (1616. im Februar an einem Beitage) mit weinenden Augen für die Wünsche seines Staats. Rhätien blieb unerbittlich; es züchtigte sogar diejenigen Hauptleute und Soldaten, welche sich, allen Verboten entgegen, für Venedigs Dienste hatten werben lassen, in einem besondern Strafgerichte (Chur im October 1616.) und mahnte zuletzt den verzweifelnden Gesandten Venedigs, aus den rhätischen Thälern zu weichen.

§. 10.

Noch war die Entwickelung des großen Trauerspieles nicht vorhanden; die Ruhe der Thäler nur scheinbar. Blutigere, entsetzlichere

Auftritte, erschaffen durch der Faktionen Hab-
und Herrschsucht, durch der Religionspartheyen unvorsichtigen Eifer, sollten noch folgen, den späten Enkeln zur schauerlichen Lehre.
Aber einige von den vornehmsten Schauspie-
lern verliessen itzt die Bühne; doch andre traten an ihre Stelle.

Paschal, welcher beynahe zehn Jahre lang,
unter allen Stürmen, Frankreichs Sache siegend erhalten hatte, wurde im J. 1614. in
sein Vaterland zurückgerufen; an seiner Statt
erschien Stephan Guefferi (1615). Früher
schon (1610. 22. Jul.) war der fünf und
achtzigjährige Fuentes in Mayland gestorben; sein Nachfolger in der Statthalterschaft
Joh. Ferdinand Velasco, Connetable von
Castilien, änderte nichts an den gewaltthäti-
gen Entwürfen seines kühnen Vorgängers,
als die Mittel, sie auszuführen.

<small>Spanien wirbt zum letztenmal</small> Verbunden mit dem
<small>um Bündens Gunst.</small> Gesandten Spaniens
bey der Eydsgenossenschaft, Alfonso Casati, sprach er in gelindern Tönen. Er miß-

billigte manche That seines Vorgängers; nannte sich der Grisonen Freund; erbot sich, die verhaßten Mauern von Fuentes zu schleifen, wenn der Freystaat der Rhätier mit dem Könige von Spanien in Freundschaft treten wollte. Casati schlug zu dem Ende ein ewiges Auxiliarbündniß vor: Er verlangte für Spanien die Gebirgspässe, wie man sie den V. Orten der Schweiz gegeben habe, und die Freyheit 2000. bis 6000. Mann werben zu dürfen. Spanien sollte dagegen in Kriegszeiten an die Republik 2000. Mann stellen, und jedem Bunde jährlich 1500. mayländische Ducatons bezahlen.

Diese neuen Versuche Spaniens, seine italiänischen Staaten durch Bündens Volk und Gebirge zu schirmen, schlugen neue Funken in den durstigen Zunder der Zwietracht. Die alten Faktionen, noch kaum von den jüngsten Wunden genesen, erhoben sich von Neuem zum Streite — die venetianische und die spanische.

Herkules

Herkules von Salis, und Rudolf Planta. Venedig ſtreute ungeheure Geldſummen in Rhätien aus, und hatte mächtige Freunde. An der Spitze derſelben handelte Herkules, aus dem reichen und blühenden Hauſe Salis, ein Mann voller Kraft, Geiſt und Entſchloſſenheit. Stolz und kühn richtete ſich gegen ihn auf Rudolf aus dem edeln Geſchlechte der Planta, ein Mann eben ſo mächtig als verwegen, deſſen Spruch die Bundesverſammlungen ehrten. Er oder ſeine ihm nachwandelnde Faktion war den Spaniern hold; doch wußte er ſchlau ſich öffentlich an Frankreich zu ſchlieſſen; deßwegen ſeine Parthey vom Volk die ſpaniſche, mit dem franzöſiſchen Hütchen verkappte, geheiſſen wurde.

Aus den trüben Quellen veralteter Fehden entſprungen, war der Groll der Häuſer Salis und Planta erblich geworden. Sie verwebten das Intereſſe ihrer Familien mit dem des Freyſtaats, und rangen, durch ihren Reichthum bewaffnet, um die Herrſchaft im

Lande. Eifersüchtig buhlten sie neben einander um die Gunst des Volkes, und um den Besitz der hohen Aemter. Ja in ihrem Zorn führten sie sogar die Partheyen öfters mit Wehr und Waffen wider einander, wie es zu Zuz im obern Engadin (23. und 24. März 1618.) geschah, wo die Streitenden mit Feldstücken gegen einander zogen, und die Weiber sich mit Verzweiflung zwischen die Kämpfenden warfen, und Frieden stifteten.

Rudolf Planta, als er die Stimmung des Volks wider Venedig erkannte, benützte den Augenblick; es erhoben die Männer des untern Engadins, die Münsterthaler und viele andre Gemeinden Churbündens, die Fahnen, und setzten zu Chur (Junn 1617.) ein Strafgericht gegen die Anhänger Venedigs. Aber dies Stafgericht war Planta's letzter Triumph.

Denn die Faktion Venedigs sträubte sich vor dem Bundstage zu Ilanz (December 1617.) gegen die Annahme der Strafurtheile, und drang auf eine Rüge der Spanisch-Ge finnten. Durch ihre Schlauheit verband sich mit ihr der größte Theil der reformirten Geistlichen, welche gegen Spanien öffentlich predigten. Sie gaben vor, daß ihnen ein Synodalgesetz verbiete, jemals mit den Spaniern in Verein zu treten; daß Spaniens Schritte nur die Ausrottung des protestantischen Glaubens bezielten. So sprachen sie; und das Volk, um seine Religion bekümmert, glaubte ihnen willig.

Der Synodus von Bergün. Muthig durch diesen Erfolg, versammelten sich diese Geistlichen auf einen Synodus zu Bergün (May 1618). Jeder Besitzer desselben ward bey seinem Eyd aufgefodert, den Namen dessen zu nennen, von welchem er wüßte, daß er wider die Freyheit der Kirche Christi und des Vaterlandes practicire. Und als mancher Name erschollen war, schrieb der Synodus Warnungen aus an die Gemeinden Rhätiens; auch erbot er sich, wenn das Volk sie fodern würde, die Namen der Gefährlichen im Lande zu nennen.

Sie wurden gefodert und genannt. Da brach das Feuer des Volksgrimmes aus, angeschürt von der venetianischen Faktion; denn auch Rudolf Plantas Name stand unter den Verdächtigen. Schon zog ein Haufen bewaffneten Volks gen Zernez, wo Rudolf wohnte; da floh er mit seinen Vertrauten und Freunden über die hohen Gebirge ins Land Tyrol. Sein Haus wurde zerstöhrt und der Plünderung preisgegeben, und aus seinen vorgefundenen Papieren ihm der Prozeß gemacht.

Zwey andre Volkshaufen eilten vertheilt in das Bregell und Valtelin; schleppten von dort den Johann Battista von Prevost, genannt Zamber, und von hier den Erzpriester aus Sondrio, Nikolaus Rusca, mit sich gen Thusis; denn beyde waren der spanischen Faktion zugethan.

Strafgericht zu Thusis. Zu Thusis harrte ihrer ein Strafgericht, welchem vergebens, als Censoren desselben, Geistliche beygeordnet wurden, um alle Ungerechtigkeit zu verhüten. Es begann dies Gericht im August des J. 1618. und dauerte sechs Monden lang. Durch manche weise Verordnungen erweckte es günstige Hoffnungen von sich — Verordnungen, die nach alter Sitte gegeben wurden, um nie gehalten zu werden.

<small>Rusca und Zamber.</small> Grausamer aber ward es im Gericht über die spanischen Faktionärs. Rusca der Erzpriester, ein Mann von anerkannter Rechtschaffenheit, starb unter den Händen der Folterknechte, die ihm Geständnisse abquälen sollten, welche sein Herz nicht geben konnte. Sein Leichnam ward unter dem Galgen von Thusis verscharrt, ungeachtet der Mann keines Verbrechens überführt worden. — Muthloser als Rusca, bekannte sich Zamber, ein podagrischer Greis von siebenzig Jahren, zu Verbrechen, die er vielleicht nie begangen hatte — denn die Furcht vor der Folter, und manche Vorspieglungen arglistiger Geistlichen, die ihm Hoffnungen gaben, wenn er etwas wider Planta bekennen würde, verführten ihn. In

der Todesstunde soll er seine Aussage widerrufen haben. Er ward aber (32. Aug. 1618.) mit dem Schwerdte hingerichtet.

So wüthete das Strafgericht, welches fast allein von den reformirten Geistlichen geleitet und von der venetianischen Faktion eingegeistet wurde. Es besudelte sich mit dem Blute der Unschuld, und strafte Sünden, die es selbst begieng. Rudolf Planta und sein Bruder Pompejus, auch ihre Freunde Luci von Mont und Antonius Giouver, wurden abwesend des Todes würdig, und vogelfrey erklärt; vielen andern ward das Vaterland auf Lebenszeit geraubt, und noch mehrere mußten mit schweren Geldsummen büssen. Zu den letztern gehörte auch die Stadt Chur, welche, weil sie spanisch gesinnt war, 20,000 Gulden zahlen sollte, und Johannes Fluggi, dem Bischofswürde und Leben abgesprochen worden.

Strafgericht zu Chur. Aber viele der Gestraften schrieen über Gewalt und Ungerechtigkeiten des Strafgerichts; sie foderten Untersuchung ihrer Sache von unpartheyischen Männern. Es gelang der spanischen Parthey, ein neues Strafgericht in Chur zu bestimmen. Im April (1619.) begaben sich bewaffnete Schaaren aus dem Bregell, dem Vaterlande des enthaupteten Zamber, und aus Misox, Lugnez und von Disentis dahin.

Und zu Davos. Als dies die Freunde des thusnischen Gerichts vernahmen, erhoben auch sie sich. Es bewaffneten sich die Männer des untern Engadins, und von Davos und Brettigäu, und begegneten ihnen bey Chur. Es kam zum Gefecht an der Stadt, in welchem die plantische Parthey obsiegte. Und so ward das Revisionstribunal in Chur eröffnet, welches um den Landfrieden heimzubringen, viele Sprüche des Thusner-Gerichtes milderte. — Doch diese Milde ward dem Tribunal zum Verbrechen geachtet; denn die Verbannten kehrten heim aus ihrem Elend, und brachten in ihrem Herzen den Schwur der Vergeltung mit. Darum waren neue Verwirrungen des Staats und neue Verfolgungen vorauszusehn. Das mächtige

Haus der Salis, die beredsame Geistlichkeit, und alles, was die strengen Maximen des Thusner-Gerichts angenommen hatte, empörte sich gegen jene gefährliche Sanftmuth. Die Fahnen der widerspanischen Gemeinden zogen zusammen aus allen drey Bünden (September 1619). Bey Zizers, am Ufer der Lanquart, pflogen sie Raths, und errichteten acht neue Artikel, worüber sie halten wollten mit unwandelbarer Treue. Sie schafften das churische Tribunal ab, und ernannten die Glieder zur Errichtung eines andern in Davos, welches die Acten des Thusnischen und Churischen Strafgerichts prüfen und richten sollte. So erhob im wilden Taumel und Gegenkampf sich immer eine Parthey zum Richter der andern. Jede wollte ein Arzt des kranken Vaterlandes werden; und jede riß von neuem die blutenden Wunden auf, um sie besser zu heilen. Das Vaterland aber ward kränker.

Zu jenen Artikeln, von den versammelten Fahnen an der Lanquart errichtet, gehörte auch dieser: Daß forthin kein Gesandter und Dollmetscher fremder Fürsten in Bünden geduldet werden sollte, weil von daher alles Uebel entsprungen sey. — Padavins Entfernung aus Rhätien sollte hiemit gerächt, und die venetianische Faktion wieder jeder andern gleichgestellt werden. — Guefferi, der Gesandte Frankreichs, verließ daher die rhätischen Thäler mit schwerem Zorn.

Das neue Tribunal versammelte sich zu Davos (Anfang Novembers) und währte bis in die Mitte des folgenden J. (2. Jul. 1620). Die Geistlichen, welche einst das Gericht von Thusis beherrschten, standen hier wieder, und drängten den Staat durch unweisen Religionseifer dem Abgrunde des Elends näher. Was zu Thusis beschlossen war, wurde zu Davos von neuem geheiligt, und die Zahl der Bestraften durch neue Schlachtopfer des religiösen und politischen Fanatismus vermehrt. Katholiken und Spanisch-Gesinnte wurden mit gleicher Wuth verfolgt; man sandte Deputierte in das unruhige Valtelin, mit Voll-

machten, selbst wider die gebräuchliche Rechts-
form darinn zu handeln; man sandte, ohne
Anfrage bey den souverainen Gemeinden Rhätiens, zwey Geistliche, als Abgeordnete, nach
Böhmen, wo der eitle Churfürst Friedrich
von der Pfalz die Krone des Königreichs
auf sein Haupt gesetzt hatte, welche dem Kayser Ferdinand genommen worden; man versprach ihm Unterstützung, weil er für die Sache des evangelischen Glaubens focht, und
erzürnte mit unverzeihlichem Leichtsinn das
Haus Oesterreich.

So waren Spanien, Oesterreich, Frankreich und Helvetien, durch das leidenschaftli-
che Handeln der Faktionen von Graubünden
zurückgestoßen. Das Vaterland lag einsam,
sich selbst überlassen, in fürchterlicher Zerrüttung da. Die Verbannten irrten im Auslande umher und brüteten über Verschwörung.
Die Plantische Parthey, überwunden, aber
unvernichtet, suchte im Lande nach den Mit-
teln der Rache. Die bedrängten Katholiken
und das wankelmüthige Valtelin, angelockt

durch Maylands Güte, verbanden sich mit dem verzweifelnden Haufen der Unterdrückten, Landesverwiesnen nnd Beraubten. — Die rhätische Freyheit sah ihren Tod in den nahe schwebenden Bürgerkriegen. — Dies alles war die Wirkung des unglückseligen Synodus zu Bergün.

§. II.

Mit dem allgemeinen Elend verband nun auch die Natur ihre Schrecken; sie wollte das Andenken dieser traurigen Zeiten eben so traurig verewigen, und begrub einen der schönsten, reichsten Orte Rhätiens, Plurs, die ehmalige Nebenbuhlerin Chiavennas, unter den Trümmern eines zusammenstürzenden Berges.

<small>Untergang von Plurs.</small> Plurs, bevölkert und reich durch den Fleiß seiner thätigen Einwohner, die Niederlage des Handels zwischen Italien und Deutschland, geschmückt von schönen Kirchen, Plätzen und Spaziergängen, lag am Fuße des Berges del Conto, in der

Grafschaft Cläven. Der Contoberg erhob sich darüber, zusammengebaut von Schichten trockner, leimigter mit Felsenklössen vermischter Erde, welche endlich, durch Zeit und Witterung aufgelöst, den Niedersturz drohten. Es geschah; nach einigen Regentagen riß sich ein großer Theil des Berges los von seiner Höhe, entwurzelte Felsen und Wälder, und wälzte sich donnernd um die Mitternachtsstunde des 25. Augusts (1618.) über das schlummernde Plurs, und über das benachbarte Dorf Chilano. Mehr denn 2500. Menschen wurden verschlungen — das entsetzliche Krachen erweckte weit umher die bangen Gegenden; der aufdampfende Staub wehte bis gen Cläven, und bedeckte den Morgenhimmel, wie mit dicken Wolken. Es eilten die Nachbarschaften mit dem dämmernden Tage herbey; im starren Entsetzen sahen sie Plurs und Chilano verschwunden im Schutt und Graus, und statt der lachenden Weinberge und Lustgänge eine schreckliche Wüsteney. Sie konnten keinen von den Verschlungenen retten, nur Thränen weinen auf das ungeheure Grab ihrer tausend Brüder.

Inzwischen war die Verschwörung der Verbannten reif worden. Rudolf Planta hatte Oesterreich aufgewiegelt, und die katholischen Veltliner verbanden sich mit Maylands Groll wider Bünden.

Der Veltliner-Mord. Sie wollten, so war ihr Entwurf, die Herrschaft Rhätiens abwerfen, und an einem einzigen Tage alle evangelischen Bewohner des Valtelins ermorden. Dieser entsetzliche Anschlag blieb kein Geheimniß; dumpfe Gerüchte verbreiteten sich davon umher, aber sie waren zu gräßlich, um Glauben zu finden.

Doch die Rädelsführer der Conspiration im Valtelin, Azzo Besta, Laurenz Paribel, Joh. Guicciardi, Anton Paravicini, Jakob Robustell, Marc Anton Venosta, Simon Venosta, Franz Venosta, die vielen Hundert Geistlichen des Thals, und mehrere mißvergnügte Edelleute daselbst, änderten ihren schrecklichen Plan nicht. Sie dürsteten nach Rache und Blut, und bestimmten den Tag des Mordes. Er kam. Es war der neunzehnte Julius (1620.), welcher in den Annalen der Weltgeschichte neben den Bartholomäusnächten und sicilianischen Vespern als ein schauerliches Denkmal des menschlichen Wahnsinns steht.

Noch graute kaum der Morgen; da stürmten die Glocken von Tirano zum Blutbade das Zeichen. Robustell hatte einen Haufen Mörder und wilden Gesindels aus Trient, Venedig und Mayland zu sich gesammelt zur Vollendung des verfluchten Werkes. Sie brachen hervor, erschossen alle Protestanten, drangen in die Häuser und metzelten Männer, Weiber und Kinder, Greise und Säuglinge, in den Betten nieder. — Als die That vollbracht war, flogen sie wohlberitten gen Tell, wo die Evangelischen sorglos im Tempel ihren Gott verehrten. Aber den Mördern war kein Heiligthum ehrwürdig; sie färbten die Stätten der Andacht mit Blut, und zündeten den Thurm an, wohin viele der Verzweifelnden in ihrer Todesangst geflohen waren. Also wüthete man auch zu Sondrio und in andern Gegenden des Valtelins. Der Jammer war unaussprechlich groß. Wer entfliehn konnte, rettete sich durch die Gebirge; aber der Ermordeten waren viele; ihre eigentliche Zahl, immer über 600. ist unbekannt.

Rebellion Veltlins. Die Häupter der Rebellen liessen eine Vertheidigung ihrer Schandthaten schriftlich in die Welt gehn, und rechtfertigten ihre Verbrechen darin durch mancherley Beschwerden wider den Despotismus der Grisonen in Staats- und Glaubenssachen.

Schaudernd vernahm Graubünden die Geschichte der blutigen Begebenheiten. Es foderte sogleich Frankreich, Venedig und Helvetien zur Hülfe auf, die Rebellen zu bezähmen. Aber die Hülfe erschien nicht. Allein stand Bünden in dieser schrecklichen Zeit, und in sich selbst uneins; denn die katholischen Gemeinden des Oberbundes, sämtlich der spanischen Faktion zugethan, waren so hart, so hingerissen vom Intresse der Parthen, daß sie sich gegen das katholische Veltlin zu streiten weigerten.

Endlich ermannten sich doch etliche patriotische Gemeinden Churbündens und der zehn Gerichten, und sandten 2000. Mann in das rebellische Thal. Aber, schon bis Morbegno vorgedrungen, mußten sie wieder an den Rückzug denken, weil die Heerschaaren des mayländischen Statthalters ihnen übermächtig entgegenzogen.

<small>Rudolf Planta bekriegt sein Vaterland.</small> Ein österreichischer Heerhaufen, von Baldiron angeführt, brach fast zur selbigen Zeit (26. Jul.) ins Münsterthal ein. Rudolf und Pompejus Planta, die Verbannten, zogen an der Spitze dieses Schaaren, um ihr Vaterland mit den Waffen des Auslandes zu beugen. In kurzer Zeit war ihnen das Münsterthal unterworfen; alle Gegner Planta's entflohn von da, ihrer beynahe 500. Aber die Zurückgebliebnen mußten dem Erzherzoge Leopold von Oesterreich den Eyd der Treue schwören.

Als

Als Zürich und Bern, die mächtigsten der evangelischen Cantonen, ihrer Bundes- und Glaubensgenossen Noth sahen, wurden sie gerührt, und sandten Hülfe. Bern und Zürich waren es gewesen, welche durch ihre Warnungsschreiben an den Staat und an die evangelische Geistlichkeit in Bünden, schon zur Zeit des Bergüner-Synodus, gegen Spanien oder Mayland das rhätische Volk beredet hatten; die Bergüner-Versammlung, und mittelbar auch die ganze Kette der rhätischen Schicksale waren selbst eine Folge jener Warnungen gewesen. — Darum fanden sich jene Cantone verpflichteter, als andre, den treuen Bündnern Schirm wider Spaniens Absichten zu leisten. Der Obrist Nikolaus von Müllinen führte 2000. Berner, Joh. Jakob Steiner aber 1000. Mann von Zürich über Mayenfeld ins Valtelin. Johannes Guler, der bündnersche Feldobrist, stieß zu ihnen mit 1200. Bündnern aus den Zehngerichten, Münsterthal und Unterengadin.

II.   J

Aber bey Tirano am 11. September 1620. trafen sie auf die Völker des Gomez Alvarez, Herzogs von Feria (des Gouverneurs von Mayland, seit 1618.); ein blutiges Treffen wurde geliefert, in welchem die Republikaner, wo nicht besiegt, doch so geschwächt wurden, daß sie heimzogen, und das Valtelin in der Gewalt der Spanier liessen.

Der Oberbund will sich von Rhätien scheiden. Der plantisch=gesinnte Oberbund schlug indessen allen Verein mit den übrigen, flehenden Bünden ab; — er, voll der Partheysache, zerriß die Bande der rhätischen Union, brach die heiligen Schwüre der Vorwelt, verschmähte Bitten und Drohn, foderte nur die Vernichtung der Strafgerichtsurtheile von Thusis und Davos, und die Bestrafung der venetianischen Faktion. — Und sein Widerwillen gegen die zwey verlassenen Bünde war so groß, daß er im Ernst daran dachte, sich von Rhätien abzusöndern. Er trat für sich in eigne Unterhandlungen mit den V. katholischen Orten der Schweiz, und nahm von ihnen 1500. Mann Schutztruppen, angeführt vom Obrist Beroldinger von Uri, um auf jeden Fall seine Unternehmungen mit Kraft zu sichern. Er sandte eine Botschaft an den Herzog von Feria (im Dezember), und diese schloß mit Spanien ein Bündniß, des Innhalts: Daß an Rhätien die rebellischen Provinzen zurückfallen sollten, daß aber daselbst allein die katholische Religion herrschen müsse. Den zwey andern Bünden wurde nur ein Monat Bedenkzeit gewährt. (Mayland, 6. Februar 1621). — Soweit verführte Faktionswuth und Glaubenseifer.

Das Münsterthal blieb inzwischen in Oesterreichs, das Valtelin in Maylands Gewalt. Mit Sehnsucht erwarteten die bedrängten Bündner Venedigs Unterstützung. Dahin hatten sie den Herkules von Salis gesandt; aber er erkrankte, und starb (27. September 1620.) in Venedig. Doch rüstete sich die adriatische Republik, den Grisonen beyzustehn.

Jenatsch und Pompejus Planta. Pompejus Planta, kühn gemacht durch den festen

Muth des Oberbundes, begab sich dahin, um seine Freunde in ihrer Beharrlichkeit zu stärken. Er wohnte im Domleschger-Schlosse Rietberg. Als dies Georg Jenatsch erfuhr, einer der heftigsten Feinde der plantischen Faktion, der ehemals, als Geistlicher, nicht wenigen Einfluß auf die Strenge des thusnischen Strafgerichts gehabt, und sich nachmals, von seiner unruhigen Natur verführt, dem Kriegsstand geweiht hatte, begab er sich, von einigen Getreuen begleitet, dahin, und erschlug den Pompejus (25. Febr. 1621).

Unterdessen kam des Oberbunds Gesandtschaft von Mayland heim, und überbrachte das Bündniß mit Spanien zur Bekräftigung. Aber Churbünden, die zehn Gerichte, und die evangelischen Gemeinden des Oberbunds, protestirten feyerlich gegen den spanischen Bund. Guefferi, welcher, auf Bitte der gegen-spanischen Bünde, unter den Tumulten zurückgekommen war, ermahnte zum festen Widerstand. Der Oberbund sah also die Stimmenmehrheit der rhätischen Gemeinden wider sich; aber aufgemuntert von den Planten, von Scaramuccia dem spanischen Gesandten zu Ilanz, und von dem Urner-Obrist von Beroldingen, weigerte er sich, der Stimmenmehrheit, nach alter Sitte, zu gehorchen.

Da ergriffen die gegen-spanischen Gemeinden ihre Waffen, und bemächtigten sich, vom Freyherrn Rudolf von Salis geführt, der Rhein-Brücke von Reichenau, der Oerter Damins und Rhäzüns; stritten mit den Schweizern bey Valendas (2. April), in einem siebenstündigen Gefecht, und verfolgten dieselben bis an die Gränzen von Urseren. So ward der Oberbund gezwungen, der mayländischen Capitulation zu entsagen.

Gesandtschaft nach Inspruck. Minder glücklich waren die Rhätier in ihren gütlichen Versuchen mit dem Hause Oesterreich. Umsonst gieng eine Gesandtschaft (im May 1621.), zusammengesetzt aus edeln und weisen Männern, dem berühmten Fortunatus Sprecher, dem Landvogt Fortunatus Juvalta, dem

Geschichtschreiber seiner Zeit, und Julius Meissen, nach Inspruck, um das Münsterthal und einige von den Oesterreichern gefangene Bundsleute zurückzufodern. Mit einer hohnbietenden Antwort, voller Beschwerden über die Unruhen Bündens, den Ungehorsam und Trotz der VIII. unter Oesterreichs Oberherrlichkeit stehenden Gerichte, und andre Dinge, wurden sie trostlos entlassen, und bestellt, sich am 4. July auf einen Convent zu Imbst, mit den Antworten Graubündens auf die Beschwerden des Hauses Oesterreichs einzufinden.

Nach Imbst. Sie erschienen zu Imbst. Aber das bündnersche Volk, hin und hergeworfen von mancherley Stürmen, ohne Einigkeit, ohne Vertrauen, ohne Regierung, erwartete nicht den Ablauf der Verhandlungen. Es zogen sich Schaaren zusammen, von einigen Verwegnen angeleitet, die mehr Vaterlandsliebe als Bedachtsamkeit besaßen. Sie wollten die Oesterreicher mit den Waffen in der Faust verjagen, und den Krieg mit der Wiedereroberung von Worms eröffnen. Sie eilten dahin, ohne Ordnung, ohne Geschütz, ohne Belagerungsgeräth, ohne Proviant, und von Feldobristen angeführt, welche, in der Kriegskunst unerfahren, mehr auf den Muth ihrer Untergebnen, als auf die Unentbehrlichkeit der Disciplin und Taktik sahen. Es war itzt nicht mehr die Zeit, da persönliche Tapferkeit mit Hellebarden und Morgenstern den Sieg herbeyrief; feige Sklaven hinter den Kanonen konnten Heere ungeübter, regelloser Helden erlegen. — Fruchtlos war daher der schwärmerische Zug gen Worms (September); die Bündner wurden zurückgeworfen, ihrer viele büßten das Leben unter den feindlichen Batterien ein; andre verloren sich im Hunger und Elend.

Als dies der erzherzogliche Convent zu Imbst vernahm, wo die Unterhandlungen schon mit vieler Ruhe begonnen waren, wurden die Deputirten Bündens mit harten Worten entlassen. Ohne weitere Untersuchung des Rechts oder Unrechts, foderte der Convent, daß das

Münsterthal, das untre Engadin und die zehn Gerichte, ohne Einschränkung dem Erzherzoge von Oesterreich als Landesherrn unterworfen seyn, und allen Bündnissen abschwören sollten; die Rechtsame Oesterreichs seyen eben so gegründet, als dies durchlauchte Haus mächtig genug sey, sie geltend zu machen.

Die Oesterreicher unter Baldiron in Bünden. Der Krieg Oesterreichs war hiemit feyerlich gegen Bünden erklärt. Noch an demselben Tage (27. Octbr.), als die Gesandtschaft Imbst verließ, drangen die Oesterreicher unter dem Obrist Brion durch Montafun in das Bretigäu, und verheerten mit namenloser Unbarmherzigkeit diese Landschaft. — Zwey Tage darauf rückte Rudolf Planta, mit dem Obrist Baldiron und dem General Stredel über den Inn mit 8000. Mann in das Ober-Engadin. Mit Raub und Brand wurden die Thäler gefüllt; des Kindes im Mutterleibe ward nicht geschont. Umsonst hatten sich die katholischen Bündner geschmeichelt, von ihren Glaubensgenossen unversehrt zu bleiben.

Ein wüthender Feind kennt weder Gott, noch Eid, noch Heiligthum.

Baldirons Armee stieg über den hohen Flüela, gen Davos hinab (9. Nov.) und in das Thal der wackern Brettigäuer; knieend mußte ihm das Volk dieser Landschaft huldigen. Mit Rudolf Planta rückte er bis Mayenfeld, und hinauf wieder gen Chur (22. Nov.), wo er einige Besatzung zurückließ; dann begab er sich über den Albula ins trauernde Thal der Ober-Engadiner. Und wohin er zog, eilten Verzweiflung und Jammer ihm voran; dumpfe Todtenstille der Verödung folgte ihm. Im untern Engadin und Münsterthal ward der evangelische Gottesdienst zerstöhrt; beynahe 2000. protestantische Bündner flohen aus dem verheerten Vaterlande.

Herzog von Feria. Auch der Herzog von Feria hatte nicht gesäumt, das südliche Rhätien jenseits der hohen Alpen zu unterjochen. Schon im October zog er mit 3000. Manu in Cläven ein, und das Bregell mußte sich ebenfalls seiner Gewalt unterwerfen.

Kraftlos, blutend und überwunden, lag Rhätien da. Bern hatte längst seine Krieger zurückgeführt; auch Zürich nahm, aus Furcht vor Oesterreichs Zorn, seine Tausend heim. Das Land blieb sich selbst überlassen. Vernichtet war die Freyheit des Staats; auch die Freyheit der evangelischen Religion drohte den Untergang. Rudolf Planta, der furchtbare Coriolan seines Volkes, verließ seine Kirche und trat zum Pabstthume über.

Gedemüthigt sandten der Ober- und Gotteshausbund am Ende des J. 1621. an Mayland, um Frieden zu erbitten. Das Unter-Engadin, Münsterthal, und die zehn Gerichte, Mayenfeld ausgenommen, hatten, als dem Hause Oesterreich unterthänig, keinen Theil an dieser Sendung. Früher schon war eine solche vergebens unternommen worden. Aber der Herzog von Feria schrieb die Bedingungen des Friedens in der Sprache des Siegers vor. Folgendes war der Innhalt der mayländischen Capitulation vom 15. Januar 1622. Veltlin und Worms seyen unabhängig; der Bund mit den zehn Gerichten, dem untern Engadin und Münsterthal, sey gebrochen; die katholische Religion sey unangefochten in Rhätien, und anerkannt das tridentinische Concilium und die Bulle in Cœna domini; Rudolf Planta und seine Freunde werden durch ein unpartheyisches Gericht in Ehren und Gütern wieder eingesetzt.

Mit blutendem Herzen und lauten Klagen unterschrieben die versammelten Boten zu Chur (14. Febr.) diese Capitulation, durch welche Rhätien aufgelöst, und der heilige Einigungseid der Väter zu Vazerol vernichtet ward.

Verfolgung der Evangelischen. Allein mit dieser Schmach endete das Unglück seine Herrschaft nicht. Oesterreichs Truppen raubten und mordeten ungestraft in den Dörfern, und Baldiron theilte endlich in den VIII. Gerichten im Namen seiner Regierung (im April) den Befehl aus, alle evangelische Geistliche zu vertreiben, und den katholischen Gottesdienst einzuführen. So gelangten endlich die frommen Wünsche des H. Borromäus zu ihrer Erfüllung.

Aufruhr des Prettigäus. Tief ward das arme, überwundne Volk gebeugt — aber nunmehr auch zur Verzweiflung gejagt. Die kraftvollen Männer des Prettigäus, diese Schooskinder der Freyheit, ungewohnt ein Joch zu tragen, beschlossen es, ihr Leben aufzuopfern für des Glaubens und des Vaterlandes Freyheit. Schnell flog der Geist des Aufruhrs von Dorf zu Dorf; die Gemüther waren einverstanden. Am Sonntage Palmarum (24. April) brach die Empörung aus; es fehlte an Waffen, denn das Volk hatte dieselben ausliefern müssen. Doch die Noth macht erfindsam: Die Wälder wurden des tapfern Prettigäus Zeughaus; dort brach man sich Keulen; die Sicheln verwandelten sich in Schwerdter, die Sensen in Speere. Mehrere Hundert Landsknechte wurden in wenigen Stunden erschlagen; selbst die Weiber mischten sich unter die Kämpfenden, und retteten Rhätiens Ehre. —

Das Schloß Castels ward sofort belagert; aus Mangel des Wassers kapitulirte die Besatzung. Sie erhielt freyen Abzug; doch mußte sie den Brettigäuern das Gewehr strecken, schwören nie wider Bünden zu dienen, und sich für sie bey Oesterreich um Wiederherstellung der alten Verhältnisse verwenden (26. April).

Erstaunt vernahm Bünden die That des Brettigäus; der vertriebnen Grisonen viele kehrten heim, und verbanden sich mit den Vertheidigern der alten Freyheit; auch stießen zu ihnen Schaaren vom leidenden Unter-Engadin. Und als so ihre Zahl gewachsen war, ernannten sie sich einen Kriegsrath, und zogen in zwey Haufen vertheilt gen Mayenfeld und gen Chur, um diese Städte zu belagern. Baldiron aber lag selbst mit starker Mannschaft in Chur; zu ihm gestoßen war Camillo del Monte mit spanischer Reuterey.

Zwey Monden lang fochten die tapfern Brettigäuer unter den Mauern und Thürmen von Mayenfeld und Chur; ihr Vaterland zu erlösen, fochten sie, und darum achteten sie nicht der Feinde überlegne Macht, und ihrer Waffen Ungleichheit. — Unglaubliche Thaten, werth des Heldenalters von Griechenland und Rom, wurden hier gethan; von allen Seiten strömten die Grisonen der edeln Schaar zu, um mit ihr zu fechten und zu sterben für Rhätien.

Die Brettigäuer foderten laut die zagenden Bünde auf zur Abwerfung des österreichischen Jochs; eben die Bünde, welche sich von ihnen in der mayländischen Capitulation feyerlich losgesagt hatten, und für deren Freyheit nun Brettigäus Blut floß. Aber die Bünde wagten es nicht, zu antworten; und als sie zu den Brettigäuern durch eine Botschaft sprachen, war ihr Wort eine durch eine von Baldiron erzwungne Mahnung, die Waffen niederzulegen.

<small>Rudolf von Salis.</small> Aber die Helden rasteten nicht; sie führten den Krieg mit unüberwindlichem Muthe, und mit Waffen, welche sie in blutigen Kämpfen den Feinden selbst erst

abringen mußten. Unsterblich wurden hier die Namen des Freyherren Rudolf von Salis, Obristen der Conföderation und Präsidenten des Kriegsraths — Peter Gulers, Sohns des berühmten Johanns, und Hauptmanns der Davoser — des edeln Johann Jöuch, des Brettigäuers — des Thüring Enderli, Hauptmanns des Mayenfelder-Hochgerichts, und andrer Helden Namen mehr.

Ueberwunden ergab sich endlich Mayenfeld; die Besatzung noch 850. Mann stark zog aus (2. Jun.) mit dem Schwure, nie wider Rhätien zu dienen. — Auch Baldiron wankte. Er kapitulirte, und erhielt freyen Abzug (19. Jun.). Mit ihren blutigen Keulen zogen die Sieger und Befreyer Rhätiens in das erlösete Chur ein.

Sobald die Feinde das Gebiet der Republik verlassen hatten, vereinigten sich brüderlich nach der traurigen Trennung die drey Bünde von neuem. Es kamen die Boten der Gemeinen in Chur zusammen (27. Jun.) und schwuren sich wider den Eid der Lieb' und Treue, vernichteten die spanischen und österreichischen Capitulationen, und machten den Entwichnen und Vertriebnen, von welcher Parthey sie auch gewesen seyn mogten, allgemeinen Pardon bekannt, unter der Bedingung, daß sie nimmer wieder irgend einer Faktion dienen sollten; Rudolf von Salis aber ward zum Oberbefehlshaber des bündnerschen Kriegsheers ernannt.

Mit doppeltem Muthe wurde nun der Krieg fortgesetzt. Rudolf von Salis brandschatzte im Montafun; aber Baldiron verwüstete das gegen das Unter-Engadin, und breitete sich mit seiner Macht bald wieder über das ganze Land des zehn Gerichtenbundes aus.

Tyrannischer noch, als vorher, schaltete Baldiron, nun und der österreichische Oberbefehlshaber Alejo, Graf von Sulz, in den eroberten Thälern; jeder Tag trug eine blutige Spur unmenschlicher Rache. Bünden, nachdem es kaum den Trost der Befreyung wenige Wochen lang genossen, erlag abermals vor der Uebermacht, und die Bundesgenossen standen unthätig in der Ferne.

<small>Landes-elend.</small> Das Jahr verstrich, ohne Hoffnung, endlich das Ende aller Uebel zu sehn. Leichname und verbrannte Dörfer füllten die Hälfte Bündens; eine giftige Pestilenz, die ungarsche Krankheit genannt, wüthete im Unter-Engadin, Prettigäu, und herauf bis Chur; der Handel lag todt; Felder und Weinberge standen verödet — der Winter des J. 1622. brach ein; er wird der Hungerwinter genannt, und sein Name diene statt des gräßlichen Gemäldes vom Elende Rhätiens.

Die Eydsgenossenschaft, erschüttert von dem beyspiellosen Elend ihrer Nachbaren und Bundesbrüder, wagte es, sich bey Oesterreich zur Vermittlerin des langen Haders aufzuwerfen. Es gelang ihr bey dem Erzherzog Leopold, daß zur Wiederherstellung des Friedens schon im September (1622.) ein Convent zu Lindau angeordnet wurde, während dessen ein Waffenstillstand geschlossen ward.

II. K

Aber, wie Feria ehmals, so schrieb Leopold hier die Friedensbedingungen mit dem Schwerdte vor. Das Münsterthal, Unter-Engadin, und der Zehngerichtenbund, die Landvogtey Mayenfeld ausgenommen, wurden von Graubünden abgerissen, und dem Bischof von Chur eine Reihe von Rechtsamen ertheilt, welche er, als wären sie ihm in den vorigen Revoluzionen geraubt worden, wie ein Eigenthum zurückheischte.

Den Bündnern blieb nun die schmerzliche Wahl, sich den Gesetzen des Ueberwinders zu unterwerfen, oder ihr ganzes Land neuen Verheerungen preiszugeben. Gueffern, Frankreichs Gesandter, schrieb zwar, von Rapperswyl aus, eine Mahnung, keinen Vergleich mit Oesterreich einzugehn; allein die Antwort war: Unsre Gebieterin ist die eiserne Nothwendigkeit! — Also bestäthigten die Gemeinden den Lindauischen Frieden (am 24. Octbr.), und sagten sich zum andern Male los von ihren treuen Brüdern im Münsterthal, Unter-Engadin und den zehn Gerichten, denen sie sich vor wenigen Monden noch feyerlich zugeschworen hatten.

§. 12.

Eine solche Reihe von Unglücksfällen würde auch größere Staaten entkräftet oder vernichtet haben. Nur der angebohrne, unauslöschliche Freyheitssinn dieser Gebirgsvölker, dessen Kraft immer mächtiger wuchs, je tiefer er gebeugt ward, rettete die Republik vom gänzlichen Untergang. Zu spät bereuten die Grisonen itzt ihre alte Uneinigkeit, und ihrer Leidenschaften Kampf gegen die Weisheit der vaterländischen Gesetze. Sie sahen die Uebel des Landes als eine Strafe ihrer Sünden an. Würde es jemals dahin gekommen seyn, wenn nicht Faktionen die Kraft und Ruhe des Volks zerstöhrt, und die Würde des Staats bey den Nachbaren geschändet hätten? Würden die Faktionen jemals zu der gefährlichen Herrschaft gelangt seyn, wenn sie nicht selbst von dem Geldgeiz der Gemeinden, von deren Willigkeit sich bestechen und verführen zu lassen, wären begünstigt worden? Würd' es jemals einzelnen gebildeten und geistreichen Köpfen gelungen seyn, ihre Talente so weit zu mißbrauchen, und das Volk so tief in den Irrgarten der Noth zu locken, wenn dies Volk durch gute Schulanstalten in den einzelnen Gemeinden unterrichteter und erleuchteter worden wäre? Es ist für die Freyheit der Republiken eben so gefährlich, wenn alle Bildung, Wissenschaft und Kenntniß das ausschliessende Eigenthum einer einzigen Bürgerklasse sind, inzwischen das ganze Volk in Dunkelheit und Unwissenheit herumirrt, als es gefährlich ist, die Reichthümer des Landes in den Händen Einzelner zu sehn, inzwischen das Ganze in Armuth schmachtet.

Rhätien war aber in jenen Zeiten nicht das einzige Land, in welchem Glaubenseifer und Politik die Kriegsfackel schwangen. Frankreich, Böhmen und Deutschland bluteten nicht minder; es waren itzt die Zeiten des dreyßigjährigen Krieges, in welchen die katholische und evangelische Kirche den Kampf auf Tod und Leben stritten, und Kayser Ferdinands II. siegreiche Waffen von Wien bis zu den Gestaden des Belts geboten.

Frankreich, damals von Ludwig XIII. beherrscht, sah die schwellende Macht des Kaysers mit neidischen Blicken. Wiewohl es selbst gern die Ausrottung der Protestanten mit frommem Eifer begünstigte, mogt' es nicht die Hoheit des herrschlustigen Oesterreichs über Europa befördern. Es war ihm nicht gleichgültig, Oesterreich und Spanien, obnedem schon durch die Bande der Verwandtschaft und politischen Grundsätze genau vereint, noch durch nachbarliche Aneinanderrührung ihrer Staaten näher verbunden zu sehn.

Ludwig XIII. blieb daher nicht länger ein stiller Zuschauer der Schicksale Graubündens. Die Eroberungen Spaniens und Oesterreichs in den Alpen mußten es beyden Staaten erleichtern, die hülfliche Hand zu reichen, mußten die Herrschaft beyder Monarchien über die kleinen Reiche Italiens unausbleiblich feststellen. Venedig sowohl als Savoyen fürchteten ihre Abhängigkeit, und legten ihre Wünsche zu den Entwürfen Frankreichs.

Die madritischen Artikel. Schon im April des J. 1621. hatte Ludwig dahin gearbeitet, und den Versuch gemacht, das italiänische Spanien von Oesterreich durch die Gebirge Rhätiens geschieden zu halten. Sein Gesandter Bassompierre war nach Madrit geeilt, und hatte es wirklich im spanischen Ministerium dahin geleitet, daß (25. April) ein Vertrag über die Integrität Graubündens geschlossen ward. Der Vertrag ist bekannt, unter dem Namen der madritischen Artikel, worin bestimmt ward, daß Rhätien seine verlornen Lande wieder empfangen, daß dem Valtelin die Rebellion verzeihen, und die Religionsübung in dem Verhältniß bleiben solle, worin sie im Anfang des J. 1617. stand. Spanien aber foderte, daß sowohl Frankreich, als auch die XIII. Cantonen der Schweiz und Wallis, für die Bündner bürgen sollten, daß diese den Vertrag ohne Wankelmuth beobachteten. Es wurde zu dem

Ende ein Convent zu Luzern angeordnet, wo die Garantie der Eydgenossen aufgenommen, und über die Ausführung der madritischen Artikel Raths gepflogen werden sollte.

Spanien, schlau genug, hatte diese Bürgschaft Helvetiens gefodert, weil es voraus sah, daß sie nie erfolgen, und die Erfüllung der Artikel unmöglich bleiben würde. Man kam in Luzern zusammen (August 1621). Spaniens Erwartungen wurden nicht getäuscht; die VII. katholischen Orte verwarfen die Anmuthungen zu einer Bürgschaft für Bünden schlechthin, und die madritischen Capitulationen sanken zur Vergessenheit.

Ungehindert hatten sich Spanien und Oesterreich also der rhätischen Provinzen bemächtigt; doch durch den Untergang der Artikel von Madrit waren nicht Ludwigs, nicht der italiänischen Staaten Wünsche geendet.

Pariser-Bündniß zur Rettung Rhätiens. Es war am 17. Febr. 1623. als Venedig, Savoyen und Frankreich zu Paris ein Bündniß schlossen, zu welchem auch der Pabst (das

mals Gregor XV.), der König von Eng-
land, die Eydgenossen, die Fürsten Italiens und Deutschlands, eingeladen werden
sollten. Der Zweck dieses Bündnisses war,
die Republik Graubünden, dem Sinn der
madritischen Capitulation gemäß, wieder herzustellen in seiner alten Größe. Frankreich
versprach gegen 20,000. Mann, Venedig ohngefähr 14,000. und Savoyen 12,000. Mann,
zur Ausführung des Entwurfs, ins Feld zu
schicken.

Valtelin ein päbstli- **Gregorius, der Pabst,**
ches Depositum. Spaniens Freund, erhob
als Friedensvermittler seine Stimme. Einem
blutigen Kriege auszuweichen, lud er Frankreich und Spanien ein, durch einen gütlichen Vergleich in Rom den Zwist zu stillen,
und bis nach entschiedner Sache die streitigen
Provinzen Cläven, Worms und Valtelin,
seinen Händen in Verwahrung zu lassen. —
Die Monarchen liessen sich des Pabstes freund-
liches Anbieten gefallen; wirklich verliessen
(29. May) die mayländischen Besatzungen

das Valtelin, und 2000. päbstliche Soldaten, unter dem Grafen de Bagno traten ein.

Aber Gregorius starb (18. Jul.) Urban VIII. welcher nach ihm den Stuhl Petri in Rom bestieg, ließ, von Frankreich bewogen, bald seine Gesinnungen gegen Spaniens Wünsche blicken. In einem Breve (17. Septbr.) an den Herzog de Feria, „den lieben Sohn", ermahnte er diesen, auch das Schloß von Cläven, welches noch immer von den Spaniern besetzt war, an Bagno abzuliefern, und „den ehrwürdigen Bruder Leopold" (den Erzherzog von Oesterreich) zu bewegen, von seinem Vorsatz abzustehen, eine Vestung am St. Luzisteig zu erbauen, (wozu Feria selbst die Hand geboten hätte), damit er die Grisonen, „dies verwegne und streitbare Volk", nicht abermals in Harnisch bringe. — Ja, Urban machte endlich ein Restitutionsprojekt (vom 24. Febr. 1624.) bekannt, nach welchem Veltlin, Worms und Cläven, wie vor 1620. an Bünden zurückgegeben, aber nur allein von Katholiken bewohnt, und nur von katholischen Amtleuten aus der Republik beherrscht werden solle. Auch verlangte er weiter, daß zu Puschiavo und Brüß keine Evangelische geduldet, und die katholische Religion überhaupt in Bünden als herrschend geachtet werden sollte.

Wuth katholischer Bündner. Dies päbstliche Projekt mißfiel den beyden hadernden Monarchien, und mehr noch den bedrängten reformirten Grisonen. Die katholischen Bündner bedurften solcher Erklärungen nicht, um sich zur Unterdrückung ihrer evangelischgesinnten Brüder zu rüsten. Sie schmälerten, wo sie Kraft hatten, ohnedem die Rechte derselben überall, und noch vor weniger Zeit (25. April 1623.) war den Reformirten in Puschiavo ein Schicksal zugedacht worden, welches nur mit dem Veltliner-Mord verglichen werden dürfte. Der katholische Pfarrer daselbst, Paul Beccaria, hatte schon eine Banditenschaar zum neuen Blutbade berufen; aber die Gefahr ward den Evangelischen verrathen; ihrer mehr denn dreyhundert flohn mit

Entsetzen über das unwirthbare Gebirge des Bernina ins Engadin, nur drey und zwanzig Personen, Weiber, Kinder, abgelebte Greise wurden noch von den Meuchelmördern erwischt, und zur Verherrlichung Gottes und der katholischen Kirche gnadenlos niedergewürgt. Wenn ähnliche Schauspiele nicht in mehrern Gegenden Graubündens angestellt wurden, so mangelte es wenigstens nicht an dem Willen der Mönche.

Unterdrückung der Rhätier.

Ermuntert durch Urbans Projekt, und durch die Anwesenheit des päbstlichen Nuntius Alexander Scapi, foderte Johannes Fluggi, der Bischof von Chur, alle seine Rechte zurück, welche ihm seit der Reformation in geistlichen und politischen Verhältnissen entrissen worden waren, und erhielt es, daß ihm durch einen Vergleich (18. Dez. 1623.) verschiedne derselben eingeräumt wurden; besonders da der österreichische Oberbefehlshaber, Graf von Sulz, selbst dazu auffoderte, dessen Worten eine nahe Armee Gewicht lieh.

Die Bregeller wurden mit gleicher Härte behandelt; de Bagno, der päbstliche General, zwang sie (im Anfang des J. 1624.) ihre evangelischen Pfarrer zu verabschieden, und ihre sämtlichen Kirchen den lauersamen Kapuzinern zu öffnen. — Die zehn Gerichte und das untre Engadin empfiengen einen ähnlichen herben Befehl (August 1624.) von ihrem Beherrscher, dem Erzherzog Leopold, daß wer nicht binnen wenigen Monden zur katholischen Kirche eintreten würde, seine Güter verkaufen und auswandern solle.

§. 13.

Doch anders war der Plan der ewigen Vorsehung über das Schicksal des duldenden Rhätiens; und er offenbarte sich bald.

Neue Aussichten zur Rettung Rhätiens. Fruchtlos waren bisher die Friedensvermittlungen zu Rom gewesen; darum eilten die Glieder der parisischen Liga, Frankreich, Savoyen und Venedig, ihre Entwürfe mit bewaffneter Hand zu vollstrecken. Ihre Gesandten traten zu St. Germain en Laye zusammen, und bestimmten in elf Artikeln (5. Sept. 1624.) die Art, Weise und Mittel, zur Wiedereroberung der rhätischen Provinzen. — Frohe Aussichten lachten den Grisonen entgegen.

Die exulirenden Bündner warben heimlich in der Schweiz Mannschaften, zur Befreyung des Vaterlandes, und Rudolf von Salis, der rhätische General, führte sie im Anfang des Wintermonds über den Luzisteig ein. Mit ihm kamen an der Spitze ihrer Compagnien auch Joh. Peter Guler, der im Brettigäuer-Aufruhr sich seines edeln Vaters werth gemacht hatte, und Georg Jenatsch, der ungestümme Mann, der aus Liebe zum Vaterlande Verbrecher werden konnte. Bald darauf (10. Nov.) erschien das Heer der parisischen Liga selbst, und zog in Bünden ein, von dem französischen General Franz Hannibal d'Etrees, Marquis de Coeuvres, angeführt.

Alsobald wurden die Trommeln in allen Thälern gerührt, und Krieger geworben für das Heer der Liga zur Eroberung der verlornen Provinzen. Der Bund der zehn Gerichten wurde wieder zu den rhätischen Bünden gefügt, aufgehoben der herbe Frieden von Lindau, und jeder dem Vaterland abgezwungne Vertrag. Man beschwor von neuem die alten Bundesbriefe und segnete die helfende Liga.

Coeuvres erobert das Valtelin. Der französische Feldherr aber drang ohne Säumen in das Veltlin, und vertrieb mitten im Winter die päbstlichen Guarnisonen. Durch hohen Schnee, über den wilden Bernina und über zugefrorne Seen, wurde das schwere Geschütz dem Heere, mit unbeschreiblicher Mühe, nachgeführt; denn das veste Schloß von Chiavenna wollte von keiner Ergebung wissen.

Als nun die Fahnen der Liga aber überall siegreich herrschten, geschah an die Bündner der längsterwartete Ruf des Marquis von Coeuvres, zu kommen, und die wiedergewonnenen Länder in Besitz zu nehmen. Freudig eilten dreymal drey Deputirte der Bünde mit dem beginnenden Dezember (1625.) dahin; aber betroffen hörten sie die Vorstellung des französischen Feldherrn an. Statt die Oberherrlichkeit der Provinzen in ihre Hände niederzulegen, machte er den Vorschlag: Daß die Unterthanen in Zukunft sich selbst ihre Obrigkeit erwählen, und die bürgerliche und peinliche Gerechtigkeit selbst pflegen, daß aber die Bündner dafür einen jährlichen Tribut von 25,000. Kronen ziehn und die übrigen landesherrlichen Rechtsame unverletzt behalten, daß ferner in den Unterthanenlanden keine evangelische Einwohner geduldet werden sollten, u. dgl. mehr.

So wurden die Hoffnungen der Grisonen bitter getäuscht; die Reichen des Valtelins wußten durch Geschenke und Schmeicheleyen die Befehlshaber zu gewinnen; die Bündner lehnten sich allein nur auf ihr einfaches Recht.

Der monzonische Vertrag. Noch ehe die Gemeinden von ihrer Bestürzung genesen waren, hatte Spanien schon mit den Gliedern der

Liga einen Frieden geschlossen zu Monzon in Arragonia, am 5. März des J. 1626. In dem Vertrage dieses Friedens ward den Grisonen das Unterthanenland zurückgeliefert, doch unter den Einschränkungen, daß im Valtelin, Worms und Cläven in Ewigkeit keine andre Religion statt haben solle, als die römisch-katholische; daß die Einwohner daselbst sich ihre eigne Obrigkeit erkiesen mögen; daß die Bündner zum Ersatz einen Tribut von den unterthänigen Landen empfangen, und wofern sie gegen die Artikel des monzonischen Friedens, und gegen die den Unterthanen zugesicherten Rechte feindlich handeln würden, sie von den beyden Kronen (Spanien und Frankreich) gerichtet und abgestraft werden sollten; inzwischen wolle man alle festen Plätze von Valtelin, Worms und Cläven in die Hände päbstlicher Heiligkeit deponiren, und die Grisonen sollten gehalten seyn, an den Gränzen jener Provinzen keine größere Besatzungen auszustellen, als bisher gewöhnlich

lich gewesen waren, in die Unterthanenlande aber keine Truppen zu verlegen.

So lautete der monzonische Tractat — Die Heere der Liga zogen, wie nach einem vollbrachten Werk, aus einander der Heimath zu; die päbstlichen Truppen, unter dem Marschall Sacchetti besetzten die Provinzen. Graubünden stand machtlos da, und sah das Spiel der Gewaltigen mit seinem Eigenthum. Es sandte zwar Abgeordnete an den französischen Monarchen, um die Strenge der monzonischen Artikel, wenigstens zu mildern; aber anderthalb Jahre strichen mit der Unterhandlung vorüber, und dennoch ohne Gewinn für Rhätien.

<small>Rhätien wendet sich an den Kayser.</small> Die unglückliche Republik wandte nun sich trauernd wieder an den Kayser; an wen sollte sie sich wenden? Mancherley liebliche Hoffnungen hatte Matthias Wertemann, des Kaysers Resident in Frankreich, ein geborner Bündner, durch seine Briefe aufgeregt. Er versicherte,

daß die Grisonen von dem Kayser freundlich würden aufgenommen werden, wenn sie ihr Vertrauen ihm allein widmeten. Sie thaten es. Niemand ist reicher an Hoffnungen, als der Elende.

Eine Gesandschaft zog am Ende des J. 1628. nach Insbrugg, um die alte Erbeinigung mit dem Hause Oesterreich zu erneuen, die spätern nachtheiligen Verträge feyerlich aufzulösen, und die rhätische Glaubensfreyheit unverletzt zu erhalten. — Aber welch' eine Antwort! Nach langen Unterhandlungen ward der Deputation Graubündens erklärt, daß der Erzherzog Leopold unbeschränkter Herr des Unter-Engadins und der acht Gerichten sey, und er in seinen Staaten nur die katholische Religion dulden wolle. — Die Deputirten weigerten sich umsonst, diese in Form eines Vertrags (8. Aug. 1629.) ausgestellte Erklärung zu unterzeichnen, welche noch dazu feyerlich und ausdrücklich den mit Kayser Maximilian errichteten Erbverein von 1518. aufhob. Sie sahn sich gezwungen;

denn während ihrer Geschäfte zu Insbrugg war ein Heer von 40,000 Oesterreichern in ihr Vaterland eingerückt, unter dem Commando der kayserlichen Feldherrn Gallas und Merode.

Merode in Bünden. Merode sollte dieses Heer nach Italien führen, um die kayserliche Lehnsherrlichkeit daselbst gegen Herzog Karl I. von Mantua gelten zu machen. Unter diesem Vorwande waren die Oesterreicher in Bünden eingerückt; sie bemächtigten sich sogleich der wichtigsten Päße, verschanzten sich bey Reichenau, am Zusammenfluß des Vorder- und Hinterrheins, bey Ronkella vor dem Schamser-Thale, an der Brücke von Camogask u. s. w. hinterließen überall Guarnisonen, und giengen so, nachdem sie sich den Rückzug durch die Gebirge versichert zu haben glaubten, gegen Mantua.

Von neuem also mit festen Banden umschlungen, welche der Kayser nicht früher, als es sein Vortheil heischte, zu lösen gedachte, sah Rhätien keine Rettung für sich.

Oesterreich herrschte unbeschränkt in dem Theile Bündens, welchen es als sein Eigenthum betrachtete. Rudolf Planta gebot im Unter-Engadin, welches ihm vergebens Summen Goldes gab, damit er die Religionsfreyheit des Thales bewahre; aber er war unversöhnlich; seine Rache erlosch erst mit seiner Lebensflamme; noch dürstete er nach dem Blute der Mörder des Pompejus.

Vertrag zu Fontainebleau. Der König von Frankreich, als er vernahm, wie der Kayser die Republik gefesselt halte und den Herzog von Mantua bedränge, schloß abermals mit Venedig (September 1629.) einen Vertrag zu Fontainebleau, um die wachsende Gewalt des Kaysers einzuschränken. Baßompierre, Ludwigs Gesandter, munterte die Eydsgenossen (im Febr. 1630.) zu Solothurn auf, mit Truppen seinem Monarchen beyzustehn, um Oesterreichs drohende Uebermacht zu begränzen; die Botschaft der neuen Hülfe scholl auch hinüber in die Thäler Graubündens; denn Baßompierre hatte laut erklärt, es sey nun ernstlich um die Wiederherstellung der bündnerischen Republik zu thun.

Sogleich rüsteten sich, mit wiedererwachenden Hoffnungen, die Bündner zum Kriege. Sie waren schon seit dem September (1630.) der kayserlichen Heere frey worden — eine Folge des Friedens von Cherasko in Italien, welchen Oesterreich und Spanien wegen Mantua und Montferrat (im April) geschlossen hatten. Sie athmeten wieder freyer, beschworen ihre heiligen Bundsbriefe, ihre Einheit und Untheilbarkeit; und die Gemeinden der noch von Oesterreich bevogteten acht Gerichte und die des Unter-Engadins stimmten freudig in den Vaterlandsschwur ein, so gewaltig auch die Amtsleute des Erzherzogs zürnten. Der Ruf der Freyheit klang den Grisonen zu süß; sie konnten sich erdrücken lassen von der Uebermacht der Despoten, aber vergessen konnten sie nicht, und nie verläugnen ihren unsterblichen Freyheitssinn.

Frankreich, welches diese Stimmung des

bündnerschen Volkes, und dies Vertrauen, das schon einmal so schnöde gemißbraucht worden war, nicht erwartet zu haben schien, benutzte beydes seinen Absichten gemäß.

Landes in Bünden. Bald nachdem die österreichischen Gewaltshaufen das Land verlassen hatten, erschien in Frankreichs Namen der Marschall von Landes (16. Dez. 1630.) mit der Vollmacht eines Gesandten. Er suchte das Vertrauen der Republikaner für seinen König wieder zu erwecken, und eben so die Valteliner zu gewinnen, denen der Herzog von Feria zu Mayland glänzende Versprechungen in Spaniens Namen gethan hatte.

Der Herzog von Rohan. Noch wichtiger wurde den Bündnern die Erscheinung eines andern Mannes, eines der größten Staatsmänner und Feldherren seiner Zeit, des Herzogs von Rohan. Sein Ruhm gieng vor ihm her, und öffnete ihm der Grisonen Herz. Lange war er in Frankreich schon das Oberhaupt der verfolgten Hugenotten gewesen; mit Muth und Geist hatte er die Rechte derselben verfochten; itzt kam er von Ludwig XIII. gesandt, um Frankreich von der Alpenseite zu decken, als Feldherr der königlichen Heere gegen Deutschland. Vertrauensvoll übergab die bündnersche Republik ihm den Oberbefehl ihrer Truppen (11. Dez.).

Die erste That des großen Mannes war, Rhätiens innern Frieden zu schirmen, und den Freystaat vor den Durchzügen der fremden Kriegsvölker zu bewahren, welche das Land so sehr ausgesogen hatten. Er ließ neue Mannschaften werben, und befestigte den St. Luziensteig. Er regierte Rhätien mit fast diktatorischer Gewalt, doch sanft und väterlich.

Ruhe unter ihm. Inzwischen Frankreich und Oesterreich unaufhörlich unterhandelten und fochten, und das Schicksal des Valtelins noch manches Jahr hin unentschieden blieb, sammelte das erschöpfte Graubünden neue Kräfte, als wohnte es mitten im Frieden. Die Stadt Chur errichtete sich eine Schule, zur bessern Unterweisung ihrer Jugend (1632).

Rheinwald kauft sich frey. Die Landschaft Rheinwald, welche bisher noch dem Hause der Trivulzi angehört hatte, erkaufte sich für 2500. Gulden ihre völlige Unabhängigkeit vom Marchese Karl Trivulzi (22. Septbr. 1634). Alles dauerte in friedlicher Ordnung fort. Doch ungeduldig erwartete die Republik von den Franzosen die längstverheißne Wiedereroberung der rebellischen Unterthanen=Lande.

Rohan erobert das Veltlin. Plötzlich scholl endlich des großen Rohans Aufruf zu diesem Unternehmen; er brach auf mit seiner französisch-bündnerschen Armee (26. April 1635.) und Cläven, Worms und Valtelin waren erobert. — Spanien und Oesterreich, überrascht, versuchten es, den schnellen Sieger zu verdrängen; aber Rohan schlug sie bey Großfot (3. Jul. 1635.); bey Worms (19. Jul.), im Freelthal (31. Octbr.), wo der männliche Obrist Jenatsch und die tapfern Engadiner Rohans Bewunderung im Kampfe gewonnen, und der Kayserlichen 1200. Mann auf dem Schlachtfelde blieben; auf der Ebene von Ta=

lomona und Morbenn (10. Nov.) wo grosses Gut erbeutet ward. Am Abfluß des Jahrs war der vaterländische Boden von allen Feinden desselben gereinigt.

Auch Zürich, Bern und Solothurn nahmen an den Siegeslorbeern der Grisonen Theil; sie hatten freund-eydsgenößisch 3,000. Mann zur Hülfe gesandt (im Julius schon), welche jenseits der Alpen rühmlich neben ihren Genossen fochten, die Berner ausgenommen, welchen die Bewachung des wichtigen Passes von St. Luzi anvertrauet war.

Und als der Sieg nun erworben, und das Veltlin in Rohans Gewalt stand, wiederholten die Grisonen ihr Gesuch um die Auslieferung der Provinzen. Allein eine neue Schaar von Schwierigkeiten wälzte sich der Erfüllung ihrer sehnlichen Wünsche in den Weg.

Bünden von Frankreich getäuscht. Rohan war nur das Werkzeug des französischen Cabinets; dieses aber ward durch den staatsklugen Cardinal Richelieu und dessen verwegnen und schlauen Dämon, den Pater Joseph, beherrscht. Richelieu, von jeher der katholischen Kirche gewaltiger Protektor, war zufrieden, jene streitigen Lande in Frankreichs Hand zu wissen, und lauschte zaudernd auf die Gelegenheit, mit Gewinn für Frankreich und die Kirche über das Valtelin zu entscheiden. Noch waren die bedeutendsten Mächte Europens in den berühmten dreyßigjährigen Religionskrieg verflochten; noch war das grosse, blutige Spiel nicht entwickelt, dessen Ausgang das künftige Verhältniß dieses Welttheils bestimmen sollte — darum zögerte Richelieu, den Ausgang über das Valtelin zu geben. Die Unzufriedenheit der Grisonen war zu bedeutungslos, um seinen weitläufigen Entwürfen auch nur die geringste Veränderung abzuzwingen.

Rohan hätte gern der Bündner Wünsche gestillt; er selbst drang bey seinem König auf Entscheidung Sie erschien endlich — aber nicht zu seiner und der Grisonen Zufriedenheit. Der König von Frankreich erklärte nämlich, daß zwar die Unterthanenlande könnten an Bünden zurückgegeben werden, aber unter folgenden Einschränkungen: Die katholische Religion soll daselbst herrschend bleiben; den Evangelischen nur im Jahre ein zweymonatlicher Aufenthalt gewährt seyn; alle bündnerschen Amtleute müssen den katholischen Glauben haben.

Die letzte dieser Bedingungen ward von allen die drückendste, weil der größte Theil bündnerscher Gemeinden evangelischen Glaubens, und folglich damit von der Beamtung der unterthänigen Provinzen ausgeschlossen war.

Rohan wagte kaum, der Republik diesen Antrag zu öffnen. Er sann auf Vermittlung, und geleitet von dem für sein Vaterland unermüdlichen Obrist Georg Jenatsch, welcher Rohans volles Vertrauen besaß, schlug er den Bündnern vor, statt der Verwaltung der Aemter eine eben so große Summe Geldes alljährlich anzunehmen, als ohngefähr aus den Amtsverwaltungen für sie fliessen dürfte.

Congreß zu Cläven. Um das Geschäft zu enden, ward demnach ein Congreß zu Cläven eröffnet (Jan. 1636). Dieser entwarf hierüber XIV. Artikel, kraft welcher die Provinzen die katholische Religion unbeleidigt in sich herrschend erhalten, ihre Justizpflege selbst verwalten, dafür aber an Bünden in Friedenszeiten 15,000. in Kriegszeiten 25,000. Gulden jährlichen Tributs entrichten sollten; auch soll sich das Herrscherland vorbehalten, zur Verwaltung der Justizstellen immer drey Personen aus den Unterthanen vorzuschlagen, von denen sich das Valtelin dann einen erwählen müsse; die übrigen landesherrlichen Rechtsamen soll Graubünden durch eigne Beamte ausüben können.

Clävner-Artikel unterschrieben. Die Gemeinden lasen mißmüthig die Artikel des Congresses. Sie erwarteten von Frankreich die Auslieferung der Provinzen in den ehmaligen Verhältnissen, und sahn sich abermals getäuscht. — Gern oder ungern, aber mehr durch listige Vereinigung der verschiednen Gemeindsmehren, als durch Uebereinkunft der Gemüther ward es bewirkt, daß der Bundstag zu Thusis (21. April 1636.) die Clüner-Artikel unterschrieb, mit der Beyfügung, daß der König von Frankreich sogleich 60,000. Franken, und nach einem Jahre noch 20,000. an den Freystaat auszahlen wolle.

<small>Unzufriedenheit des Volks.</small> Es war nun unterschrieben — aber allgemein ward das Mißvergnügen der Grisonen, und noch mehr, als alle evangelische Geistliche wider jenen Abschluß schrieen; als Zürich und Bern wiederholt die Bündner anmahnten, sich nicht ihres Rechtes über Leben und Tod in den Provinzen zu begeben; eines Rechtes, was einst selbst die von Feinden niedergeschriebnen madritischen Artikel unangefochten gelassen hatten.

<small>Und der Truppen.</small> Der Mißmuth der Gemeinden theilte sich den tapfern bündnerschen Schaaren mit, welche unter Rohans Commando im Mayländischen gefochten, und seit sechs Monden keinen Sold von Frankreich

empfangen hatten, den sie doch mit ihrem Blut verdient zu haben glaubten. Sechs Regimenter verschworen sich feyerlich, Frankreichs Dienste zu verlassen, und nicht eher in dieselben zurückzutreten, bevor dem getäuschten Vaterlande nicht geholfen seyn würde. Sie erfüllten ihren Schwur.

Franz Lanier. Der Herzog von Rohan, welcher durch die üble Politik seines Hofes, und der Bündner unnachgiebiges Beharren, alle seine Werke und Hoffnungen eintrümmern sah, ward tödtlich krank. — An seiner Stelle arbeitete in Richelieus Entwürfen Franz Lanier fort, welcher im Februar des J. 1636. als französischer Gesandter und Commissair bey der Armee in Bünden angekommen war, und fleißig mit dem kleinen Pater Joseph, Richelieus Dämon, briefwechselte. — Noch fehlte den Artikeln von Thusis die Genehmigung des französischen Cabinets; itzt erschien sie, aber unter harten Abänderungen. Dahin gehörte z. B. daß die Bündner gar keine eigne Amtleute ins Valtelin, sondern nur

Commissarien dahin senden könnten, um den jährlichen Tribut zu erheben, u. dgl.

Durch diese Abänderungen sanken die ohnehin gehaßten Thusner-Artikel in ihr Nichts zurück. — Rohan genas, versöhnte sich mit den bündnerschen Truppen, entzweyte sich heftig mit Lanier, und bewirkte, daß dieser, von allen Grisonen Gehaßte, nach Frankreich zurückgerufen ward.

Lanier gieng (Jan. 1637). Der Herzog von Rohan versprach den Bündnern nahe Aussichten auf ein besseres Schicksal; aber Richelieu und sein Pater Joseph arbeiteten in ihren Plänen, unbekümmert um Rohan und Graubünden.

§. 14.

Bünden ermannt sich. Bis hieher hatte geduldig die Republik das unerklärliche Spiel der großen Mächte ertragen; ruhig aufgenommen jeden Eindruck von auffen. Aber nun erschien der Augenblick, in welchem sie von neuem ihre Kräfte anstrengte, um sich von des schlauen Richelieus Umgarnungen loszu winden.

Zu dieser großen Handlung aber bedurfte es der vereinten Kraft Rhätiens, und der tiefsten Verschwiegenheit des wohlüberdachten Entwurfes — fast Unmöglichkeiten in einem Staate, dessen Theile unabhängig von einander nur durch die leisesten Bande zusammengehalten, und meistens von widerstreitenden Meynungen bewegt und gegen einander aufgerührt wurden — in einem Staate, dessen Verfassung keine Geheimnisse reifen ließ, theils weil das gesammte Volk die höchste Gewalt besitzt, theils weil eine unvermeidliche republikanische Eifersucht mehr von dem Mißbrauch solcher Geheimnisse fürchtet, als von dem weisesten Gebrauche derselben Nutzen hofft.

Verschwörung gegen Frankreich. Und dennoch ward das kühne Werk gewagt. Ein und dreyßig Vaterlandsmänner, nämlich neun Oberbündner, zehn Gotteshausbündner und zwölf Zehngerichten-Bündner, verschworen

schworen sich feyerlich mit einander (6. Febr. 1637.) in dem Hause des Bürgermeister Meyers zu Chur, zur Befreyung des Vaterlandes. Sie gelobten sich Verschwiegenheit bis ins Grab, Treue bis in den Tod, und strengen Gehorsam dem, was unter ihnen durch Stimmenmehrheit entschieden ward; sie gaben sich gegen jeden Treulosen von ihnen Gewalt und Recht über Leben und Tod, und sagten sich los damit von jedem andern schirmenden Richterstuhl.

So verdammlich zu andern Zeiten solch ein Bündniß im Staate seyn mag — so sehr wurde dieses von den Verhältnissen gerechtfertigt. Die eherne Nothwendigkeit, und die unvernichtbare Freyheitsliebe hatten diese Verschwörung der Republikaner erschaffen, und ihre Vertheidigung bey der zweifelhaften Nachwelt übernommen.

Der Geist des neuen Retters-Bundes strahlte bald wirksam aus allen Handlungen der Grisonen hervor, und stellte den spätesten Bewohnern des freyen Bundens ein glänzendes Beyspiel auf, von dem, was ein republikanisches Volk durch Entschlossenheit, Verschwiegenheit und unverletzliche Einmüthigkeit vermag.

Unterhandlungen mit Inspruck und Mayland. Der Unwille gegen Frankreich ward plötzlich lauter; Oesterreich sah es, bot die Hand zu einer Annäherung mit den Grisonen, und eine Gesandtschaft, ausgewirkt durch die Verschwörung der Ein und dreyßig, pflog glückliche Unterhandlungen mit der Regierung zu Inspruck. Die Republik, an sich selbst zu schwach, es allein im Kampfe mit dem französischen Monarchen aufzunehmen, lehnte sich schlau und schmeichelnd an Oesterreichs Interesse; denn beschlossen war es im Rath der verbündeten Patrioten, daß Graubünden, zu Grunde gerichtet durch die Nebenbuhlerey jener beyden Mächte, durch eben dieselben wieder aus dem Elend emporgeholfen werden müsse.

Rohan ahndete Frankreichs Unglück in den Alpen; er wandte sich ängstlich an den

Obrist Jenatsch, seinen Vertrauten. Aber eben dieser, der mehr für sein Vaterland als eines Herzogs Huld fühlte, bethörte ihn mit mancherley Blendwerk, betrog den verrathenen Rohan, und handelte in den Plänen der Ein und dreyßig Areopagiten. Er selbst stand unter den Deputirten zu Inspruck, und übernahm zuletzt das Obercommando über die bündnerschen Truppen.

In tiefer Stille reifte das Gewitter gegen die Franzosen seinem Ausbruch entgegen. Oesterreich und Spanien waren für Bünden durch eine Reihe geheimer Unterhandlungen gewonnen; diese Mächte gelobten den Rhätiern den Besitz der unterthänigen Provinzen, eine billige Uebereinkunft wegen der acht Gerichten und der Gerechtsamen Oesterreichs im untern Engadin, und ewiges Vergessen der unangenehmen Vergangenheit. — Nur Frankreich sollte aus der alpinischen Republik verdrängt werden — dies war die einzige Foderung Maylands und Insprucks.

Die Franzosen werden aus Bünden verdrängt. Sie ward erfüllt. — Fast an Einem Tage überall brach der große Aufruhr aus. Das ganze Land griff zu den Waffen; eine spanische Armee unter dem Graf Serbelloni stand bey Fuentes an den Schwellen des Valtelins; sechs Bündner-Regimenter, mit allem Volk des Oberbundes, die Mannschaften von Chur, Davos und Brettigäu, umzingelten den Herzog von Rohan, der, abgeschnitten von seiner Armee im Valtelin, sich mit dem eydsgenößischen Regiment Schmid und einigen französischen Truppen in die Rhein-Schanze zog. Hier, ohne Lebensmittel, bedrängt von allen Seiten, in der gefährlichen Nachbarschaft eines österreichischen Heers von 8000 Mann, blieb ihm nichts übrig, als eine Kapitulation anzunehmen, die ihm von den Bündnern würde vorgeschrieben werden. Zwar hatte er schon nahe vor dem Ausbruch des Staatssturmes den Rhätiern die Erfüllung aller ihrer Wünsche feyerlich verheißen; ja, ihnen das Unterterthanenland laut schriftlichen Befehls seines Königs abgetreten; zwar versuchten es Deputirte von Zürich und Glarus, die Bündner zu mildern Gesinnungen abzustimmen — aber fruchtlos. Nichts konnte die oftbetrogenen Rhätier beruhigen, als die Räumung ihres Landes von Rohans Truppen.

Rohan entfernt sich. In einzelnen Schaaren zogen also die französischen Krieger (März und April) aus den Unterthanen- und Herrscherlanden ab; bündnersche Soldaten besetzten die Vesten und Schanzen überall; auch der Herzog von Rohan verließ dies Volk (5. May), welches nicht aufgehört hatte, ihn hochzuachten, so tief auch der Groll gegen Frankreich in allen Herzen war.

Edelsinn der Bündner. Man weiß, daß es von Seiten Maylands nicht an Versuchungen gebrach, mehrere Bündner zur Auslieferung Rohans an seine Feinde zu bewegen; allein mit edelm Stolze wies jeder von den Grisonen diese Anmuthungen zurück.

Gesandtschaft nach Madrit. Eilfertig betrieben die befreyten Rhätier nun die förmliche, und von Spanien und Oesterreich anerkannte Besitznahme der wiedergewonnenen Provinzen. Es zogen ihre Deputationen gen Maysland und Inspruck; eine Capitulation ward entworfen, nach welcher die Unterthanenlande, in dem Verhältniß, wie vor der Rebellion 1620. an Graubünden restituirt werden sollten, mit Ausschluß der freyen Religionsübung der Protestanten in jenen Thälern. Der Staat ordnete (August 1637.) eine Gesandtschaft nach Spanien an, um die Capitulation ratifiziren zu lassen: Er drang auf Beschleunigung des Geschäftes; allein zwey lange Jahre verstrichen, ehe die Gesandten in ihr Vaterland zurückkehrten. Das Cabinet von Madrit zögerte mit Vorsatz, um den Grisonen hie und da zum Vortheil Maylands noch einiges abzugewinnen.

Neuer Unmuth des Volks. Endlich im May 1639. kamen, begleitet von Don Casnedo, im Namen Spaniens, die bündnerschen

Gesandten in Chur an. Aber das Volk hörte mit Unlust die in Spanien gepflognen Traktaten, welche allen Erwartungen und Wünschen der Republik widersprachen, besonders da Casnedo darauf drang, daß man, zur Sicherung der katholischen Religion in den Unterthanenlanden nur katholische Amtleute daselbst anstellen sollte.

Das Volk, die protestantischen Geistlichen, und, von den Demagogen besonders Joh. Peter Guler, ein kraftvoller Vertheidiger der rhätischen Unabhängigkeit, seines großen Vaters werth, empörten sich gegen diese Vorschläge. Schon murmelte der Unwille lauter; schon drohte man hie und da mit Frankreichs neugewonnener Freundschaft — als Mayland sich, um jedem möglichen Staatsgewitter vorzubeugen, entschloß, glimpflichern Vorschlägen nachzugeben.

<small>Endliche Restitution der Unterthanenlande.</small> So geschah es denn, daß das Veltlin und die Grafschaften Bormio und Chiavenna an die Republik der drey Bünde in eben dem Stande,

wie vor dem J. 1620. feyerlich wieder zurück=
gestellt wurden, nur mit Ausschlusse der freyen
evangelischen Religionsübung, und daß die
zur geistlichen Gerichtsbarkeit gehörigen Ge=
genstände der Kirche zugeeignet würden.

Im September (den 3.) wurde zu May=
land, wo die bündnersche Gesandtschaft war,
der ewige Friede verkündet, und der gegen=
seitige Vertrag beschworen; in eben dem Mo=
nate leisteten die Unterthanen den Eyd der
Treue überall.

Also gelangte Graubünden nach zwanzig
stürmischen, verworrenen, blutigen Jahren
wieder in den Besitz seines Eigenthums. Aber
die evangelischen Einwohner des Valtelins,
ihrer Religion getreu, wanderten aus ihrem
Vaterlande, den Satzungen der Capitulation
gemäß.

§. 15.

Ausgleichungsversuche mit Oesterreich. Noch war ein großes Werk zu vollenden — die Auflö=
sung der grauen Zwiste des Erzhauses Oester=

reich mit der Republik des hohen Rhätiens. Diese Uneinigkeiten, deren vergeßne Quellen im Dunkel einer langen Vergangenheit lagen, waren nicht durch die Schlachten des Schwabenkrieges getilgt; nicht durch eine Reihe späterer Congresse gemildert, sondern seit den Reformationstagen durch die Händel der Religionsspaltungen vielmehr vergrößert worden.

In den bisherigen Stürmen, von welchen die Hälfte Europens verwüstet, und Graubünden nahe seinem Untergang hingeschleudert wurde, hatte nicht die Gerechtigkeit, sondern das siegende Schlachtschwerdt abwechselnd auf einige Jahre oder Wochen entschieden. Oesterreich begünstigte in seinem rhätischen Gebiet ausschliessend die katholische Religion, und wollte sie herrschend wissen; aber die Gemeinden der acht Gerichten und des Unter-Engadins wollten in der traurigen Wahl lieber ihr Leben, als ihren evangelischen Glauben opfern.

Besonders durch Jenatsch befördert. Der rastlose Jenatsch spann, während die zweyjährige Gesandtschaft in Spanien noch für die Restitution des Valtelins arbeitete, glückliche Unterhandlungen mit Oesterreich an. Durch ihn veranlaßt ward von einem österreich-bündnerschen Congreß zu Schuls (July 1638.) ein vorläufiger Vergleich getroffen, dem zufolge die Staatsverhältnisse wieder, wie vor dem J. 1620. zwischen beyden Theilen hergestellt seyn, und, wie überall in Bünden, auch in jenen vom Erzhause bevogteten Gegenden, die Mehren der Gemeinden ohne Rücksicht auf Glaubensgenossenschaft gelten sollten, u. s. w.

Jenatsch wird in Chur ermordet. Mitten in seinen Arbeiten ward aber der Obrist Jenatsch ermordet. Er fiel als das Opfer einer Verschwörung seiner Feinde (24. Jan. 1639.), in der Kraft seiner Jahre. Die Nachwelt setzt ihn in die Reihe der größten Grisonen seines Jahrhunderts, indem sie mehr auf das sieht, was er dem Vaterlande leistete, als auf die schwarzen Flecken seines sittlichen Wandels. Grausamkeit, Wollust und Ehrgeiz entstellten diesen; aber sein öffentliches Leben war eine Kette von Handlungen, deren jede Bürgin seines Patriotismus, seines alls überwältigenden Geistes, seiner Tapferkeit und Klugheit wird. So steht dieser Mann da, ein Alcibiades seines Volks, der uns unges wiß läßt, ob er mehr zu verabscheuen, oder zu bewundern sey.

Inzwischen säumte man nicht, das alte Eins verständniß mit dem österreichischen Hause für ewige Zeiten wieder zu erneuern. Es wurs den Jahre lang der Unterhandlungen viele ges pflogen, die oft ein neues Zeitalter trauriger Stürme drohten, da die Männer des Unters Engadins und des Zehngerichtenbundes eben so hartnäckig auf die Bewahrung ihrer Religionsfreyheit beharrten, als die Minister des Erzherzogs dagegen kämpften.

Der Feldkircher-Vertrag. Endlich gelang es dem Confes renztage zu Feldkirch (28. Jul. bis 10. Aug. 1641.) den Verein beyder Theile glücklich auszuwirken, und Rhätiens Ruhe auch von dieser Gegend zu sichern. Der

Vertrag von Feldkirch setzte die alte Erbeinigung von 1518. und alle vor dem J. 1620. zwischen Bünden und Oesterreich geschloßne Verträge wieder in ihre alte Würde ein, und vernichtete die seit dem letztgenannten unglücklichen Jahre aufgestellten und abgezwungenen Traktaten. — Dem Volke der acht Gerichte sollten die alten Freyheiten bestätigt und der Eyd wie ehmals abgenommen werden — die Capuziner sollten von rhätischen Commissarien beyder Religion in das untere Engadin wieder eingesetzt — dem Unter-Engadin seine Rechtsamen in Erwählung eines Statuten-Richters unverletzt erhalten — die Einwohner von Tarasp, ausgenommen der österreichische Castellan und die Guarnison, der Obrigkeit des Unter-Engadins in allem unterworfen werden, u. s. w.

Die acht Gerichte kaufen sich frey. Doch der vollkommene Friede ward erst wenige Jahre nachher gebaut, als Oesterreich sich entschloß, seine Rechtsamen in den acht Gerichten und im Unter-Engadin zu verkaufen. Begierig haschten die Männer des Zehngerichtenbundes die seltne Gelegenheit auf, ihre völlige Unabhängigkeit zu gewinnen; und sie empfiengen sie unter Brief und Siegel (Januar 1649.) feyerlich, indem sie 75,000. Rhein. Gulden an Oesterreich zahlten.

Auch das untre Engadin. Auch die Gemeinden des Unter-Engadins erlangten sie, so erschöpft auch durch das Elend vergangner Zeiten ihre Kraft war, gegen Erlegung von 26,600. Gulden Rheinisch. — Ihr Freyheitsbrief stammt vom 4. Julius des J. 1652. —

Der Bund der zehn Gerichte stand also am längstgewünschten Ziele; so gehörte er sich selbst und dem gemeinsamen rhätischen Vaterland an.

Aber fast zu eben derselben Zeit erschütterte ihn eine innre Gährung, entsprungen aus dem Ehrgeiz eines einzigen Mannes. Eine gefährliche Spaltung der Gemeinden drohte jenem Freystaat ein blutiges Trauerspiel.

Abänderung in der Staatsverfassung des zehn Gerichten-Bunds. Es hatte die Landschaft Davos von jeher, seit der Aufrichtung des zehngerichtischen Bundesbriefes das Vorrecht genossen, das Haupt des Bundes, den Landsammann, zu ernennen. Als nun im J. 1642. der Obrist Joh. Peter Guler um diese höchste Ehrenstelle in seinem Vaterlande vergebens geworben hatte, verdroß es ihn tief, und er sann gegen Davos auf Rache. Er zog die vornehmsten Männer des Bundes an sich, und schloß mit ihnen einen Verein gegen die Landschaft Davos, um derselben das Vorrecht der Landammannswahl zu entwinden, und es der Reihe nach auch auf die andern Hochgerichte des Bundes zu bringen. Es gelang ihm, die letztern seinen Absichten gemäß zu bewegen. Sie erwählten Gulers ehmaligen Lieutenant, Duric Enderlin, zum Bundslandammann; Davos aber hatte den bisherigen Besitzer dieser Würde, Meinrad Buol, von neuem erkoren.

Der Streit ward mit Heftigkeit geführt vor den zwey andern Bünden. Die Hochgerichte behaupteten, daß sie in ihrer Verfassung ändern, mindern und mehren könnten nach Gefallen;

denn sie seyen frey, und der Bundesbrief selbst erlaube diese Handlung; Davos aber schützte sich mit des Bundesbriefes ausdrücklichen Worten, durch welche diese Landschaft das strittige Vorrecht empfangen habe.

Umsonst bemühten sich die Boten des Obers und Gotteshausbundes, den Frieden durch einen gütlichen Vergleich wieder herzustellen. Die hadernden Partheyen blieben unbiegsam; ja ein Bürgerkrieg war seiner Eröffnung nahe. Schon rüsteten sich die Hochgerichte und Davos zum Kampfe wider einander.

Die Eydsgenossen mischten nachbarlich ihre zum Frieden mahnende Stimme in den Streit. Zürich, Bern und Glarus erboten sich zur Vermittlung, und in ihrem Namen erschien in Bünden der Stadtschreiber von Zürch, Johann Heinrich Waser.

Der Wasersche Spruch. Mühsam wurde die Vereinigung der gegen einander aufgewiegelten Gemüther bewirkt; durch einen Compromis von vier Rechtssprechern neben Waser. Dieser entschied endlich (11. Jan. 1644.) den vierjährigen Streit. Der Waserische Spruch aber lautete vornämlich dahin: Daß der Bundslandammann fürderhin nach der Reihe der Gerichten ernannt; daß Davos aber für zwey Gerichte gezählt, und aus demselben also der Bundslandammann zweymal erwählt werden sollte. — Ungern ergab sich Davos in diesen Spruch.

Abänderung der churbündnerschen Staatsverfassung. Ein ähnlicher Zwist erhob sich zwischen den Hochgerichten des Gotteshausbundes und der Stadt Chur. Es war im J. 1695. als auch die meisten Gemeinden hier dieselben Vorrechte, welche Chur bisher, wie einst Davos, allein besessen hatte, für sich zum Mitgenuß foderten. Der Bürgermeister von Chur war nämlich zugleich des ganzen Bundes Haupt oder Bundespräsident, der Stadtschreiber zugleich Bundesschreiber, und der Rathsbote auch Bundesweibel gewesen. Dies Recht hatte Chur, wiewohl nicht urkundlich zugesichert, doch lange durch die stillschweigende

gende Einwilligung der Gemeinden Churbündens genossen.

Allein einige allzuweit ausgedehnte Privathändel der Herren von Salis und Mennhart verwickelten die Gemeinden in diesen Streit mit der Stadt Chur. Es gedieh dahin, daß jene ihren Bundstag zu Conters in Oberhalbstein hielten, und zum Haupte des Bundes einen Friedr. Ant. von Salis, unter dem Namen eines Bundesdirektors erwählten.

Der Ehrgeiz einzelner Demagogen, unterstützt von den Wünschen der Gemeinden, und die heimliche Wuth gegen einander conspirirender Faktionen Oesterreichs und Frankreichs, machten diese bürgerliche Fehde Churbündens nicht minder lebhaft, als jene zehngerichtische. Das in hundert Zweigen hochaufblühende Geschlecht derer von Salis, bald in allen Gegenden der Grisonen verbreitet, mächtiger und reicher, als irgend eines der Republik, erhob sich mit Kraft in der Gunst der französischen Monarchen. Männer, gleich groß und fähig die Feder oder das Schwer dt zu führen, traten aus ihrem Hause hervor; und damals glänzte vor allen der Marschall Ulysses von Salis.

Er warf sich mit eben so vieler Kraft als Klugheit der spanisch-österreichischen Parthey entgegen; der Wasersche Spruch, durch welchen Davos litt und die spanische Faktion gekränkt ward, war nicht ohne Mitwirken dieses Mannes hervorgegangen.

Chur war, so wie einst Davos, der österreichischen Parthey hold; der Präsident des Bundes aber hatte keinen geringen Einfluß auf das Glück derselben. Der Kampf der churbündnerschen Gemeinden gegen das Vorrecht der Stadt war also nichts anders, als ein Kampf der noch immer im Dunkeln ringenden Faktionen.

Der Malanser-Spruch. Die Fehde ward endlich, nach einiger Jahre Dauer, durch eydsgenößische Schiedsrichter von Zürich und Bern, entschieden, in dem Spruch zu Malans (28. Nov. 1700). Die Boten des Gotteshausbundes erwählen, diesem schiedsrichterlichen Spruch gemäß, alljährlich am Ende des Bundestags zwey Personen aus den funfzehn Gliedern des kleinen Raths der Stadt Chur. Von diesen zweyen empfängt dann einer durchs Loos die Würde des Bundeshauptes. Auch der Bundsschreiber und Bundsweibel wird aus den Bürgern der Stadt Chur von den Boten des Bundes durch die Mehrheit der Stimmen erkoren. — Zwar protestirte die Stadt Chur beständig gegen diesen Schiedsspruch; allein vergebens.

§. 16.

Die goldnen Zeiten des Landfriedens schienen itzt für das entkräftete Rhätien anzubrechen, und der wüthende Faktionsgeist allmählig unter der Majestät der Gesetze und des Volkswillens zu erkranken; die noch hin und wieder ausbrechenden Tumulte glichen den letzten Zuckungen eines sterbenden Ungeheuers, welches nur zu lange das duldsame Vaterland verwüstet hatte.

Landesreforma v. 1684. Die edeln Grisonen jener Tage fühlten den Werth des anbrechenden Zeitraums der Ruhe. Mit einem großen Werke der Weisheit und Gerechtigkeit wollten sie ihr stürmisches Jahrhundert beschliessen, und das neuankommende bekrönen. Sie entwarfen eine Reform ihrer Gesetzgebung.

Denn in den traurigen Revolutionen jener Zeiten, wo bald von dieser, bald von jener Faktion, um ihre Siege zu verewigen, Landesgesetze gebrochen und neue erschaffen wurden — wo das Sittenverderbniß kein Heiligthum mehr anerkannte — wo Golddurst, Ehrgeiz und Privatrache die öffentliche Tugend erstickt, den Patriotismus, wo und wie er auch erscheinen mogte, verdächtig gemacht hatten — in jenen Zeiten waren mit den Sitten der Nation auch ihre Gesetze verwildert, zerrissen und zusammenhangslos worden.

Der Bundestag von Davos (1683.) schlug den Gemeinden die Einsetzung eines unpartheyischen Gerichtes vor, um die strenge Beobachtung der Staatsgesetze zu befördern, den immer schädlichen Einfluß ausländischer Mächte auf die bündnersche Regierung zu lähmen, und diejenigen zu strafen, welche sich der Pensionen fremder Fürsten schuldig gemacht hatten.

Die Gemeinden Rhätiens willigten in des Bundestages Vorschlag. Das unpartheyische Gericht versammelte sich, zehn Männer jedes Bundes zu Chur. Es trug in seinen Sitzungen vom 16. Jan. bis 18. Febr. 1684. den Ruhm der Ordnungsliebe, Mäßigkeit und Gerechtigkeit davon, und besiegelte sein Werk durch den Entwurf der Landesreforma, welcher eine bündige, weise Auswahl der beßten Gesetze enthält, die seit den Zeiten des Dreysieglerbriefs in den verschiednen Revoluzionsepochen aufgeworfen waren.

Die Gemeinden Graubündens nahmen diese Landesreforma an, als ein Standesgesetz, und beschworen sie feyerlich.

Und von 1694. Zehn Jahre später lieferten die Rechtssprecher des zu Thusis versammelten Gerichts, durch die sogenannte

Landesreforma von 1694. eine Ergänzung der vorigen. Sie ward meistens durch die damalige Theurung der Lebensmittel veranlaßt, welche durch eine weise Staatsverordnung abzuändern war.

§. 17.

Die Religionshändel werden beygelegt. So wie allmählig das Getümmel der politischen Faktionen leiser ward, erlosch auch nach und nach die Fackel des Religionshasses. Seitdem die acht Gerichte und das Unter-Engadin von Oesterreichs Gewalt sich losgekauft hatten, hörte man in jenen Gegenden nur selten von Glaubensstreitigkeiten. Die Capuziner sah'n sich daselbst, auch noch unter dem Schutze des erzherzoglichen Hauses, im Gedränge. Der Evangelischen im Unter-Engadin war die Mehrheit; die Capuziner zogen deßwegen schon i. J. 1647. von dort ab, wiewohl sie durch den Feldkircher-Vertrag (1641.) ehrenhaft daselbst bestätigt worden waren.

Die wachsende Anzahl der Evangelischen drückte an mehrern Orten des Landes die alten Rechte der Katholischen. Es waltete daher mancherley Widerspruch und Fehde zu Zizers, Trimmis und Untervaz, in den vier Dörfern, zu Allmens im Domleschg, und zu Stalla und Churwalden. Aber der Streit beyder Glaubenspartheyen ward überall mit christlicher Billigkeit, und meistens also geschlichtet, daß beyde Religionsgenossen friedlich, jede in ihren besondern Tempeln, Gott nach ihrer Weise dienen konnten. Also geschah es auch zu Puschiavo und Brüß, wo viele der aus dem Valtelin vertriebnen Evangelischen sich niedergelassen hatten, und zu Bivio, wo überall die Reformirten sich eigne Kirchen bauten.

Ruhe Rhätiens. So kam Rhätien zur lang entbehrten Ruhe. Die Arsenale wurden verschlossen; die Schwerdter des Krieges in Sicheln umgeschaffen, oder im Dienst ausländischer Kriege benutzt.

Doch lange fühlte Graubünden die Wunden, welche ihm jenes wilde Zeitalter schlug, und verläugnete noch ein Jahrhundert nachher nicht die Narben derselben. Fabricken, Handwerke und Künste, wodurch sich alle benachbarte Staaten zu einer merklichen Höhe des Reichthumes und Wohlstandes emporschwangen, blieben in Rhätiens Thälern vernachläßigt; selbst der Ackerbau ward nicht mit derjenigen Mühsamkeit und Kunst getrieben, welche zur Erreichung höherer Vortheile, besonders der Unabhängigkeit von den reichern Gränznachbaren, nothwendig sind. Die Schulen des Landes blieben lange noch ein ungeachteter Gegenstand der rhätischen Gesetzgeber, wiewohl jeder einsah, daß nur durch eine zweckmäßige Bildung der republikanischen Jugend der Wohlstand und Glanz des Vaterlandes beschleunigt werden könnte.

Mancher schöne Wunsch stieg zuweilen zwar im Herzen zärtlicher Vaterlandsfreunde auf; aber die Erinnerung der düstern Vergangenheit, die Schüchternheit durch die leisesten Neuerungen irgendwo das Feuer der Zwietracht aufzustöhren, die Furcht vor der Gewalt des grauen Vorurtheils und republikanischen Argwohns, tödtete die edelsten Wünsche und Entwürfe in ihrer Wiege.

Bündnerische Schriftsteller. Es mangelte jenen Tagen nicht eine Reihe großer Männer, wunderschnell in allen ihren Anlagen entwickelt unter dem heißen Druck der Noth, diesem Triebhause großer Geister. Hell leuchten die Namen der Traverse, Salis, Planta, Sprecher, Guler, Juvalta, Jenatsch und vieler andern, auf die Nachwelt herab.

Auch als Schriftsteller zeichneten sich von ihnen manche aus; doch unter allen am meisten diejenigen, welche der Geschichtsbeschreibung ihres Vaterlandes die Feder widmeten.

Hier vor allen nennenswürdig stehe, der erste in der Reihe, der Name eines Johannes Guler von Wineck voran; ein Name, welchen noch heut der Mund der Grisonen mit Ehrfurcht nennt. Er bekleidete lange die höchsten Ehrenstellen der Republik mit Ruhm, als Landammann auf Davos, als Landshauptmann des Veltlins, und als Feldobrister über ein Regiment Bundsgenossen. Verflochten in die traurigen Schicksale seines Vaterlandes, rang, er bald mit dem Schwerdt, bald mit der Feder, für Rhätiens Wohl und Freyheit; und als die Redlichkeit selten, und Vaterlandssinn verrufen ward, erhielt er sich unbescholten und gewann selbst seinen Feinden Achtung ab. Er beschrieb einfältig und treu die ältere Geschichte und die Landesverfassung und Beschaffenheit der Grisonen in XIV. Büchern; auch andre geschichtliche Arbeiten lieferte er, davon aber die wenigsten gedruckt erschienen. Er starb am 3. Febr. 1637. Fort. Sprecher schrieb den Lebenslauf des ehrwürdigen Staatsmannes, den er die Zierde und den Glanz unsers Freystaats nennt *).

Sein Zeitgenosse, Fortunatus Sprecher von Bernek, Ritter, bryder Rechte Doctor

*) Um auch das Schärfgen unsrer Verehrung Gulers Andenken zu zollen, haben wir sein Bildniß, nach einem vortrefflichen alten Blatte von Kilian, dieser Geschichte an die Spitze gesetzt.

Die Verleger.

und bündnerscher Feldherr im Veltliner-
Kriege, erndtete nicht mindern Ruhm durch
Biedersinn, Geistesgröße, Heldenmuth, und
unwandelbare Vaterlandsliebe ein. Er gehört
zu den größten Bündnern der Vorwelt. Seine historischen Schriften tragen auf jeder Seite die unläugbaren Spuren seines edeln Geistes; wahrheitsliebend, schmucklos und herz-
lich erzählt er die Thaten seines Volkes; seine Werke sind die Quellen späterer Geschichtschreiber, und haben klaßischen Werth. Noch
sind sie nicht alle gedruckt worden. Als
Staatsmann, Feldherr und Historiograph bey
seinem Volke unsterblich, entschlummerte er
am 14. Jan. 1647. im zwey und sechszigsten
Lebensjahr, der Thucydides seiner Nation.

Wie Sprecher entwarf auch Fortunatus
von Juvalta, Landvogt zu Fürstenau und
Landammann des obern Engadins, die
Geschichte seiner Zeiten. Auch er spielte in
den damaligen Unruhen, als Staatsmann,
eine bedeutende Rolle; und darum bleibt sein
Werk, welches erst in unsern Zeiten durch

Lehmanns Fleiß der unwürdigen Dunkelheit entrissen ward, von Wichtigkeit für jeden, der die Begebenheiten jener Tage unpartheyisch und bis zu ihren entlegnen Triebfedern nachspüren will. Juvalta starb am 19. März 1654. zu Zuz.

Der Geschichte der rhätischen Kirche weihte sich Bartholomäus Anhorn, von Fläsch gebürtig, welcher, als Prediger zu Mayenfeld, mühsam die Sagen der Vorzeit in einem Werke sammelte, welches den polemischen Geist seines Zeitalters athmet. Er führte die Geschichte der Rhätisch-Evangelischen Kirche bis zum J. 1618.

Noch viele andre, minder bekanntgewordne Schriftsteller, in den theologischen, historischen und politischen Fächern, erzeugte Graubünden im vorigen Jahrhundert. Ein Beweis von der Lebhaftigkeit des Geistes, von den natürlichen Talenten dieser gebirgischen Nation, welche schon so vieles leisten konnte, entblößt von den erleichternden Hülfsmitteln der Kunst, von Schulen, Akademien und litterarischen Gesellschaften.

Was könnte ein Volk seyn, werden und gelten, welches voll ungeschwächter Kraft, genährt vom reinsten Himmel seiner Gebirge, mit dem biedern Ernst des deutschen Charakters den feinen Geist und Sinn der italiänischen Nationen verbindet! So ruft jedes Blatt der Geschichte, welches sich mit dem Namen irgend eines edeln Grisonen der Vorwelt schmückt. Oder wo ist der Staat, welcher, bey der Eingeschränktheit seiner Gränzen und der Dürftigkeit seiner militairischen Gewalt, sich Jahrhunderte lang, in den gefährlichsten Ungewittern, durch die Klugheit, Freyheitsliebe und Kühnheit seiner Bürger und durch die schlaue Ergreifung glücklicher Momente also aufrecht erhielt, wie der Freystaat der Grisonen? — Wahrlich, hätte Graubünden, von seinem Engel verlassen, in jenen schaudervollen Epochen untergelegen — wär' es vernichtet worden in der Reihe der Staaten, so würd' es ihm nicht unrühmlich gewesen seyn, solchen Mächten, gegen welche er zu ringen hatte, untergelegen zu haben. Um so viel ehrenvoller ist es dem Staate, daß er noch frey, und unabhängig in seiner Ruhe und Würde steht!

Innhalt des zweyten Theils.

Vierter Zeitraum.

Geschichte von der Zerrüttung der Republik durch Faktionen, d. i. von der Wiedereroberung des Veltlins bis zur Landesreform von 1694. und den Zeiten der Ruhe. (Vom J. 1520. bis zum J. 1694. u. ff.)

Seite.

§. 1. Anfang der Reformation in Deutschland und der Schweiz. Und in Bündten. Heinrich Spreiter erster Reformator. Gallicius, und Martin Adamo von Camogask. Toleranz-Dekret. Der Artikel Brief. 3—14.

§. 2. Ursprung der Faktionen in Graubünden. Joh. Jakob Medigin beunruhigt Rhätien. Anfang des Müsserkriegs. Medigins Verschwörung. Theodor Schlegel. Ende des Müsserkriegs. 14—32.

§. 3. Schweizer Religionskrieg. Zwinglis Tod. Aufblühn rhätischer Reformation. Hans Eble's Spruch. Verbesserte Gesetzgebung in Unterthanenlanden. 32—39.

Seite.

§. 4. Faktionen-Kampf. Standesgesetz wegen der Volksinsurrektionen. Der Spekkrieg. 39—56.

§. 5. Die Kirchenreformation hat guten Gang. Johannes Travers. Reformation im Valtelin. Rhätische Confeßion. Helvetische Confeßion. 56—62.

§. 6. Keßelbrief. Der Bullenkrieg. Johann Planta von Rhäzüns. Strafgericht zu Chur. Zu Thusis. Zu Jlanz. Der Dreysiegler-Brief. 62—70.

§. 7. Kardinal Borromäus für den katholischen Glauben in Helvetien. Unruhen im Valtelin. Der goldne Bund. Landesreforma v. 1603. 70—80.

§. 8. Mangel der Schulen in Rhätien. Gelehrsamkeit. Comander. Philipp Gallizius. Johann Blasius. Sim. Lemnius. Ulrich Campell. 80—88.

§. 9. Hartmann von Hartmannis der Patriot. Zehenjähriges Bündniß mit Venedig. Festung Fuentes wird gebaut. Carl Paschal. Der geheime Rath der Rhätier. Volksaufruhr. Strafgericht zu Chur. Beeli und Baselga. Werden enthauptet. Strafgericht zu Jlanz. 88—110.

§. 10. Spanien wirbt zum letztenmal um

Seite.

Bündens Gunst. Herkules von Salis und Rudolf Planta. Der Synodus v. Bergün. Strafgericht zu Thusis. Rusca und Zamber. Strafgericht zu Chur. Und zu Davos. 110 — 123.

§. 11. Untergang von Plurs. Der Veltlinermord. Rebellion Valtelins. Rudolf Planta bekriegt sein Vaterland. Der Oberbund will sich von Rhätien scheiden. Jenatsch und Pompejus Planta. Gesandtschaft nach Inspruck. Nach Imbst. Die Oesterreicher unter Baldiron in Bünden. Herzog von Feria. Verfolgung der Evangelischen. Aufruhr des Brettigäus. Rudolf von Salis. Landeselend. 123 — 147.

§. 12. Die Madritischen Artikel. Pariser-Bündniß zur Rettung Rhätiens. Valtelin, ein geistliches Depositum. Wuth katholischer Bündner. Unterdrückung der Rhätier. 147 — 156.

§. 13. Neue Aussichten zur Rettung Rhätiens. Coeuvres erobert das Valtelin. Der Monzonische Vertrag. Rhätien wendet sich an den Kayser. Merode in Bünden. Vertrag zu Fontainebleau. Landes in Bünden. Der

Seite:

Herzog von Rohan. Ruhe unter ihm. Rheinwald kauft sich frey. Rohan erobert das Valtelin. Bünden von Frankreich getäuscht. Congreß zu Cläven. Clävner-Artikel unterschrieben. Unzufriedenheit des Volks. Und der Truppen. Franz Lanier. 156—175.

§. 14. Bünden ermannt sich. Verschwörung gegen Frankreich. Unterhandlungen mit Inspruck und Mayland. Die Franzosen werden aus Bünden verdrängt. Rohan entfernt sich. Edelsinn der Bündner. Gesandtschaft nach Madrit. Neuer Unmuth des Volks. Endliche Restitution der Unterthanenlande.   175—184.

§. 15. Ausgleichungsversuche mit Oesterreich. Besonders durch Jenatsch befördert. Jenatsch wird in Chur ermordet. Abänderung in der Staatsverfassung des Zehngerichtenbunds. Der Wasersche Spruch. Abänderung der Churbündnischen Staatsverfassung. Der Malanserspruch. 184—195.

§. 16. Landesreform von 1684. Und von 1694.   195—198.

§. 17. Die Religionshändel werden beygelegt. Bündnersche Schriftsteller. 198—206.

Verbesserungen des ersten Theils.

Seite 21. Zeile 9. nochmals, lies: nachmals.
— 84. — 5. von den, l. vor den Felsenschlössern.
— 48. — 9. nach ausgebreitet setze: unter den Barbaren.
— 50. — 3. Herren, l. Heeren.
— 68. — 21. Capitanern, l. Capitaneen.
— 86. — 13. zwar, l. zwey.
— 181. — 19. nochmahls, l. nachmahls.
— 199. — 10. stuhnd, l. stand.
— 200. in der letzten Zeile setze zwischen Zerneus und schon ein Comma.

Des zweyten Theils.

Seite 115. Zeile 14. Besitzer, lies Beysitzer.
— 188. — 14. Tarasß, l. Tarasch.

www.ingramcontent.com/pod-product-compliance
Lightning Source LLC
Chambersburg PA
CBHW051233300426
44114CB00011B/720